DRAMES DE LA ROUTE

COMBATS CONTRE L'INJUSTICE

Collection « Hugo Doc® » dirigée par Arthur de Saint Vincent
Éditeur : Franck Spengler
Conception de la couverture : Christophe Petit
Image de couverture : © Shutterstock / Ayman631

Département de Hugo Publishing
34-36, rue La Pérouse 75116 Paris
www.hugopublishing.fr

ISBN : 9782755674712
Dépôt légal : mars 2024
Imprimé en Espagne par CPI Black Print

MAÎTRE ANTOINE RÉGLEY

DRAMES DE LA ROUTE

COMBATS CONTRE L'INJUSTICE

POUR NE PAS ÊTRE VICTIME DEUX FOIS

Hugo Doc

À ma famille, que j'aime, et que je vois trop peu.
À tous ceux qui combattent l'injustice, ou la subissent.

Remerciements

Depuis l'enfance, j'aime regarder les remises de prix à la télé. Les 7 d'or aujourd'hui disparus. Les César. Les Oscars. Mais, disons les choses. Une fois les premiers mots prononcés la voix tremblante, vient le temps (trop) long des remerciements. Chacun pense être original. Certains voudraient s'en passer, réservant leur gratitude à la sphère privée. D'autres pensent, au contraire, que le « merci » n'est beau qu'en pleine lumière.

Me livrer à cet exercice, c'était prendre le risque d'oublier quelqu'un. Bien sûr, j'en aurais profité pour demander à mon éditeur de corriger cette erreur en réimprimant dix mille exemplaires. Il ne l'aurait pas fait. Et puis, en m'adonnant à des remerciements exhaustifs, je craignais de vous ennuyer. Je ferai donc court.

Je n'ai pas écrit ce livre pour moi. Mais pour les victimes. C'est donc à elles que je pense. À toutes les victimes. De la route. D'infractions diverses. Et d'injustices. Je remercie spécifiquement celles et ceux qui m'ont accordé leur confiance, remettant leurs souffrances et leurs espoirs entre mes mains, parfois tremblantes d'émotion. Je leur sais gré d'avoir compris que, étant avocat luttant contre toutes les formes d'injustice, je pouvais être, parfois, de l'autre côté de la barre. Quand certains professionnels me reprochent d'être un avocat à double casquette, les victimes, elles, savent que cela peut être un avantage. Je les remercie pour leur ouverture d'esprit, leur patience et leur courage désintéressé.

Je pense également à toutes les personnes qui ont permis à ces victimes d'être entendues par le biais de ce livre. Sans éditeur, pas de projet porté. Sans amis pour m'encourager à me lancer et répondre à mes doutes insupportables, pas de souffrances exprimées. Sans toi, mon acolyte noir et blanc, qui a tant participé à ce projet, pas de paroles libérées. Enfin, sans lecteur, pas de révolte espérée.

Je remercie aussi tous les professionnels du préjudice corporel rencontrés qui m'ont sensibilisé au sort des victimes : avocats, médecins, ergothérapeutes, kinés, infirmiers, associations, etc.

Par ailleurs, je veux dire ma profonde gratitude à mes bâtonniers, ainsi qu'à tous mes confrères intensément attachés à la liberté d'expression et à la liberté d'exercer comme ils l'entendent. Je veux dire mon respect à tous ces magistrats qui comprennent que nous ne sommes pas leurs ennemis et qui nous rendent la considération que nous leur portons.

Enfin, je pense à mes proches. Merci du temps que vous m'avez donné pour aboutir. Merci pour l'absence de reproches. Merci pour les encouragements. Merci pour la confiance. Merci pour l'amour reçu. Merci à la jeunesse. Merci à la vie.

Introduction

Jamais, je n'aurais imaginé écrire un livre. Écrire pour dire quoi ? Raconter mon quotidien ? Mon parcours ? Publier sur le droit routier ? Mes confrères Josseaume ou Le Dall l'ont déjà fait remarquablement. Et puis, disons les choses, je n'aime pas rédiger. Je préfère parler.

Cependant, quand on est avocat, il ne faut jamais dire jamais. Éric Dupond-Moretti, alors « baveux », avait juré qu'il ne serait... jamais ministre. Jamais.

À force de côtoyer des victimes de la route, de les assister, de les écouter, de les défendre et de les représenter, j'ai entendu qu'elles souffraient d'un manque de reconnaissance et de considération. D'une absence de protection et d'accompagnement. Des méthodes douteuses de certaines assurances. D'une justice qui leur tournerait le dos. D'un État qui les laisserait au bord du chemin. Et d'incroyables injustices. J'ai compris que ces personnes étaient victimes deux fois. De l'accident d'abord. Du système ensuite.

Nombre de ces citoyens blessés, amputés ou endeuillés, se surnomment les « *inaudibles* » ou encore les « *invisibles* ». Aussi ai-je eu la volonté de leur donner la parole. Pour qu'ils soient vus et, surtout, entendus. Mieux encore, je leur ai demandé de dénoncer. De crier leur colère. D'émettre des critiques sans réserve sur les procédures d'indemnisation et la justice. J'ai également voulu recueillir la souffrance de leurs proches, premiers témoins et deuxièmes victimes. Enfin, j'ai souhaité connaître leurs propositions pour améliorer le sort des personnes qui, comme elles, traversent ces épreuves. En retour, elles m'ont demandé trois choses : profiter de ce projet pour, moi aussi, dénoncer/proposer d'une part, donner la parole à un auteur d'accident d'autre part, et enfin, parler de moi, de mon parcours, de mes combats, afin de permettre au lecteur de comprendre comment il est possible de devenir avocat sans jamais avoir été un bon élève, et pourquoi il n'est pas contradictoire de défendre les victimes tout en sauvant des permis de conduire.

Ce projet a débuté bien avant que le dossier Palmade révèle combien les Français sont sensibles au sort des victimes. L'émotion née de cette affaire me laissait espérer l'annonce de réformes spectaculaires et humaines. Il n'en a rien été. Comme toujours, l'accent a été mis sur la répression, qui ne répare pas les douleurs d'hier et ne prévient pas les horreurs de demain. L'accompagnement des victimes de la route est encore le grand oublié.

Déjà, en 2022, l'affaire du jeune chef Alléno m'avait donné l'espoir d'une évolution. Nouvelle désillusion. L'inaction suite à l'accident des policiers de Roubaix achevait mes dernières espérances. Bien sûr, la création d'un « homicide routier » a fabriqué de l'illusion. En réalité, le pouvoir a tendu la main aux associations, mais a tourné le dos aux victimes qui voient leur quotidien inchangé, leurs souffrances méprisées et leurs droits toujours diminués.

Comme trop souvent, la communication a primé la considération. Alors, puisque les évolutions se font attendre, il est temps de lancer la révolution. Humaine. Juridique. Indemnitaire.

J'espère que ces victimes vous toucheront et vous donneront envie de vous battre à leurs côtés. Parce que nous ne serons jamais assez nombreux pour soutenir, accompagner et consoler. Parce que nous ne serons jamais assez nombreux pour renverser la table. Parce que nous ne serons jamais assez nombreux pour exiger une plus grande considération. Parce que nous ne serons jamais aussi forts que lorsque nous serons soudés.

Il est temps que les invisibles soient vus.
Il est temps que les inaudibles soient écoutés.
Le temps de l'évolution de la loi est venu.
Le temps de la révolution a sonné.

I

Jade

Jade est morte avant même d'être née. Pour la justice française, elle n'est rien. Ni personne. Elle n'a pas respiré, donc elle n'a pas le droit d'exister.

Pourtant, à quatre jours du terme de la grossesse, elle est là, dans le ventre de sa mère. En pleine forme. Impatiente de venir au monde, elle tape si fort que ses parents se rendent à la maternité ce 27 juillet 2023. Un col dilaté à deux, la perte du bouchon muqueux et des contractions annoncent le moment attendu de tous. Cependant, Angélique et Valentin sont renvoyés chez eux, les contractions étant irrégulières. Au lieu de garder la maman sous surveillance, un manque d'effectifs et de place est invoqué pour leur donner rendez-vous le lendemain 13h pour la délivrance.

C'est donc avec la naissance de leur premier enfant comme seule préoccupation que ces parents prennent la route de la maternité. Direction le bonheur. Malheureusement, à quelques minutes de leur arrivée, un accident brise leur rêve.

Le couple roule sur une deux fois deux voies séparées par un terre-plein central. Les contractions sont fortes et douloureuses. Valentin ne veut prendre aucun risque, mais il est obligé de dépasser un véhicule trop lent. La visibilité est bonne. Il n'y a pas à craindre que quelqu'un arrive en face. Il suit donc une première voiture et entame son dépassement. D'un coup, le premier véhicule se range à droite sans prévenir. Le conducteur a vu ce que Valentin n'a pas eu le temps de constater. Depuis plusieurs kilomètres, un véhicule fonce en sens inverse. Ce n'est pas une perte de contrôle. C'est une véritable course contre la vie que mène sa conductrice. À droite, impossible de se ranger. Mettre un coup de volant dans cette direction revient à s'encastrer dans un camion. La seule solution est de tenter de bifurquer à gauche pour éviter le face-à-face. Le choc est inévitable. Il est violent.

Valentin n'est pas blessé. Angélique si. Plusieurs côtes et lombaires cassées. Un pneumothorax et d'autres contusions très importantes. Malgré la gravité de son état, la jeune femme ne ressent pas la douleur. Elle ne pense qu'à Jade, le bébé qu'elle porte depuis neuf mois et qu'elle attend depuis des années. Les secours sont appelés et mettent du temps à arriver. Angélique s'extrait de son véhicule et s'allonge par terre. Les minutes semblent des heures. Elle ne pense qu'à son enfant qu'elle ne sent plus bouger. Après s'être d'abord occupés de la conductrice responsable – qui semble avoir fait un arrêt cardio-respiratoire après l'accident –, les secours prennent Angélique en charge. Direction le centre hospitalier d'Arras. Elle sent, cette maman, que quelque chose ne va pas. Plus exactement, elle ne sent plus. Mais elle espère que son bébé a tenu le choc. Chaque seconde qui précède le diagnostic est une atroce souffrance. Les premiers examens ne sont pas rassurants. Plus personne n'entend le cœur du bébé. Angélique est transportée au CHU de Lille dont la maternité est reconnue comme l'une des meilleures. Les accouchements les plus compliqués y sont réalisés.

Pendant un temps interminable, cette jeune maman s'accroche à un espoir fou. Cependant, elle n'ignore pas qu'elle porte certainement la mort en elle quand elle devait donner la vie. Elle sait qu'elle va devoir délivrer son bébé décédé. Angélique accouche dans une douleur que nul ne peut comprendre. Huit heures après l'accident, Jade arrive dans notre monde en ne l'ayant jamais connu. Pendant quelques minutes, ce bébé est posé dans les bras de celle qui restera toujours sa mère. Puis elle est emmenée. Arrachée à la vie. Arrachée à ses parents. Définitivement.

Neuf mois de grossesse. Une fraction de seconde. Une souffrance éternelle.

Pendant une semaine, Angélique est admise en réanimation. Les blessures physiques subies l'imposent. Celles de l'âme sont trop grandes pour rester éveillée. La vie devient insupportable quand elle vous enlève, en quelques heures, la plus belle raison de l'honorer. Valentin, lui, est anéanti. Il supplie les médecins de sauver la première femme de sa vie après que l'injuste mort lui a ôté la seconde.

C'est un mois après ce drame, la souffrance aux yeux et la mort au cœur, qu'Angélique et Valentin viennent me voir. Sur la fiche client du cabinet, je remarque immédiatement qu'ils ont indiqué être les parents d'un enfant. Dans la conversation, je comprendrai que Jade devait être celui-ci. Elle le reste. Bien que n'étant jamais née, Jade existe. Ils me racontent leur histoire. Angélique me dit qu'elle ne sait pas si son utérus pourra accueillir à nouveau la vie. Les médecins ne se sont pas encore prononcés. Je suis bouleversé.

Je suis papa d'un seul enfant, et les tentatives d'en accueillir un deuxième ont échoué, parfois même après que l'espoir a perduré pendant quelques mois. Perdre un enfant avant de l'avoir vu naître est quelque chose qui me parle. Évidemment, cela n'est pas comparable avec ce qu'ils vivent. Mais je peux tenter de comprendre leur souffrance. Un enfant n'existe pas seulement au jour de sa naissance. Dès lors que les tests confirment une grossesse, chacun se sent parent. Chaque jour qui passe est une joie toujours plus grande. Chaque échographie émeut. Ce n'est pas qu'une image. C'est la vie qui est là. Chaque semaine décuple l'amour ressenti. Quelle mère n'a pas caressé le dos de son bébé en passant ses mains sur son ventre ? Quel père – ou quelle mère – n'a pas posé ses lèvres sur le ventre pour embrasser son petit ? Quel parent n'a pas dit « *je t'aime* » ou chanté une chanson à son enfant alors qu'il n'était pas encore né ? Pour arriver à vivre un accouchement et assumer les responsabilités qui vont avec, neuf mois d'amour *in utero* ne sont pas de trop. Chacun sait que la vie humaine existe avant la date de naissance. À huit mois et demi, un fœtus vit dans le ventre de sa maman. Il mange. Il boit. Il « respire ». Il voit. Il entend. Il ressent même des émotions. Bref, il existe.

Oui, mais voilà, pour le droit pénal français – plus précisément pour la cour de cassation –, cet enfant à naître n'existe pas tant qu'il n'a pas respiré en dehors du ventre de sa mère. Depuis plus de vingt ans, la Haute Cour fait une distinction claire. Un enfant qui a respiré quelques secondes, et qui décède, a existé pour autant qu'il soit viable. Un enfant qui n'a pas respiré, et qui arrive dans le « vrai monde » déjà mort, n'a pas existé. C'est ainsi qu'un enfant à naître à six mois de grossesse existe dès lors qu'il a respiré – c'était le dossier « *Palmade* » avant d'autres conclusions du mois de septembre 2023 – alors que celui qui a deux mois et demi de plus de développement n'existe pas dès lors qu'il n'a pas émis un souffle. Ce rebondissement doit interpeller. Pendant plusieurs mois, ce bébé était une victime aux yeux de tous – peuple, justice, politiques. En une journée, il est devenu… rien ni personne. Incroyable !

Une des conséquences juridiques de cet état du droit positif est celle de la responsabilité pénale d'une personne qui, involontairement, occasionne la « mort » d'un enfant à naître. La première question est celle-là : peut-on donner la mort à un fœtus de huit mois et demi ? Deux éléments sont à considérer. Peut-on mourir avant d'être né ? La réponse est acquise par la science et le droit – civil notamment. Oui. À huit mois, la vie humaine *in utero* existe. Dès lors que cette vie s'arrête, et si la mort est le retrait de la vie, alors oui, un homicide peut être retenu sous réserve des précisions de l'Organisation mondiale de la santé, et sans jamais remettre le droit à l'avortement en question. D'ailleurs, personne ne conteste que la vie existe au bout de huit mois d'attente. La seconde interrogation est plus complexe. Les textes répriment le fait de donner la mort à « *autrui* ». Qui est « *autrui* » ? Une conception juridique, et quelques définitions, tendent à considérer que « *autrui* » est forcément une personne. Or, juridiquement, le statut de « *personne* » ne s'obtient qu'avec une respiration viable. C'est donc au nom du principe d'interprétation stricte que la Cour de cassation juge qu'un fœtus n'est pas « *autrui* ». Il serait donc acquis que « *autrui* » ne concerne que les vivants. Cependant, pour le dictionnaire *Le Littré*, « *autrui* » peut également être… « *le prochain* ». Voilà donc que la Cour de cassation se retranche derrière l'interprétation stricte d'un texte qui n'est pas clair ni précisé par le législateur, et qui ne trouve pas de définition littéraire unanime ! La raison de cette jurisprudence est, en réalité, très simple. Juger que le fœtus puisse être « *autrui* » reviendrait à criminaliser l'avortement, ce qui n'est pas envisageable. La loi sur l'IVG ne doit pas être touchée, en tout cas pas dans un sens défavorable aux femmes qui ont tant lutté pour obtenir ce droit. C'est mon opinion. En invoquant l'interprétation stricte des textes, la Cour de cassation renvoie la question au législateur. C'est un appel à préciser le mot « *autrui* » ou changer la loi, en distinguant, par exemple, les fœtus de plus ou moins de 22 semaines, comme proposé par l'Organisation mondiale de la santé (OMS). Ceux qui ne présentent pas cet « âge » n'ont pas de droits, et l'IVG est sauvée. Ceux qui dépassent cette limite en ont, et deviennent « *autrui* ». L'OMS explique que, à compter cette datation, un fœtus serait capable de vivre en dehors du ventre de sa mère. Il pourrait donc bénéficier d'un statut différent. La conséquence d'une telle reconnaissance n'est plus la remise en question de l'IVG, mais celle des interruptions médicales de grossesse qui peuvent intervenir, sous certaines conditions, après ce délai. Il appartiendrait au législateur de trouver des exceptions pour que les personnes pratiquant ou subissant cette intervention ne soient évidemment pas poursuivies pénalement.

En attendant, en France, pays déclaré des droits de l'Homme, un enfant presque né, alors qu'il est viable sans discussion possible, n'a aucun droit. Dans le Code pénal français, un fœtus de neuf mois a moins de droits qu'une chèvre. Un enfant à naître est moins protégé qu'un bœuf. En France, un fœtus de huit mois n'est… rien. Ni personne.

Quand je reçois Angélique et Valentin, et que nous discutons des recours qui nous sont offerts, je suis gêné. Presque honteux. L'homme de justice que je suis doit leur rappeler la position de la Cour de cassation, qu'ils ont apprise à la gendarmerie. Comment voulez-vous expliquer à ces parents que l'enfant qu'ils aimaient depuis neuf mois, et qui avait donné un nouveau sens à leur vie, n'est rien ni personne ? Et les coups de pied dans le ventre ? Et les pirouettes ? Et les échographies ? Pour eux, il est inadmissible que l'homicide de leur enfant ne soit pas reconnu. Ce serait comme le tuer une seconde fois. Ce serait considérer qu'il n'est rien ni personne. C'est insulter leur amour. C'est tuer leur ange. Au-delà de leur drame, Angélique et Valentin veulent être à l'origine d'un combat qui bénéficiera à tant d'autres. Je leur explique ce que nous pouvons faire, mais je pose une condition. Je ne ferai rien qui remettrait en question le droit intangible à l'IVG. Rien. Il en est hors de question. Immédiatement, le couple m'explique qu'il n'a aucune conviction religieuse ou philosophique. Les deux me jurent être favorables à l'IVG. Ils me racontent même des éléments très intimes qui me rassurent.

Nous décidons de déposer plainte pour homicide involontaire et d'user de tous les moyens possibles pour faire renaître un débat endormi depuis de nombreuses années. Le dossier *Palmade* avait permis de rappeler cette jurisprudence injuste pour tant de parents. Mais les premières conclusions avaient fermé le débat, l'enfant ayant prétendument respiré. C'était avant que des conclusions inverses soient révélées. Tout le monde avait été ému du sort de cette maman qui perdait son bébé. La classe politique lui apportait son soutien, mais ne proposait pas de changer la loi, les premières expertises semblant arranger tout le monde. Aujourd'hui, si la loi ne change pas, l'injustice demeurera.

Fin septembre, un vendredi soir, le parquet d'Arras m'informe qu'il refuse ma plainte pour homicide involontaire. Il met en avant « l'état du droit » actuel. Je ne sais pas comment l'annoncer à Angélique et Valentin. Cela ne change pas grand-chose à notre stratégie. Cela confirme, au contraire, que nous devons bien agir auprès du parlement. Hasard du calendrier, le même jour, j'ai été contacté par un député pour écrire, ensemble, une proposition de loi. Quelques semaines plus tard, je rencontre une députée connue de la majorité présidentielle. Elle accepte de porter notre combat et de travailler avec son collègue sur le projet que nous avons préparé. Je crois beaucoup en cette rencontre. J'espère ne pas me dire, dans quelques mois, que j'ai été bien naïf de croire en ces responsables politiques..

Je ne suis pas membre de la commission des lois. Je ne sais pas ce qu'il est possible de faire. Je souhaite que des personnes compétentes, représentantes du peuple, puissent réfléchir ensemble pour trouver une solution qui satisfasse le plus grand nombre. Angélique et Valentin appellent Monsieur le garde des Sceaux, Madame la ministre de la Santé et les parlementaires à écrire une nouvelle loi qui concilierait le droit des femmes et les droits de l'enfant à naître. À ce jour, pour ces parents, la justice est synonyme d'injustice. Comment leur dire que leur bébé n'était rien ni personne ? Comment mépriser à ce point leurs souffrances ? Ils appellent les représentants du peuple à ne pas détourner le regard. Ils les supplient de ne pas les ignorer parce qu'ils ne seraient pas célèbres ou médiatiques. Chaque seconde qui passe leur rappelle que Jade aurait dû être là. La chambre, prête, est inhabitée. Le silence, normalement apaisant, est une blessure. Chaque enfant croisé, chaque rire juvénile, chaque pleur entendu est une nouvelle torture. À cette dernière, le pays doit répondre. À tout le moins, il doit chercher des solutions. Si aucune n'est possible, ces parents pleureront de tristesse et de fatigue. Ils suffoqueront d'injustice. Si c'est le seul moyen de sauvegarder l'IVG, alors, le combat n'aura pas le goût de défaite.

ANTOINE RÉGLEY

Après avoir subi un drame de la route, Angélique et Valentin mènent un combat contre l'injustice. Pour ne pas être victimes une seconde fois.

Entretien avec Angélique et Valentin

Angélique, nous sommes en septembre 2023, comment allez-vous physiquement ?

Physiquement, je me remets doucement. Je dors encore dans le salon, dans un lit médicalisé. Les douleurs nées des fractures des côtes et des vertèbres sont encore très présentes. Je marche péniblement. Je suis encore couverte d'hématomes.

Et moralement ?

[pleurs] Je suis anéantie. Chaque jour, chaque nuit, je pense à Jade. À mon bébé. À notre enfant. À notre petit ange.

Et vous, Valentin ?

Physiquement, je n'ai eu que quelques hématomes. Je ne suis pas à plaindre. Moralement, c'est très dur, évidemment. J'essaie d'être le plus fort possible pour Angélique. Mais je sais que, dans quelques semaines, cela sera peut-être encore plus dur. En quelques secondes, j'ai perdu le premier amour de ma vie, ma fille, et failli voir mourir le second, ma femme. Au moins, Angélique est vivante. Morte à l'intérieur, mais vivante. Et puis, je porte en moi une culpabilité qui ne me quitte pas.

Une culpabilité ? Mais, pourquoi ?

J'étais au volant du véhicule. J'aurais tellement voulu éviter l'accident.

C'était impossible...

C'est allé tellement vite. Pourquoi ne suis-je pas resté derrière le véhicule lent ? Pourquoi ai-je dépassé ?

Mais vous avez respecté toutes les règles de prudence. Comment prévoir qu'une voiture arriverait dans le sens inverse, et qu'elle serait cachée par un autre véhicule ?

Je sais. Mais… *[pleurs]*. Quand j'ai vu le véhicule, j'ai eu le réflexe de mettre un coup de volant à gauche. Si je l'avais mis à droite, Angélique n'aurait peut-être pas été touchée de la même manière.

Mais si vous mettiez un coup de volant à droite...

On s'encastrait dans le semi-remorque. On y passait tous. Je sais que cela devrait me raisonner. C'est impossible. J'étais au volant au moment de l'accident.

Je comprends. Vous avez fait le choix qui était le plus rationnel. Le plus évident. Si vous n'aviez rien mis en œuvre, vous l'auriez certainement regretté. Au moins, vous avez tout fait pour éviter le drame. Angélique, ce sentiment décrit par Valentin, qu'en pensez-vous ?

Valentin n'y est pour rien. Il a tout fait pour nous sauver. Je ne veux pas qu'il ait ce sentiment de culpabilité. Et puis, je pense qu'il y a bien d'autres personnes à qui nous pouvons en vouloir.

Qui ?

La conductrice, évidemment. Je lui en veux comme vous ne pouvez pas imaginer. À la gendarmerie, on nous a dit que ce véhicule avait été signalé à contresens depuis plusieurs kilomètres. Les gendarmes invoquent même une tentative de suicide. Elle aurait volontairement pris la route à contresens. Qu'elle veuille se tuer la regarde. Qu'elle veuille perdre la vie, c'est sa détresse. Mais elle n'avait pas le droit de voler celle de ma fille, et la nôtre avec !

J'ai aussi une colère infinie envers la maternité d'Arras. Quand nous y sommes allés, la veille, et alors que mon col était quand même ouvert, ils auraient dû me garder. Mais il n'y avait pas de place, nous a-t-on dit. Jade ne serait pas morte si on ne m'avait pas renvoyée chez moi.

Et vous Valentin ?

Je partage la colère d'Angélique sur tous ces points. Il faut aussi y ajouter le temps que les secours ont mis à nous prendre en charge. La conductrice aurait fait un arrêt cardiaque. Il est normal qu'elle ait été prise en charge. Mais pourquoi n'y a-t-il pas eu une autre équipe pour nous ? Aujourd'hui, on se demande si, prise en charge plus tôt, Jade n'aurait pas pu naître vivante.

Pourquoi ?

Jade est morte suite à la section d'une veine qui la reliait à Angélique et qui l'alimentait en sang et oxygène. Et si les secours étaient arrivés plus vite ? Aurait-on pu sauver notre petit ange ? Personne n'est capable de nous le dire.

Angélique, l'autre colère importante que vous ressentez, c'est la non-reconnaissance de l'homicide de Jade...

[silence]

Quelques jours après l'accident, nous sommes allés à la gendarmerie. À la fin de nos auditions, le gendarme nous indique qu'une enquête pour blessures involontaires est ouverte. Nous marquons notre étonnement. Il nous dit alors qu'il était impossible de reconnaître pénalement la mort de Jade. Pour le Code pénal, Jade n'est rien. Jade n'est personne. Jade n'a pu être tuée puisqu'elle n'a pas vécu. Voilà ce qui nous a été dit. Pas plus. Pas moins. Quand on nous balance cela, on tue Jade une seconde fois.

Outre l'accident et la douleur incommensurable de perdre votre bébé, vous avez eu à vivre d'autres moments immensément difficiles...

Oui. D'abord, il y a eu l'angoisse en attendant les secours. Puis l'annonce à Arras. Ne plus entendre le cœur de mon bébé lorsque le monitoring a été fait... Ce silence, c'est celui de la mort. Mon cœur s'est arrêté en même temps que le sien. Je n'oublierai jamais la douleur. C'est pire que tout. Très rapidement, j'apprends que je suis transférée à la maternité de Lille. Je ne peux m'empêcher d'espérer. Pourquoi, si tout est fini, ne m'accouche-t-on pas ici ? Quand on arrive à Lille, une péridurale m'est posée alors que j'ai deux vertèbres et quatre côtes cassées. Je dois me courber et ne pas bouger sous peine de devenir handicapée. Pour quoi au final ? Mon espoir, mon fol espoir, est déçu. Cette fois-ci, c'est fini. Mon enfant est mort. Je suis épuisée. Je n'ai plus envie de vivre. À quoi bon ? On me place Jade sur la poitrine. Ce moment devait être le plus beau de ma vie. Il est le plus horrible. Très rapidement, elle est emmenée *[pleurs]*.

Valentin... ?

Après que Jade a été emmenée pour diverses constatations, elle nous est présentée à nouveau dans notre chambre. Elle passe la nuit avec nous. Ce sont des moments indescriptibles. Je me surprends à penser que, non, elle n'est pas morte et qu'elle allait bien finir par se réveiller. Et puis, il faut l'habiller. Votre enfant est là. Il ne ressemble pas à un fœtus. C'est un enfant. Je dois l'habiller. J'habille mon enfant mort ! J'embrasse la mort. Je vois la mort. Je respire la mort. Sur le moment, je crois que nous sommes inconscients. Nous ne comprenons pas. Mais, là, avec le recul, j'ai les images. Je comprends petit à petit. Et puis, il y a toutes ces visites à la morgue, les jours suivants. Tous les jours, nous y passons des heures. Nous avons le besoin de passer chaque seconde avec notre bébé. Nous avions imaginé le retour à la maison, dans sa jolie chambre. Chaque soir de la grossesse, je m'endormais en visualisant ces premiers jours d'un bonheur immense. La vie devait arriver dans notre maison. Le soleil de son sourire devait nous réchauffer. Notre destin devait être rose. Au final, nous sommes là. Devant la mort. Dans le froid. Face à une destinée noire. Et puis, l'organisation des obsèques. Nous avons moins de 30 ans. Nous avons été épargnés par la maladie et la mort de nos proches. Nous ne savons pas ce que cela fait. Et là, nous devons abandonner notre bébé. Sans même jamais l'avoir vu sourire. Sans jamais avoir entendu le son de sa voix. Je ne sais pas si nous arriverons à passer autre chose.

Nous sommes deux mois après ce drame. Vous avez décidé de mener un combat important pour que soit reconnu l'homicide involontaire de Jade.

[Angélique serre le doudou de Jade contre elle, et ne le lâche plus]

C'est tellement important pour nous. C'est le combat de notre vie.

C'est aussi une manière de survivre ? Combattre contre cette injustice pour tenir debout ?

Certainement. Que la justice nous dise que notre enfant mort n'est rien ni personne au seul prétexte qu'il n'a pas respiré une seconde, c'est incompréhensible. Nous sommes victimes deux fois. Nous sommes des citoyens lambda. Pour nous, la justice ne peut pas être aussi injuste. Et surtout, elle est incompréhensible. Notre bébé est dans notre livret de famille. C'est bien qu'il est reconnu juridiquement comme ayant existé. Pourquoi le Code pénal considère-t-il l'inverse ? Où est la logique ? La loi protège les animaux des violences. C'est très bien. Mais elle ne protège pas le bébé à naître. Comment comprendre cela quand on a porté un bébé pendant neuf mois ?

Certains ont peur que cette reconnaissance mette en danger l'IVG.

On entend cet argument. Que les choses soient claires. Il est hors de question de toucher à cette loi. C'est un combat que de remarquables femmes et hommes ont mené. Nous n'avons aucune envie que notre histoire puisse la remettre en question. Et c'est aussi après vous être assuré de cela que vous avez accepté de porter notre voix. Nous voulons simplement que le pouvoir puisse réfléchir à la question et trouver des solutions.

Nous faisons une différence – peut-être que certains ne la feront pas – entre un fœtus qui est encore loin de naître et un « bébé prêt à naître », qui est quasiment là. Si le délai de 22 semaines devait choquer, nous n'avons aucun souci à proposer de le repousser le plus possible. Mais, quand vous êtes à quelques jours ou quelques semaines d'accoucher, non, on ne peut plus parler de fœtus.

Revenons à votre combat…

Évidemment, au départ, il est centré sur notre histoire. Nous avons besoin que Jade soit reconnue comme étant un être qui a été tué alors qu'il était à quelques heures de vivre. Pour le moment, pour la justice pénale, elle n'est rien. Ni personne.

Et puis, nous avons eu envie de porter le combat plus haut. Plus loin. Notre souffrance doit servir aux autres personnes dans la même situation.

Quand vous êtes victimes d'une telle injustice, vous avez besoin de symboles forts auxquels vous rattacher. Rien ne nous rendra notre fille. La souffrance, nous l'aurons toujours. Mais qu'elle puisse être reconnue par un changement de loi, cela donnerait un nouveau sens à notre vie. Nous serions vus, entendus et compris dans nos souffrances. Cette seule reconnaissance, c'est une partie de notre reconstruction. Tant que justice ne passera pas, l'avenir n'existera pas.

À ce jour (octobre 2023), votre affaire a fait l'objet d'une médiatisation importante (télé, radio, presse écrite), mais le pouvoir politique n'a pas réagi…

[soupirs] Pour nous, c'est le combat d'une vie. Pour les hommes politiques, c'est un fait divers. Nous ne sommes pas connus. Notre vie n'a pas été broyée par une célébrité. À l'image de notre enfant, nous ne sommes rien ni personne. Aux yeux des représentants du peuple, nous n'existons pas. Peut-être que la médiatisation finira par avoir un effet sur

les députés. Mais nous n'y croyons pas. Ce mépris est une souffrance immense. Le problème juridique que nous mettons dans le débat devrait les intéresser. On parle ici aux pères, aux mères et à tous ceux qui connaissent l'amour que des parents portent à des enfants presque nés. Que la loi ne puisse pas changer après qu'un débat s'est tenu, nous le comprendrions. Mais tourner la tête devant la souffrance de tant de gens… nous ne le supportons pas. Comment voulez-vous que l'on s'intéresse de nouveau à la politique ? Comment voulez-vous que les gens ne se sentent pas pris de haut ? Vraiment, cette ignorance-là, conjuguée à celle de la justice, c'est une souffrance qui s'accumule chaque jour.

Fin janvier, une loi créant un homicide routier a été votée. Au cours des débats devant la commission des lois, un amendement a été proposé par Monsieur le député Fabien Di Filippo, afin de faire reconnaître l'homicide de l'enfant à naître. Il a été rejeté…

Angélique

Je suis scandalisée. Cette loi a été envisagée en réaction au dossier Palmade. Les défenseurs de ce texte ne cessent de dire que cette affaire a tout changé. Ces gens là ont-ils oublié que l'émotion née de cette affaire vient, avant tout, de cette femme enceinte qui a perdu son enfant ? Pardon, mais le dossier Palmade, c'est notre dossier. Cette femme attendait un enfant. Elle l'a perdu à cause de l'accident. Si la loi naît du dossier Palmade, pourquoi cet amendement a - t - il été rejeté ?

Valentin ?

Le législateur avait l'opportunité historique de s'emparer du sujet de l'homicide du foetus. Il l'a écarté d'un revers de la main méprisant. Cette souffrance-là, que des centaines de femmes connaissent chaque année, ne méritait-elle pas un traitement plus important qu'un simple changement de mots ? Quand j'y pense, je suis dans une colère… Qu'on change les mots, c'est bien. Mais comment peut-on passer à côté du vrai sujet que ce dossier avait mis en avant ? Comment le rapporteur de la loi peut-il se vanter d'être à l'origine d'une loi «révolutionnaire» ? La révolution, c'était de dire «ok, on va trouver une solution pour toutes ces femmes qui perdent leur enfant à naître».

Fin septembre, le parquet d'Arras a refusé d'ouvrir une enquête pour homicide involontaire. Vous en pensez quoi ?

C'est décevant. Mais cela n'altère pas notre volonté. Vous nous aviez préparés à cette réponse. Depuis, vous avez saisi un juge d'instruction qui a accepté d'instruire une enquête pour homicide involontaire. C'est une marque de considération que nous apprécions. Nous déplorons cependant que le parquet dise se retrancher derrière le droit. Pour nous, le droit, c'est la loi. Et cette dernière n'est pas précise. Au moins, le parquet aurait-il pu faire évoluer le débat et laisser le tribunal trancher. C'est une vraie déception. Cela leur coûtait quoi de mettre l'homicide dans le débat, nous laisser expliquer et laisser le tribunal décider? Rien. Personne ne leur demandait de juger. Juste de laisser un juge décider.

Vous attendez quoi d'autre de la justice ? De la répression ?

Nous vous mentirions si nous disions que nous n'espérons pas une sanction importante contre cette dame. Nous n'avons aucune nouvelle. Elle sait qui nous sommes. Elle nous a forcément vus dans les médias. Même pas un courrier. Pas un mot.

Cependant, le plus important, pour nous, ce n'est pas cela. Nous attendons de la justice qu'elle porte bien son nom. Nous ne souhaitons qu'une chose: que soit reconnu l'homicide involontaire. Nous ne demandons pas la violation de la loi. Nous pensons qu'il est possible de juger autrement. Et si la justice ne se rend pas dans le tribunal, nous espérons qu'elle se rende au parlement. Pour notre fille. Pour tous ces bébés prêts à naître.

Nous avons subi un drame de la route. Nous voulons, avec vous, combattre contre l'injustice pour ne pas être victimes une seconde fois.

II

Murielle

Octobre 2022. Murielle est mère de trois enfants. Depuis quelques années, le plus grand, Kevin, préfère vivre chez son père. Les relations ne sont pas mauvaises, mais elles ont été meilleures. Murielle n'aura pas le temps de dire à son fils combien elle l'aime. Malgré les disputes ou les désaccords. Elle n'entendra pas, non plus, son fils lui dire qu'elle restera toujours sa mère, quoi qu'il arrive.

C'est une soirée comme en vivent des milliers de jeunes. Kevin part s'amuser en boîte de nuit avec des amis. Les jeunes hommes rencontrent des filles de leur âge. Ils décident de repartir ensemble, à quatre dans chaque véhicule. Celui des filles d'un côté. Celui des garçons de l'autre. Au bout de quelques kilomètres, le conducteur des garçons double la voiture des filles pour une raison inconnue. Il perd le contrôle. La voiture effectue de nombreux tonneaux. Par miracle, le conducteur et deux passagers sortent indemnes. Le quatrième, lui, n'est plus dans la voiture. Il a été projeté à des dizaines de mètres. C'est Kevin. Il n'était pas attaché.

Les filles arrivent en catastrophe. Elles se précipitent vers lui. La première lui fait immédiatement un massage cardiaque pendant que les deux autres appellent des secours. Kevin respire encore. Mais il n'est plus là. Il a subi un traumatisme crânien trop important. Pendant ce temps, le conducteur de la voiture des garçons s'affaire. Non pas à sauver son « ami », mais à convaincre les autres – ou les menacer – de dire à la police que c'est Kevin qui conduisait. Pratique quand on a de l'alcool et des stupéfiants dans le sang.

Les secours arrivent. Kevin respire encore, mais est inconscient. Les trois garçons disent aux pompiers, au SAMU et aux gendarmes que le véhicule était peut-être conduit par Kevin. Certains sont mal à l'aise avec ce mensonge. Ils expliquent qu'ils dormaient. Qu'ils ne savent plus trop, etc. Il faudra attendre vingt-quatre heures pour que, accablé par le témoignage des filles remarquables, le conducteur soit confondu.

Pendant ces heures de mensonge, Murielle, elle, a été confrontée à l'appel que nous redoutons tous. Celui qui vous annonce que votre enfant est grièvement blessé. Sur le chemin qui la sépare de son fils, elle ne sait pas s'il est mort ou vivant. Quand elle arrive à l'hôpital, c'est un tourbillon. Très vite, les médecins lui disent que les séquelles sont trop graves. Après lui avoir offert la vie, Murielle doit décider de la mort de son petit garçon. Un dernier mot d'amour. La douceur d'une main de mère sur la peau de son enfant. Un cœur qui se brise. Un dernier au revoir. Kevin est parti.

Murielle appelle mon cabinet et laisse un message. Je la rappelle le plus rapidement possible. Je suis immédiatement saisi par ses larmes et ses sanglots. Je la laisse parler le temps qu'il faut. Rapidement, je sens sa profonde colère. Elle est autant dévastée par la haine que par la douleur. *« Ils l'ont laissé mourir. » « Ils auraient pu le sauver. » « Il a dû souffrir le martyre. » « Savait-il, mon fils, qu'il allait mourir ? »* Murielle ne peut pas digérer le comportement des garçons après l'accident. Elle a raison. Elle se pose aussi les questions habituelles auxquelles l'absence de réponse fait encore plus mal. Moi, je ne veux pas entrer dans ce débat-là. Ma priorité est de tenter de la rassurer en lui disant que l'on ne peut pas savoir. Évidemment, j'ai peu de connaissances médicales. Je tente, cependant, de la convaincre que, vu le traumatisme crânien, il y avait peu de chances qu'il ait eu conscience qu'il allait mourir. Certes, je n'en sais rien. Mais je veux essayer d'apaiser les tourments qu'elle traverse.

Murielle m'explique que l'« *assassin de son fils* » est en liberté – sous contrôle judiciaire. Elle ne comprend pas. « *Mais que fait cette justice ?* » « *Comment, alors que le conducteur était drogué et alcoolisé, se fait-il qu'il ne soit pas en détention provisoire ?* » C'est compliqué, à cet instant, d'expliquer la présomption d'innocence. C'est dur de se retrancher derrière nos grands principes de droit pénal. Je le fais, malgré tout. Non pour justifier une décision que je n'ai pas à commenter. Mais pour expliquer.

Quand je reçois Murielle et son conjoint, je vois une femme épuisée. Je ne sais si elle a encore des larmes pour pleurer. Elle est présente, mais absente. Avec beaucoup de dignité et de courage, elle me dit qu'elle attend des réponses. Elle veut que certaines questions soient posées au prévenu. Elle a besoin de comprendre ce qui s'est passé avant, puis après. Elle doit savoir si son fils a souffert et s'il était « sauvable ». Je comprends aussi qu'elle a envie de bousculer le prévenu. De le secouer. De le pousser dans ses retranchements pour qu'il dise la vérité, même si elle fait mal. Il y a, chez Murielle, une envie physique d'être confrontée à lui. Pas tant pour en venir aux mains. Mais pour l'implorer de ne pas se cacher derrière un système de défense qui salit la mémoire de son fils. La position du conducteur, au cours de l'enquête, après avoir menti, c'est l'amnésie. Il ne se souvient plus de rien. Vrai ? Faux ? Pratique en tout cas.

Passage obligé dans la préparation d'une audience qui se tient rapidement – même pas deux mois après les faits –, j'explique à cette maman que, dans un procès pénal, la place de la partie civile est difficile à trouver. Nous ne sommes pas la défense. Nous ne sommes pas l'accusation. Nous sommes là pour témoigner de notre souffrance et, accessoirement réclamer des dommages et intérêts. Murielle veut profiter de l'audience pour poser des questions. Je lui demande alors de me donner une liste des interrogations qu'elle veut me voir poser. Je les respecterai toutes.

Le jour de l'audience, je demande à mes confrères s'ils connaissent le procureur. La réponse est unanime. Il est «*mou*». Entendez par là qu'il n'est pas très combatif ou virulent. Cette information est primordiale pour moi. S'il ne prend pas sa place, je devrai marcher sur ses terres. Évidemment, je ne demanderai pas une peine. Ce n'est pas mon rôle. Mais si le prévenu se moque de nous, s'il ne répond pas à nos questions, appliquant une stratégie d'évitement ou de minimisation, il me trouvera sur sa route.

Sans grande surprise, il ne se souvient plus de rien. Avec l'aide du tribunal, je démontre qu'il a une mémoire sélective. Je suis obligé de hausser le ton lorsqu'il invoque un traumatisme crânien expliquant son amnésie, blessure que personne n'a jamais constatée. Il ne formule pas d'excuse. Aucune. Pas un regard. Pas un «pardon». Et sur le comportement qui a été le sien après? Pas de souvenir. Comme c'est facile. Des souvenirs, il en avait plein lorsqu'il s'agissait de faire croire aux autorités que Kevin était conducteur!

Devant cette stratégie de défense, j'attaque. Je pique. Je mords. Tant pis pour mes bonnes résolutions. Le prévenu se moque de nous. Le fait qu'il s'embourbe dans ses mensonges n'est pas satisfaisant alors que nous attendons la vérité. Nous n'arrivons pas à l'obtenir. C'est une blessure supplémentaire. Mais, au moins, nous aurons révélé au tribunal qu'il n'était pas crédible. L'espoir qu'il ne convainque personne, à commencer par ses juges, nous saisit. Il ne dit pas la vérité. Tant pis pour nous. Mais surtout, tant pis pour lui.

Murielle s'avance au micro. Il y a quatre mètres à faire. Ils semblent être des kilomètres. Ses jambes ne la portent pas. Elle fait un effort surhumain. Elle m'avait demandé si elle devait parler. Je lui avais laissé le choix, lui précisant que, par expérience, certaines victimes avaient regretté de ne l'avoir pas fait. Elle parle quelques instants. Pour dire, entre des sanglots qui déchirent le cœur, combien son chagrin est immense. Elle finit par demander que l'homme qui lui a retiré son petit ne s'en sorte pas. Elle implore la juridiction de faire connaître à ce « *monstre* » la froideur d'une cellule.

Puis le tribunal me donne la parole. Je retranscris, de mémoire, quelques passages. « *Quels mots pour dire l'indicible ? Que dire ? Que faire ? Essayer de se mettre à sa place pour comprendre ? C'est impossible. Murielle m'a désigné pour porter sa parole. Alors, je ne vais pas trahir sa confiance. Cette femme, remarquable de courage et de dignité, attendait deux choses de ce procès : des réponses à des questions qui l'empêchent de commencer le moindre processus de deuil, et une condamnation sévère. Les réponses, nous ne les avons pas eues. Parce que le prévenu n'a pas souhaité les donner. J'ai pensé, un instant, qu'il ne pouvait pas les fournir. J'ai espéré, une seconde, qu'il pouvait dire vrai. Puis, il nous a rappelé, par ses contradictions, par ses mensonges constatés par tous ici, qu'il avait décidé de ne pas aider cette femme. Par sa stratégie de défense, respectable mais regrettable, Monsieur X a préféré fuir. Comme le soir des faits lorsqu'il essayait, courageusement, de faire passer le défunt pour le conducteur. Quelle classe ! Que leur a-t-il dit à ses copains ? De quoi les a-t-il menacés pour qu'ils puissent mentir aux policiers ? Pas une excuse. Pas un regard. Après avoir tué le petit, voilà que vous n'avez même pas l'humanité d'avoir un peu de considération pour cette mère… Quel être humain êtes-vous ? Que vous n'ayez pas de souvenirs ? OK. Que cela soit trop dur à vivre pour vous ? OK. Que vous ayez peur d'aller en prison ? OK. Mais un regard… Un mot… Une larme partagée… Rien. Votre attitude après les faits, et encore aujourd'hui, cause une souffrance que vous ne semblez pas comprendre. Êtes-vous seulement capable de l'entendre ? […] Madame la Présidente, comme je le disais, je dois vous porter la parole de ma cliente. Je vais le faire. Murielle, comme nombre de victimes de la route qui m'accordent leur confiance, a le sentiment que la justice ne passe pas. Il devient impossible, pour l'auxiliaire de justice que je suis, de justifier des décisions de sursis ou de bracelet électronique. Comment les victimes peuvent-elles comprendre qu'un homme qui enlève la vie d'un autre, alors qu'il était alcoolisé et drogué, ne puisse pas connaître la détention ? Autant, nombreuses sont les victimes qui comprennent, et moi avec, que l'enfermement ne se justifierait pas dans le cadre d'un accident dramatique mais « accidentel », autant elles ne peuvent pas entendre que ces circonstances ne trouvent pas la prison comme seule réponse. Et que dire lorsque le prévenu essaie de faire passer le mort pour le conducteur… Vous savez ce que me disent ces victimes ? Elles me demandent pourquoi ces gens-là échappent à la prison alors que d'autres sont incarcérées pendant des années pour avoir volé une banque ? Pour avoir vendu ou détenu quelques grammes de drogue ? Pourquoi les personnes qui tuent accidentellement après avoir mis un coup volontaire encourent la cour d'assises et quinze ans de prison alors que celui qui tue sur la route, tout aussi accidentellement, mais en ayant adopté un comportement à risque, s'en sort ? Moi, les réponses je les ai. Parce que ma robe… parce que mes convictions… Parce que mon amour de la défense aussi. Mais cette maman-là, comment va-t-elle devoir vivre si elle a le sentiment que la justice n'est pas passée ? Et si, demain, sur un coup de sang, elle décidait de venger son fils ? Qui irait en prison pour des années ? Elle…. Madame. Elle… C'est elle qui serait enfermée entre quatre murs pour n'avoir pas pu comprendre que celui qui a enfermé son fils entre quatre planches vit tranquillement. Alors, évidemment, vous ferez bien ce que vous voulez. Et je sais, par avance, que ce monsieur n'ira pas derrière les barreaux. Je le sais par expérience. Dois-je m'en réjouir ? Ou le regretter ? Mon avis importe peu. Ce qui était important, Madame, c'est que sa parole, à elle, et que son cri puissent être entendus par votre tribunal.* »

Vient le tour du procureur. En seulement cinq minutes, il avait requis. Il croit le prévenu dans son amnésie, passant complètement à côté des mensonges et des contradictions. Les propos tenus juste après sont bien plus scandaleux. Il ajoute que Kevin savait que le conducteur était drogué et alcoolisé. Entendez par là – parce qu'il n'y a aucune autre explication à ce propos – : « *Allez, allez, le petit savait où il mettait les pieds. Il a joué. Il a perdu.* » Tout le monde se regarde dans la salle. Moment de gêne glaciale. Celui qui doit porter l'accusation se mue, maladroitement, en premier défenseur du prévenu et accusateur de la victime. Pour lui, le prévenu a paniqué, et il n'y a pas lieu de lui en tenir rigueur. « *Rien ne me permet de justifier une peine d'emprisonnement ferme dans ce dossier* », conclut-il.

En cinq minutes, le procureur ruine, pour toujours, le sentiment de justice que Murielle était venue chercher.

Le tribunal décide d'aller plus loin que les réquisitions en prononçant 18 mois d'emprisonnement ferme, mais sous le régime du bracelet électronique.

J'ai beau expliquer à Murielle que ce n'est pas la liberté. Rien n'y fait. La seule réponse qu'elle attendait, c'était la prison, la vraie. L'enfermement. Le vrai, entre quatre murs.

Entretien avec Murielle (le prénom a été changé)

Dans quelles circonstances apprenez-vous le décès de votre fils ?

Je suis alertée le lendemain, plus de vingt heures après l'accident. Le médecin me demande de venir très rapidement. Il ne me cache pas la gravité de la situation. Quand j'arrive sur place, il m'annonce que mon fils présente un état de « *mort cérébrale* ». En quelques minutes, je dois prendre la plus dure décision de ma vie. Après lui avoir donné la vie, j'ai dû décider de la mort de mon fils.

Que vivez-vous intérieurement ?

Je traverse chaque seconde de cette épreuve avec les yeux gonflés de larmes et le cœur transpercé. De chez moi à l'hôpital, c'est un moment horrible. Je conduis à une vitesse que je ne saurais même pas vous dire. Chaque seconde qui passe est longue comme une heure. Je fonce. Je ne sais pas ce qui va se passer. Mais il faut que je sois près de mon enfant. Arrivée à l'hôpital, une fois que je connais la gravité de l'état de mon fils, mes jambes se dérobent. Elles ne me portent plus. Le monde s'écroule. Je comprends qu'il n'y a plus rien à faire. Ma priorité est alors de tout faire pour qu'il ne souffre pas. Sa souffrance… c'est quelque chose qui me hante. A-t-il souffert ? A-t-il compris qu'il allait mourir ? Ces absences de réponse sont très dures à vivre.

Avez-vous été accompagnée humainement à l'hôpital ? Après ?

Non. J'étais chez moi. Ma vie suivait son cours. En une seconde, ma vie a basculé. À l'hôpital, l'urgence est de savoir si les soins doivent être poursuivis ou non. Les médecins sont davantage tournés vers Kevin que vers moi. Au moment de l'annonce de la mort cérébrale de mon fils, ou quand j'ai dû décider de le laisser partir, je me suis sentie tellement seule. Un sentiment horrible. Il y a du monde autour de moi. Mais il règne un mélange de bruits de fond et de silence. Celui de la mort. On m'a laissée quelques minutes avec lui avant qu'il ne parte. J'ai pu lui dire que je l'aimais plus que tout. J'ai pu lui dire adieu. Je ne sais pas s'il m'a entendu. J'espère. Je ne peux pas imaginer qu'il soit mort sans avoir su combien je l'aimais. Malgré nos disputes. Malgré nos différences. J'aurais aimé percevoir un signe. Un souffle. Un rictus. Rien n'est venu. J'étais là. Seule. À tenir la main de mon grand fils. Emporté par la mort.

Une fois ses souffrances abrégées, il y a bien quelques regards des médecins et des infirmiers. Mais il n'y a pas d'accompagnement. Personne ne vous propose de parler, de pleurer ou encore de crier. Aucun soutien psychologique n'est proposé. Les jours après, personne ne prend de vos nouvelles. Cela n'intéresse personne de savoir si vous n'avez pas mis fin à vos jours. Parce que cela vous traverse l'esprit. Et puis, vous pensez à vos autres enfants. Comment leur annoncer ? Quoi leur dire ? Comment faire pour ne pas ajouter votre peine à la leur ? Comment leur expliquer que la peine d'une mère est bien plus puissante ? Comment ne pas être égoïste ? En fait, pendant quelques jours, je traverse le temps comme un mort-vivant. Une partie de moi s'est envolée avec mon fils. Une partie de mon âme est partie avec lui.

Ce n'est que quelques jours après les obsèques que j'ai réalisé. Quand chaque seconde qui passait me rappelait son absence. Là, cela a été vraiment dur.

La réponse judiciaire a été rapide dans ce dossier. Quels souvenirs gardez-vous de l'audience ?

Je craignais que cela prenne beaucoup de temps. Mais cela n'a pas été le cas. Fin 2022 je suis allée au procès. Je n'espérais pas grand-chose. Des excuses sincères, au moins. Et que le conducteur explique combien il regrettait son comportement. Ce jour-là, il a tué mon fils une seconde fois. Sa stratégie de défense a été suivie à la lettre : il ne se souvenait de rien. Vous lui avez démontré qu'il avait des souvenirs et que sa théorie de l'amnésie ne tenait pas. Il n'a rien lâché. Je n'ai eu aucun regard. Aucun mot. Aucune excuse. C'était épouvantable. J'avais espéré de ce jugement un certain apaisement intérieur. Un soulagement peut-être. C'était l'inverse. L'assassin de mon fils me tuait à petit feu, au fur et à mesure de ces réponses mensongères.

Et la réponse de la justice a été à la hauteur de vos attentes ?

Pour moi, la seule réponse audible, c'était que le tueur de mon enfant aille en prison. Peu importe le nombre de jours. Il fallait qu'il « paye ». Quand est venu le moment d'entendre les réquisitions du procureur, j'étais remplie d'espoir. Vous aviez réussi à porter ma voix. Je pensais vraiment que le procureur allait « accabler » le prévenu. Alcool. Stupéfiants. Vitesse. Dépassement inexpliqué. Comportement lâche. Mensonges. Fausses amnésies, etc. Cela devait être l'aboutissement de ce que j'attendais de la justice de mon pays. C'est là que je devais sentir la présence de l'institution à mes côtés. J'attendais le soutien de l'État. La déception et le dégoût, ce sont les seules réponses que j'ai eues du procureur. Ce monsieur a passé cinq minutes à défendre le prévenu. Il disait le croire dans son amnésie. Il indiquait que son comportement, sur place, avait été dicté par un état de choc. Puis il a prononcé une phrase que je ne lui pardonnerai jamais. Je n'oublierai pas ce petit rictus qu'il a eu lorsqu'il a dit que mon fils *« était monté dans le véhicule de son plein gré »*. On s'est tous regardés. Avocats. Magistrats. Public. Le représentant de l'État venait de dire que mon fils était responsable de sa mort puisqu'il avait pris le risque de monter dans un véhicule conduit par une personne droguée et ivre. Il finissait son propos par demander que soit écartée toute peine de prison ferme ou de laisser le juge d'application des peines aménager. Il n'a rien demandé concernant le permis de conduire.

Le tribunal est allé plus loin que les réquisitions. Comment vivez-vous ce message ?

Il a pris quatre ans de prison dont dix-huit mois ferme. Mais il n'ira pas en détention. Le tribunal a ordonné la mise en place d'une détention à domicile. Son permis de conduire a été annulé pendant deux ans. Si je m'efforce de trouver du positif, je dois dire que je suis contente que le procès se soit tenu rapidement. Je suis heureuse d'avoir été accompagnée par un avocat qui a porté ma parole. Je suis soulagée qu'il soit reconnu coupable. Je suis contente, aussi, que le juge soit allé plus loin que le procureur.

Cependant, je ne digère pas les remarques affligeantes de ce dernier. Je ne comprends pas. Il a ajouté de la colère à ma peine. Je ne comprends toujours pas la légèreté avec laquelle il a traité celui qui a tué mon fils, et qui l'a laissé crever.

Et puis, je ressens une incompréhension. Je ne comprends pas comment des gens qui donnent la mort sont moins sanctionnés que ceux qui volent une banque. Que ceux qui tuent sur la route, par un comportement irresponsable, prennent moins qu'un dealer. Que ceux qui détruisent une famille, à perpétuité, puissent être moins sanctionnés qu'un homme qui causerait involontairement la mort dans une bagarre, par suite d'une chute malheureuse. Je suis dans une rage qui ne me quitte pas. À l'injustice d'avoir perdu mon fils s'ajoute celle de constater que la justice n'a pas sanctionné le comportement de ces hommes qui ont tenté de mettre l'accident sur son dos. L'attitude du procureur rejoignait celle du conducteur. Si la victime est morte, c'est de sa faute. C'est insupportable. Comment voulez-vous que nous puissions faire un deuil ? Je suis dégoûtée. J'avais une haute estime de la justice. Je suis déçue. Je pensais être soutenue par des psychologues. Je n'ai rien eu. J'espérais être soutenue par le procureur. Il m'a trahie. Voilà, c'est cela. Je me sens trahie par la justice de mon pays. Je suis victime une seconde fois.

Vous avez entendu parler de l'affaire « Palmade » ?

Quand j'entends dire qu'il a un traitement de faveur, cela me fait doucement rire. Ce monsieur a failli partir en détention alors que l'assassin de mon fils, lui, n'a jamais connu, et ne connaîtra jamais, la prison. Moi, mon fils, il a été tué par un drogué, alcoolisé, qui roulait trop vite et qui a fait passer sa victime pour le conducteur. Où est la justice ?

Vous avez entendu parler de la loi qui créé un homicide routier à la place d'un homicide involontaire ?

Cela va me ramener mon fils ? Non.

C'est un pas important que d'enlever le terme « involontaire » dans les cas d'une consommation d'alcool ou de stupéfiants…

Je trouve cela intéressant qu'on puisse admettre que, même si le fait de donner la mort est involontaire, on fasse une différence entre les accidents maladroits et les accidents quasiment voulus.

Quasiment voulus ?

Quand vous prenez le volant alcoolisé et sous stupéfiants, vous ne pouvez pas dire que vous ne pensiez pas que cela pouvait arriver.

Qu'attendez-vous de nos gouvernants ?

Je n'attends plus grand-chose. J'ai pensé que la loi sur l'homicide routier permettrait aux familles d'avoir un soutien psychologique. Rien n'a été prévu. J'espérais que les juges puissent être plus sévères. Rien ne les force. Je pensais qu'on pourrait revenir à des peines plancher. Même pas. En fait, depuis un an, et le dossier Palmade, nombre de familles de victimes que je côtoie, espéraient que les choses bougent vraiment. Que fait cette loi pour nous? Rien. Que fait-elle pour que de tels faits n'arrivent plus ? Rien. Cette loi nous trahit. J'en veux à tous ces gens qui sont contents de nous vendre leur texte avec leur modification de mots. Franchement... Quelle personnalité devra crever sur la route pour qu'une nouvelle loi puisse nous donner des vrais droits ?

III

Lucie
(le prénom a été changé)

15 août 2015. Lucie a quatorze ans. Elle a réussi à convaincre ses parents de la laisser partir avec sa meilleure amie et le petit ami de cette dernière. Lui est jeune détenteur d'un permis de conduire. L'ambiance est au bonheur, à l'indépendance et à l'autonomie. Après une balade sur le bord de mer, Lucie profite du feu d'artifice et des dernières chaleurs de l'été nordique. Il est presque minuit. Les yeux des trois adolescents sont remplis d'images célestes brûlantes. Mais il faut repartir. L'autorisation de rester sur place n'a pas été donnée. Le conducteur ressent une légère fatigue oculaire. Quelques kilomètres suffisent à endormir Lucie et sa meilleure amie. Elles ne devinent pas, ces deux jeunes filles, que leur vie est sur le point de changer. Elles n'imaginent pas que, pour la dernière fois, elles ont marché sur une plage. Elles ne présument pas que, pour l'ultime fois, elles ont fait usage de leurs jambes. Elles ne savent pas que, ce 15 août, date miraculeuse, marquera à jamais un triste anniversaire. Celui de leur accident. Le conducteur vient de s'endormir. La fatigue. L'inexpérience de la route. Le véhicule roule tout seul pendant quelques secondes. Avant de s'arrêter net dans un arbre.

Quelques examens plus tard, la sentence tombe. Lucie et sa meilleure amie perdent l'usage de leurs jambes et deviennent paraplégiques. Le choc est terrible. Le conducteur, lui, n'a rien. Est-ce cela la définition de l'injustice?

Ce jeune homme est poursuivi pour blessures involontaires. Devant le tribunal correctionnel, il explique qu'il s'est endormi. Les analyses n'ont révélé aucune présence d'alcool ou de stupéfiants. La vitesse n'est pas en cause. Il ne s'est « juste » pas réveillé. Mais, le bas du corps des filles demeurera, lui aussi, à jamais endormi. Devant la juridiction, bien que présentant des excuses, sa préoccupation première est de ne pas perdre son permis de conduire. Il écope de six mois de prison avec sursis. Est-ce cela la définition de la justice?

Parallèlement, la procédure d'indemnisation commence. Les parents de Lucie confient cette mission à un cabinet parisien réputé. Sa meilleure amie la suit dans ce choix. Malgré l'ampleur du préjudice, l'assurance se montre réfractaire à accorder des provisions importantes. Certes, la consolidation de telles séquelles ne prend pas quelques mois. Pour autant, chacun savait que Lucie resterait paraplégique. L'assurance attendait-elle un miracle? Lucie décide de changer d'avocat. Elle en prend un nouveau, près de chez elle. Il n'est pas spécialiste, mais a bonne réputation dans la ville. Il recevra Lucie une fois, mais ne dépêchera aucun médecin à l'expertise. Devenue adulte, Lucie appelle l'assurance pour savoir pourquoi rien ne bouge. On lui dit que des provisions sont prévues, mais que son avocat ne les réclame pas. Résultat: Lucie veut trouver un autre conseil. Je ne sais pas si ce souhait est né de ce que lui a dit l'assurance ou s'il existait d'autres problèmes. En tout état de cause, l'assureur lui a menti. La provision doit être versée quand bien même l'avocat ne la réclamerait pas. Cela ressemble à de la désinformation et à une manœuvre pour qu'elle ne soit plus représentée par un professionnel. Et pour cause. Avec les séquelles qu'elle présente, Lucie a le droit à une indemnisation importante. Cependant, si elle n'est pas accompagnée, la proposition qui lui sera faite sera minorée. L'avenir le démontrera.

Nous sommes en plein confinement lorsque je suis contacté par un certain Nicolas. Il m'explique, via les réseaux sociaux, qu'il est en couple avec une jeune femme qui a eu un accident de la route important et qu'ils souhaiteraient avoir quelques renseignements. Je lui explique que je trouve l'inaction de l'assurance étonnante. Il m'explique que la dernière expertise n'a pas encore consolidé l'état de sa compagne Ouf!!! Tout n'est donc pas joué. C'est au mois de juin que je rencontre Lucie, ses parents et Nicolas. À la première seconde, je suis frappé par le sourire de cette jeune femme. De manière idiote, je m'étais imaginé une Lucie triste, comme accablée par son accident, même cinq ans plus tard. Je crois que j'ai projeté l'état mental dans lequel je serais si cela devait m'arriver. Son côté solaire illumine notre rendez-vous. Je prends une leçon de vie, de courage, d'optimisme. Je lui promets que nous allons demander une provision importante et que nous finirons par l'obtenir. Je lui explique surtout que mon rôle, dans un premier temps, est celui de chef d'orchestre et d'accompagnant. Le travail le plus important sera fait par mon médecin et mon ergothérapeute en vue de la prochaine expertise qui sera la dernière. Leur rôle est primordial. Celui du médecin est de décrire toutes les séquelles et de les qualifier selon la nomenclature Dintilhac. Celui de l'ergothérapeute est, dans ces situations-là, tout aussi important. C'est lui qui prévoit le type de fauteuils et matériels adaptés dont aura besoin Lucie. C'est lui qui convainc le médecin expert qu'il faut tel type de véhicule aménagé. C'est lui qui décrit tous les aménagements mobiliers et immobiliers nécessaires à la situation de la victime. Les ergothérapeutes sont vraiment les anges gardiens du quotidien des personnes handicapées. Sans eux, l'indemnisation serait bien moindre. Sans eux, surtout, le quotidien de ces victimes serait différent. Tout est fait pour que la personne en situation de handicap ne se sente pas amoindrie au quotidien. C'est donc accompagnés de mon médecin et de mon ergothérapeute que nous arrivons à l'expertise finale. Le travail réalisé en amont, et communiqué à nos adversaires, a facilité les échanges. À part quelques négociations sur le véhicule, tout est fluide. Est resté en suspens l'avenir professionnel de Lucie. Plusieurs projets se sont succédés. Tous rendus trop compliqués. Cette difficulté-là sera un point de négociation important au moment de l'indemnisation.

Quelques mois plus tard, l'inspectrice d'assurance prend contact avec moi. Elle me fait une proposition que Lucie aurait acceptée si elle n'avait pas été entourée. Trois millions d'euros sont proposés. Cette somme peut sembler énorme pour les profanes. Cependant, puisque Lucie est jeune et que les sommes allouées visent à l'indemniser jusqu'à la fin de sa vie, ses besoins sont plus importants que ceux d'une personne de cinquante ans. C'est logique. Injuste pour les plus âgés. Mais logique.

Je prends une bonne heure pour convaincre Lucie que cette somme, dont elle ne comprend d'ailleurs pas l'importance, pourrait être encore plus élevée. Elle me répond qu'elle ne souhaite pas aller en justice. L'accident date de six années. Elle aimerait tourner la page. Je lui propose donc de revenir vers l'assurance, et négocier avec elle. Je lui fais la promesse de transiger la prochaine offre. Elle accepte.

Je procède à mes calculs. Je les envoie à l'assurance qui s'étrangle. Puisque l'assureur chiffre toujours plus bas, je chiffre toujours plus haut. Rien de scandaleux. Quelques jour plus tard, l'inspectrice – qui est une professionnelle remarquable pour le coup – débarque à mon cabinet.

Nous figeons des points d'accord rapides sur de nombreuses sommes. Nous présentons des désaccords sur le prix de la maison à aménager, sur la perte de salaire et sur l'indice de capitalisation. C'est un point très important puisque c'est le nombre par lequel nous allons multiplier les besoins annuels de Lucie. Plus l'indice est grand, plus la somme est importante. Il existe plusieurs référentiels. Celui des assureurs, assez bas. Et celui utilisé par la justice, plus haut. En transaction, les assureurs ne veulent jamais appliquer le second. « *Si vous voulez l'appliquer, à quoi bon transiger* ? » Je finirai par convaincre l'assurance de se rapprocher de mon référentiel. Évidemment, je n'ai pas dit à mon interlocutrice que nous étions pressés. Au contraire. Concernant les pertes de salaire, il faut jouer serré. L'expertise n'a pas conclu à une impossibilité de travailler. Lucie, toute handicapée soit-elle, a la possibilité d'occuper un travail. Pas toutes les professions, évidemment. Mais elle n'est pas inapte. Elle souhaite exercer. Elle a exprimé ce désir au cours de l'expertise. L'assurance m'indique alors qu'elle ne prendra pas de perte de salaire en charge puisque Lucie n'est pas inapte à tout poste. Sur un plan théorique, l'argument se défend. Finalement, nous nous mettrons d'accord pour que l'assurance paye, à vie, un demi-salaire. L'assurance souhaite que le SMIC soit notre valeur de référence, Lucie n'ayant pas pu faire d'études supérieures. Finalement, j'obtiens un salaire de référence plus élevé, conforme à ce qu'aurait dû être le revenu correspondant au métier souhaité par Lucie.

Nous finissons par transiger à hauteur de quatre millions et demi, soit un million et demi de plus que la première proposition.

Au bout d'un combat de presque sept ans, Lucie aura enfin été reconnue victime d'un accident grave. Elle n'est pas, comme tant d'autres, victime une seconde fois.

Entretien avec Lucie

Quel âge aviez-vous au moment de l'accident ?

J'avais quatorze ans. J'étais en quatrième, au collège. J'avais des rêves plein la tête dont celui de devenir infirmière. Un quotidien de jeune fille banale, un petit ami, plein de copines, etc.

Quels sont vos souvenirs de l'accident ?

Je n'ai aucun souvenir. C'est le black-out total. C'est un soir de feu d'artifice à Berck. On s'amusait bien, et puis vers une heure du matin, le couple veut rentrer. Dans la voiture nous sommes trois : ma meilleure amie sur le siège passager, son petit ami qui conduit et moi à l'arrière du côté droit. Très rapidement, ma meilleure amie et moi nous endormons. Malheureusement le conducteur finira par succomber aussi à la fatigue. Je ne sais rien d'autre de ce qui s'est passé. J'apprendrai plus tard que nous avons terminé dans un arbre et que nous avons été secourues par trois infirmières qui étaient dans le véhicule se trouvant derrière.

J'ouvre les yeux bien plus tard, sur un brancard poussé par des ambulanciers poursuivis par le conducteur qui, en pleurs, me demande pardon. Je ne sais même pas de quoi il parle. Je lui réponds simplement *« oui, OK, un accident ça peut arriver à n'importe qui »* avant de me rendormir. Je ne me rends compte de rien. Je suis bien plus occupée à le rassurer et lui répéter *« ce n'est pas grave, ce n'est pas grave »*.

Lui, n'est pas blessé. Comment vivez-vous cela ?

Aujourd'hui, je suis heureuse, pour lui, qu'il ne soit pas blessé. Je connais les souffrances du handicap. Cependant, je le vis comme une injustice. Je n'aurais pas eu le même discours il y a quelques années. C'est avec l'expérience, et l'aide de mes proches, que j'ai réussi à ne plus lui souhaiter de mal. Mais cette évolution n'a pas été simple.

Que se passe-t-il dans les heures qui ont suivi l'accident ?

Je subis plusieurs opérations en quelques heures. Je me souviens que, à peine réveillée, je dis à ma mère que je ne sens plus mes jambes. Elle essaye de me rassurer en m'indiquant que cela peut venir de l'anesthésie. Elle ne savait pas comment m'annoncer que j'étais désormais paraplégique.

Quelques jours plus tard, je finis par l'apprendre. Mon obsession est de comprendre. Je veux que l'on m'explique. Peut-être que je rêve, qu'il existe encore un espoir… Il sera déçu. Les infirmières m'expliquent ce qu'est la paraplégie, ses conséquences sur ma vie, et le futur.

Que vous disent les infirmières concernant ce que vous ne pourrez plus faire ?

En premier lieu – et je m'en souviendrai toute ma vie –, elles me disent que je ne pourrai pas exercer le métier de mes rêves : le leur. L'ironie du sort aura voulu que ce soit une infirmière qui me dise que je ne pourrai jamais lui ressembler. Comme si c'était écrit. Ce deuil est l'un des plus compliqués à faire. Quand on veut devenir infirmière, c'est plus qu'un choix. C'est quelque chose que l'on ressent au plus profond de soi. Aider les autres à ne plus souffrir, ou moins, n'est pas quelque chose que l'on réfléchit, mais qui s'impose à nous. Voyant ma tristesse infinie, elles nuancent leur propos, me laissant un espoir. Mais je comprends bien que le rêve sera trop grand.

Puis elles m'expliquent que je ne pourrai plus pratiquer mon sport préféré, l'athlétisme. Deuxième coup de massue.

Il y a aussi les explications sur la plaque que j'ai dans le dos et sur le corset qui ne me quittera pas. Jour et nuit, pendant six mois, je serai enfermée dans cet instrument de torture. Déjà privée du bas de mon corps, le haut ne sera plus libre. Je suis emprisonnée. Quand l'autre, le responsable, ne le sera jamais…

Elles me parlent enfin du fauteuil. Un apprentissage long. Complexe. Les transferts périlleux et douloureux. Se laver. Cuisiner. Vivre, en fait. On n'imagine pas la vie sans être debout sur ses jambes. Tout est bouleversé. Tous nos réflexes, tous nos acquis, toutes nos habitudes sont changés. C'est un retour à la case départ. Apprendre n'est pas un souci. Se débarrasser de quinze ans de réflexes, c'est beaucoup plus compliqué. Combien de fois ai-je eu le réflexe de vouloir me lever, de marcher, de courir…

Comment encaissez-vous tout cela ?

Je ne réalise pas. Je n'ai pas conscience de tout ce que cela signifie. Je crois que je ne veux pas comprendre. Je ne veux pas admettre. Pendant de nombreux jours, et malgré le diagnostic, je pense possible de retrouver mes jambes, ou même de me réveiller. J'essaye de les bouger. Je donne tout ce que j'ai. Mon cerveau veut envoyer le signal. Mais c'est impossible. Il y a alors un sentiment profond d'impuissance, d'injustice, de tristesse et de colère. À quatorze ans, entendre parler de fauteuil, de soins intensifs, de rééducation, c'est inimaginable. Ces mots ne sont pas ceux qui doivent remplir la vie d'une gamine de cet âge qui aime aller au collège, voir ses copines, jouir de la vie, rire, faire des courses-poursuites dans les couloirs, faire du shopping, etc.

Mentalement, c'est très compliqué. J'étais une jeune fille naïve, émerveillée par la beauté que nous offre la vie. Insouciante. La tristesse se résumait à une mauvaise note ou une rupture d'amour de vacances. Et en un seul instant, tout bascule. La tristesse laisse place à la peur. Celle du vide laissé par des jambes qui sont là, mais qui ne répondent plus. Puis la peur fait place à l'abattement. Combien de fois me suis-je dit que je n'y arriverais jamais ? Et l'abattement laisse place à la culpabilité. C'est terrible. Je n'ai rien fait. Je n'y suis pour rien. Mais je m'en suis voulu d'être montée dans cette voiture. De ne pas avoir insisté pour que l'on reste sur place. Cette culpabilité est mortifère. Elle peut tuer à petit feu. Il y a aussi la culpabilité de voir mes proches souffrir. Je ne les remercierai jamais assez d'être là. Bien qu'assise, grâce à eux, je suis debout.

Comment apprenez-vous cette nouvelle vie après l'hôpital ?

Je suis heureuse de quitter l'hôpital. Ce lieu contient trop de mauvais souvenirs. J'entre en centre de rééducation. C'est une sorte d'internat. J'y vis. J'y dors. C'est un choc. Je n'ai pas quinze ans. Je vis un moment traumatisant. Je suis loin de mes proches. C'est déprimant. Je me sens terriblement seule.

Cependant, cette nouvelle rentrée des classes me fait rencontrer des gens placés dans la même situation que moi. Je me sens moins différente. J'y apprends une nouvelle vie. Je ne me souviens pas de mon apprentissage de la marche, étant bébé. Je connais désormais le sentiment d'apprendre à faire les choses les plus élémentaires. Ce qui était inné devient de l'acquis. Mes « cours » me servent à me déplacer en fauteuil. Avant. Arrière. Freiner. Démarrer en côte. Descendre un trottoir. C'est vraiment là que j'assimile mon handicap.

Cet apprentissage remonte, malgré tout, le moral. Petit à petit, je comprends que je peux, malgré la perte de mes jambes, être autonome. Je vis mes progrès comme des pas de géant. Cependant, au bout d'un an, je demande à quitter le centre pour rentrer chez moi. Je veux retrouver ma famille. Je veux aussi me connecter avec mon environnement d'avant. Je suis prête. Et puis, le centre, c'est très cher. La mutuelle paye une grande partie, mais je sais que mes parents dépensent des sous. Je ne veux plus leur imposer cela.

À quoi ressemble votre nouvelle vie ?

Quand je sors, je suis obligée de redoubler ma 3e. Au centre, je n'ai pas réussi à combiner les études avec la rééducation. Ma mère m'emmène au collège tous les jours. On aménage une chambre en bas de la maison. On essaye de vivre normalement. Et puis, je pense beaucoup au procès.

Vous appréhendez ?

Oui, forcément. Je suis impatiente. Et j'ai peur. J'ai hâte que cela soit fini. Et en même temps, je crains que cela passe trop vite. Finalement, le conducteur sera condamné à six mois de prison avec sursis et une suspension de son permis de conduire. Cette peine est une déception. Pour ma famille. Pour mon amie, restée handicapée également. Pour moi aussi. Cette différence entre les conséquences pour nous et pour lui est abyssale.

Qu'auriez-vous souhaité ? Qu'il aille en prison ?

Non, pas de prison ferme. Je suis la victime d'un accident dans lequel il n'y a pas de vitesse, d'alcool ou de stupéfiants. Évidemment, les conséquences sont dures pour moi. Mais, la faute du conducteur ne me semble pas mériter la prison.

En revanche, je souhaite que ces situations puissent aboutir à des travaux d'intérêt général dans les centres de rééducation pour que ces conducteurs comprennent ce que nous vivons. Je suis convaincue que plusieurs mois passés auprès de nous, partageant nos souffrances ou nos combats, auraient un impact à vie dans leur cerveau et dans leur cœur. Je suis certaine que ces moments de vie seraient gravés en eux. Ils seraient, par ailleurs, très enrichissants sur un plan personnel pour tout le monde. Pour les auteurs, qui auraient le sentiment de pouvoir se « racheter » un peu. Pour les victimes qui partageraient des moments de souffrance avec eux. Ce serait aussi l'occasion de leur montrer quelle peine nous subissons. Quel parcours il nous faut affronter.

Dans le même ordre d'idées, j'aimerais que les auteurs participent au remboursement ou à l'avancement de certains frais qui ne devraient pas être à notre charge. Que mes parents aient été contraints d'avancer les frais de mon fauteuil, alors qu'ils ne roulent pas sur l'or, cela m'a été insupportable. Cela entretient le sentiment de culpabilité. Je ne veux pas être un poids pour eux. Comment aurions-nous fait si nous n'avions pas eu cette somme ? Pourquoi ne pas imposer ces frais à ceux qui nous causent ces blessures ? J'aurais préféré que l'auteur de l'accident utilise l'argent qui lui a servi à payer sa nouvelle voiture pour m'aider à trouver un fauteuil.

Lui, il est libre. Lui, il peut marcher, courir, fuir. Moi, je suis emprisonnée dans un corps que je n'ai pas voulu. Lui, il roule pour faire le malin. Moi, je roule pour vivre.

Vous lui en voulez encore, plusieurs années après ?

Je crois que je lui en voudrai une grande partie de ma vie. Je n'arrive pas à pardonner qu'il ne m'ait pas dit qu'il n'avait que quatre mois de permis. Que c'était la première fois qu'il conduisait de nuit. Qu'il était fatigué. Qu'il n'ait pas proposé qu'on prenne un hôtel, qu'on s'arrête sur une aire d'autoroute ou qu'on reste dormir sur place. Il était majeur. Il était responsable de nous en quelque sorte.

Il a essayé de se faire pardonner avec des cadeaux. Des peluches, une gourmette, etc. Je comprends sa démarche. Mais cela ne change rien.

Vous avez gardé relation avec votre amie, elle aussi victime ?

Ma meilleure amie est restée en couple avec le conducteur pendant quelque temps. Cependant, à chaque dispute, la question de l'accident revenait sur le tapis. Ils se sont finalement séparés.

Quant à notre histoire d'amitié, elle n'existe plus comme avant. L'accident n'a pas brisé que nos jambes. Il a tué notre lien. Sans que nous comprenions vraiment pourquoi, notre amitié appartient désormais à notre vie d'avant. Celle que nous essayons d'oublier.

Avez-vous pu bénéficier d'un suivi psychologique suffisant pour faire face à tout cela ?

Il n'y a pas de suivi. J'ai un vague souvenir d'avoir vu un psychologue à l'hôpital. Je ne me souviens pas d'en avoir eu un au centre. Mes parents et moi avons décidé qu'il serait bien que je consulte. Évidemment, la dépense était à notre charge. J'ai vu un psychiatre qui m'a dit que j'arrivais très bien à gérer. Le psychologue, lui, insistait pour que je parle de l'accident. Parler du traumatisme devait m'aider à accepter ma nouvelle vie. Cette obsession de l'accident m'a braquée. Pendant plusieurs années, je n'ai pas réussi à en parler. En vrai, j'ai le sentiment que j'ai fait l'essentiel du travail toute seule. À mon rythme. Sans être brusquée sur le chemin de la reconstruction. Enfin, je dois aussi avouer le rôle essentiel de Nicolas, de mes proches. Sans eux, cette nouvelle vie n'existerait peut-être pas.

Comment avez-vous construit votre vie de femme après cet accident ?

Au moment de l'accident, je vis une histoire d'amour avec un garçon. Lorsque je suis au centre, il m'écrit beaucoup. Il est présent. Assez rapidement, nos discussions tournent autour de la question de l'indemnisation. Je crois qu'il s'inquiète pour moi. Mais, il ne me donne pas ce que j'attends. Je veux être rassurée. J'espère qu'il m'aime encore en fauteuil. J'ai besoin d'un soutien amoureux plus qu'intellectuel. Mes parents me demandent de me méfier. Au bout d'un moment, je décide de le quitter. Il devient plus un poids qu'une aide. Mais c'est difficile. J'ai peur que personne ne puisse m'aimer en fauteuil. J'aurais pu rester avec lui. Mais je ressens qu'il me faut tourner cette page.

Quand je sors du centre de rééducation, je revois Nicolas, un ami de longue date. Nous passons beaucoup de temps ensemble. Il n'est pas célibataire. Moi si. Je sais que son père est également handicapé. Cela me rassure. Il est confronté, depuis son plus jeune âge, à cette situation qui est normale pour lui. Petit à petit, je sens la confiance monter. Je n'ose rien entreprendre. Je suis bien trop timide. Finalement, il quitte son amie pour moi. Depuis, nous sommes ensemble, pacsés et fiancés. Pas une seconde, je ne regrette mon choix. J'espère que lui non plus *[rires]*. Mes jambes ne me portent plus, mais notre histoire d'amour, elle, me transporte au-delà de toutes les frontières.

Et sur un plan professionnel ?

J'ai renoncé à mon rêve d'infirmière. Un temps, j'ai voulu devenir organisatrice de mariage. J'ai rapidement été heurtée aux difficultés matérielles et aux regards des gens. Les personnes qui se marient ont une réticence à confier l'organisation du « plus beau jour de leur vie » à une personne en fauteuil. C'est comme s'il existait une présomption d'incompétence. Comme si cela empêchait mon cerveau de fonctionner. Bref. Grâce à l'indemnisation que nous avons obtenue, nous avons pu acheter différents biens immobiliers. Nous les faisons rénover. Nous les louons. J'aurais aimé faire autre chose, mais le principe de réalité m'a rattrapée.

Vous n'aimez pas parler de l'aspect indemnitaire. Pourquoi ?

Je n'aime pas en parler pour plusieurs raisons.

D'abord, parce que les sommes obtenues sont incomprises par les gens qui ne connaissent pas la situation. L'argent que vous avez obtenu auprès de l'assurance n'est pas un cadeau. Il sert à indemniser tout ce que j'aurais pu avoir sans être handicapée. Il compense également toutes les dépenses auxquelles je suis confrontée sans l'avoir voulu.

Ensuite, parce que je ne résume pas l'accompagnement de l'avocat à cette seule somme d'argent. Vous me posiez la question du soutien psychologique. Constater l'énergie avec laquelle un avocat et son équipe de professionnels se battent pour vous est un apport psychologique non négligeable. Cela fait partie de l'accompagnement humain que j'attends de ceux qui partagent mon combat. Le résumer au chèque obtenu ne me semble pas judicieux. J'ai trouvé, dans cet accompagnement, bien plus qu'une personne obtenant des sous.

Que souhaiteriez-vous que les gens retiennent de votre histoire ?

Vous avez du temps devant vous *[rires]* ?

J'aimerais que les gens prennent conscience des dangers de la route. Prendre le volant, c'est se balader avec une arme dans les mains. Qui confierait une arme à une personne fatiguée ? À une personne sous emprise de la drogue ? À une personne ivre ? Ou une personne sans permis ? La route fait plus de deux cent mille blessés par an, dont seize mille restent handicapés. Plus de trois mille personnes perdent la vie. Et évidemment, nous ne pensons jamais que cela peut nous arriver.

Je souhaite également que les auteurs d'accident soient confrontés à notre monde. Les obliger à donner de leur temps pour visiter les centres de rééducation et participer à notre lutte est un combat que j'aimerais porter. Comme celui de faire payer une partie des dommages et intérêts à l'auteur. Je peux vous assurer qu'il y aurait bien moins d'accidents.

Enfin, je désire plus que tout au monde que le regard des gens sur les personnes handicapées change. Oui, je suis en fauteuil. Mais je ne suis pas une sous-femme. Je ne veux pas être plainte. Je ne veux pas de regards de pitié. Être vue comme une personne handicapée ne participe pas à mon bonheur. Chaque jour, je subis les conséquences de mon état. J'ai besoin et envie qu'on me regarde comme si j'étais capable de tout. Parce que, moi, c'est ainsi que je me vois. Je ne marche plus. Je ne cours plus. Mais rassurez-vous, je suis heureuse.

Je crois que vous avez quelque chose de particulier à m'annoncer ?

Comme vous pouvez le voir, je suis enceinte. Nicolas et moi attendons un bébé. J'appréhende, évidemment. Mais c'est un message tellement important pour toutes les personnes qui se retrouvent en situation de handicap. Je suis paraplégique. Mais je suis amoureuse. J'ai une vie de femme. Je vais devenir maman. Il n'y a pas de plus grand espoir que celui que je porte. Pour Nicolas. Pour moi. Pour nous. Pour tous ceux qui liront ce témoignage.

Entretien avec Nicolas, le compagnon de Lucie

Comment votre histoire d'amour a-t-elle commencé ?

J'avais « flashé » sur Lucie avant son accident. J'étais en relation. Elle aussi. Petit à petit, son couple a sombré. L'accident, la paraplégie et le handicap sont des épreuves très lourdes dans un couple. Quand j'ai appris qu'elle voulait se séparer, et qu'elle n'était pas insensible à mes sentiments pour elle, j'ai quitté la personne avec qui j'étais pour vivre près de Lucie.

Vous n'avez pas eu peur de vivre l'amour au travers du handicap ?

Pas du tout. Mon père a subi un accident de moto. Il s'est retrouvé paraplégique du jour au lendemain. Je n'ai jamais connu la barrière du fauteuil. Pour moi, ce sont les gens assis dedans qui sont intéressants. Ils ne sont pas définis par leur paralysie.

Vous n'avez pas eu peur de la différence ?

Non. Encore une fois, le fait de connaître cela depuis que je suis petit me permet de voir les choses différemment. Cependant, je comprends le choc que cela doit faire aux personnes qui n'ont jamais connu le handicap.

Mon bonheur, c'est d'être avec Lucie et de la voir heureuse. Que voulez-vous que je demande de plus ? J'aurais beau prier tous les soirs, elle ne retrouvera pas l'usage de ses jambes. Alors, nous avons fait un pacte. Le handicap ne sera jamais une limite. Si nous voulons faire quelque chose, nous le ferons. Et tant pis si c'est plus compliqué. Lucie, je l'ai prise par la main. Il est hors de question qu'elle ne fasse pas une activité que je ferais. M'amuser seul ne m'intéresse pas. Je l'ai emmenée au ski. Je lui ai proposé de sauter en parachute. Je lui ai promis qu'il n'y aurait jamais de limites, de barrières. Nous partageons tout. Et elle vit comme n'importe quelle femme de son âge. Notre bébé est la plus belle preuve de la promesse que nous nous sommes faite depuis toutes ces années.

Plusieurs années après l'accident, diriez-vous que vous êtes victime indirecte ?

Je ne me vois pas ainsi. Pour moi, les victimes sont évidemment les personnes qui ont été blessées dans l'accident. Dire que d'autres pourraient être victimes me semblerait déplacé.

Pourtant, sur un plan juridique, les proches de la personne accidentée sont considérés comme des victimes.

Vous avez raison. Je suis proche des parents de Lucie. J'ai vu à quel point un accident pouvait impacter une famille. Eux aussi, leur quotidien a été bouleversé.

Pas vous ?

Je n'étais pas avec Lucie quand elle a eu ce terrible accident. Mon histoire d'amour avec elle est une évidence. Cela m'a choqué de la savoir paraplégique. Mais ma tristesse était de la savoir en souffrance. Pour moi, pour mes sentiments, cela ne changeait rien. J'étais fou d'amour pour elle, assise ou debout.

Vous partagez votre quotidien avec Lucie. C'est une vie différente de deux personnes « valides » ?

Oui, il y a évidemment quelques aménagements à faire. Il faut prévoir et anticiper. Je l'admire. Elle est d'une force et d'un courage incroyables. Elle souhaite qu'on la regarde comme si elle était debout. Elle fait tout pour être autonome. Elle déteste devoir me demander de l'aide. Évidemment, parfois, je dois la prendre dans mes bras pour passer des obstacles, monter des étages, etc. Mais il y a pire que d'avoir son amoureuse dans les bras. Si elle pouvait descendre les escaliers en fauteuil, comme on le fait avec un VTT, elle le ferait. Croyez-moi.

Quels changements avez-vous pu voir chez elle avant et après l'accident ?

Disons que l'accident l'a beaucoup endurcie. Son regard sur les gens a changé. Elle a grandi très vite. Elle a perdu de sa candeur.

Comment avez-vous vécu le long processus qui a conduit à l'indemnisation finale ?

Qu'est-ce que c'est long ! Il faut se battre tout le temps. On a l'impression que tout est fait pour faire abandonner la victime.

Plusieurs fois, nous avons dû avancer les frais pour un fauteuil, ou pour du matériel médicalisé. Vous appelez l'assurance. Personne ne vous répond.

Vous n'aviez pas choisi d'avocat pour obtenir des provisions ?

Si. Nous avions pris quelques informations auprès d'une association de victimes de la route très bien référencée sur Internet. Nous avons appelé. Très rapidement, après quelques questions, nous avons été rappelés par une avocate parisienne. Elle s'occupait également de l'indemnisation de la meilleure amie, elle aussi grièvement blessée. Lucie a rapidement obtenu une somme dérisoire par rapport à son état de santé. L'assurance nous disait que nous n'aurions le droit à rien de plus dès lors qu'aucune expertise médicale ne serait réalisée. Évidemment, le médecin désigné par l'assureur adverse a mis un temps fou pour nous convoquer. Puis nous avons décidé de changer de conseil.

Pourquoi ?

Avant son unique visite à Lucie, l'avocate est allée chez l'autre victime, également sa cliente. En quelques minutes, elle comparait leur état de séquelles, sans s'inquiéter de la confidentialité des informations. Des pièces médicales de Lucie se sont retrouvées dans l'autre dossier, et inversement. Cela nous a interrogés autant que cela nous a déçus. Entre cela et l'absence totale de contact, même par mail, message ou appel, nous avons décidé de rompre avec cette avocate.

Vous vous retrouvez donc sans avocat.

Oui. Du coup, nous avons encore perdu du temps. Nous en avons trouvé un autre près de chez nous. À l'expertise, il n'avait aucun médecin pour l'accompagner. Il était également compliqué de l'avoir au téléphone.

C'est là que nous nous sommes rencontrés.

Oui. Moi, ce que j'ai aimé, c'est le côté direct. Vous expliquez. Vous nous dites que vous travaillez en équipe. Chacun a son rôle. Très rapidement, nous avons rencontré votre équipe médicale. Nous avons fait des essais de fauteuil. Nous avons pu comprendre pourquoi l'un était meilleur qu'un autre, ou pourquoi tel véhicule, que nous pensions adapté, ne l'était pas. Vous avez également obtenu une provision rapide. Et un rendez-vous pour une expertise médicale finale.

Le fait que j'ai la casquette « routier/victime » vous a posé un souci ?

Je ne comprends pas en quoi cela est un souci. Vous défendez des auteurs. Vous défendez des victimes. Quand vous plaidez pour un auteur, vous ne plaidez pas contre la victime. Dès lors que vous obtenez des résultats pour les victimes, peu nous importe que vous en ayez aussi pour les auteurs. C'est un peu égoïste. Si le fait de défendre des auteurs vous avait rendu moins compétent pour nous défendre, cela nous aurait interrogés. Mais nous avons rapidement compris que tel n'était pas le cas. Au contraire, il y a un certain avantage à connaître tous les rouages. Enfin, le fait que vous soyez entouré de professionnels du handicap, c'est quelque chose de rare.

Que vous a dit l'assurance lorsqu'elle a appris que j'étais en charge de votre dossier ?

L'inspectrice en charge du dossier a appelé Lucie pour lui demander pourquoi elle avait changé d'avocat et la raison pour laquelle elle vous avait choisi. Cela nous a surpris. En quelques minutes, l'assurance a tenté de nous dissuader de prendre un nouveau conseil. Elle nous a dit que l'avocat ne servirait à rien. Que son indemnisation serait honnête. Que l'avocat prendrait un pourcentage. Cela ne nous a pas du tout plu. À partir de ce moment-là, nous avons compris qui était notre véritable adversaire. C'est celui qui se présentait comme notre ami.

Vous en voulez à l'auteur ?

Oui et non.

Non parce que, aujourd'hui que je suis conducteur, je me rends compte que cela peut arriver à n'importe qui. Un accident, c'est une histoire de circonstances humaines.

Cependant, je ne supporte pas l'attitude qu'il a adoptée au moment du procès. Sa priorité était de reconduire le plus rapidement possible. Puis il s'est racheté la même voiture. La même. Je trouve cela très étonnant. Nous le voyions fanfaronner dans le village. C'était difficile à accepter. Lui vivait sa vie d'avant. Lucie, elle, en subissait une nouvelle. Pendant que lui roulait dans sa nouvelle carrosserie pour se la raconter, deux jeunes femmes paraplégiques roulaient en fauteuil pour se déplacer.

Qu'attendiez-vous de la justice ?

Je n'attendais pas que l'auteur aille en prison. Cependant, à la place du sursis, j'aurais aimé qu'il ait un travail d'intérêt général à faire auprès des personnes handicapées. Cela me semblerait normal que les personnes qui causent un handicap important puissent se mettre au service des victimes pendant quelques heures. Le sentiment de justice serait plus grand. Et surtout, je suis persuadé que cela les impacterait.

Et concernant la procédure d'indemnisation ?

Je pense qu'il faudrait une meilleure information. J'ai vraiment une grande rancœur contre l'assurance. Quand je vois la différence entre la somme proposée et celle finalement donnée, je me dis vraiment qu'on aurait pu se faire avoir. Je comprends mieux pourquoi l'inspectrice nous encourageait à ne prendre aucun avocat. Il faut également que les gens sachent combien il est nécessaire d'avoir une équipe. Pas seulement un avocat. Un médecin. Un ergothérapeute, etc.

J'aimerais aussi que la justice aille plus vite. Les victimes ont besoin de dispositifs compliqués pour aménager leur quotidien et tenter de rendre le handicap moins lourd. Tout est à repenser, à réorganiser. Comment peut-on y arriver quand l'indemnisation met des années à se positionner ? Il y a des provisions, certes. Mais ce n'est pas suffisant pour réorganiser toute une vie.

Lucie n'aime pas parler de l'indemnisation qu'elle a obtenue. Pourquoi ?

Les sommes obtenues sont très importantes lorsque l'on ne sait pas ce qu'elles indemnisent précisément. Tant de personnes ignorent ce qu'est la vie d'une personne handicapée. Ce que voient les gens, c'est la somme. Combien de fois n'avons-nous pas entendu, sur un faux ton de rigolade, *« tu penseras à me renverser au bout de la rue, hein… »*. Derrière cette remarque que les gens ne disent pas par méchanceté se cache un mépris pour la souffrance d'une vie sans pouvoir se lever. Sans pouvoir marcher. Même si je fais tout pour que Lucie réalise ses rêves, il y en a plusieurs que je ne pourrai pas lui apporter.

Lesquels ?

Adolescente, Lucie rêvait d'être infirmière. Elle a abandonné le projet. Trop compliqué. Puis elle avait envie de devenir organisatrice de mariage. Difficile quand il faut tout gérer, dans des endroits pas forcément aménagés. Ces rêves-là, elle a dû y renoncer. Ne pas pouvoir les lui offrir est un crève-cœur.

Mais un autre rêve, lui, a été réalisé…

Ce bébé, c'est… Je n'ai pas de mots. C'est comme un miracle.

Vous savez que Lucie voulait être organisatrice de mariage. Vous lui organisez le sien pour quand ?

Chut… Elle pourrait être en train d'écouter derrière la porte *[rires]*. Je l'aime. C'est la femme de ma vie. Je compte bien l'officialiser prochainement.

IV

David

Janvier 2020. La France ne connaît pas encore le confinement. David est cuisinier. Il adore son métier. C'est un homme courageux. Tous les matins, il se rend au travail à vélo, qu'il grêle, qu'il pleuve ou qu'il neige. Il aime ce sentiment de liberté. Il est heureux de pouvoir prendre soin de sa silhouette. Il le fait aussi pour son épouse. Pour garder la forme, lui qui est amoureux d'elle depuis plus de vingt-cinq ans. Ce matin-là, la visibilité est mauvaise. Il bruine. David emprunte un rond-point. Dans quelques secondes, un camion va glisser le cédez-le-passage. La vitesse du véhicule n'est pas folle, mais le trente-six tonnes va heurter David et le traîner sur plusieurs mètres, lui écrasant les deux jambes avant de s'arrêter. David ne perd pas connaissance, mais il ne sent plus ses membres. Il tente de se relever, sans succès. Un témoin lui dit de rester assis. Les secours arrivent. Il perd connaissance. Il ne se réveillera que quelques heures plus tard. Ses jambes, elles, lui seront retirées au bout de huit jours.

David a perdu la moitié de son corps. Ses jambes étaient tellement abîmées que le risque de nécrose était trop important. Les médecins avaient tout fait pour que le sang circule bien. Échec. La vie de cet homme, de son épouse et de leurs trois enfants bascule. Très rapidement, sa femme m'appelle. Les avocats sont alors en grève.

Il m'est, cependant, impossible, de ne pas la recevoir. Je lui explique tout ce qui va se passer. Je lui donne les informations permettant de demander l'intégralité du dossier médical. Je lui explique le déroulé des expertises, du procès ou encore la nécessité d'être accompagné par un médecin et par un ergothérapeute. Je lui dis les difficultés que nous rencontrerons, mais aussi les marques d'espoir qu'il faut savoir ne pas ignorer. Des difficultés juridiques, nous allons en rencontrer. Je m'occuperai de chacune. Cette femme est venue me voir car elle sait que j'ai une double casquette. Elle connaît mon caractère combatif. Je ne peux pas la décevoir. Je dois être à la hauteur.

Je prends immédiatement contact avec l'assurance du chauffeur et lui envoie les premières constatations médicales obtenues, de haute lutte, auprès du CHR. L'inspecteur m'oppose un argument que je n'avais pas vu venir : les prises de sang effectuées sur David révèlent de l'alcool. L'assurance a des informations que je n'ai pas. Normalement, le dossier est envoyé aux assureurs une fois l'enquête terminée. Pas avant. Je me demande bien, déjà, comment l'information a été donnée. Finalement, peu importe. Mon premier réflexe de « routieriste » est d'écrire au procureur pour lui demander une contre-expertise. Mon premier réflexe de « corporeliste » est de rappeler à mon interlocuteur qu'il m'importe peu que David ait été alcoolisé dès lors qu'il est cycliste. En effet, comme les piétons ou les passagers, les cyclistes sont protégées par la loi Badinter. Quand bien même David aurait-il commis une faute d'alcool, celle-ci ne peut lui être opposée pour réduire son droit à indemnisation. Évidemment, l'assurance le sait. Je présume, à ce moment-là, que le gestionnaire teste mes connaissances. Mon interlocuteur tente de savoir quel genre d'avocat il a en face. Pourquoi pas. Mais que cela puisse se faire au détriment de la victime, c'est immonde. Je suis certain que l'assurance aurait opposé cette alcoolémie à David s'il n'avait pas eu d'avocat. Il aurait signé un document établissant sa responsabilité, faute de pouvoir contrer l'argument. Il n'aurait eu aucune indemnisation. Ou si faible. Une fois cette tentative passée, l'assurance propose une provision. J'en obtiens deux fois plus. Ces sommes permettront à son épouse et aux trois enfants de ne pas subir les pertes de salaires.

Parallèlement, j'écris au ministère public pour lui demander quelles suites il donne à la procédure. Plusieurs mois se passent sans aucune réponse. Je note, par ailleurs, que la contre-expertise demandée, concernant l'alcoolémie, n'est jamais revenue. Ce n'est qu'après une année de procédure que le ministère public décide de classer sans suite contre l'auteur de l'accident. Je fais immédiatement appel de cette décision, et demande la copie du dossier. Pour le parquet de Lille, le chauffeur du camion n'a commis aucune faute, la visibilité étant particulièrement mauvaise. Pourquoi pas. Mais, plus grave, le procureur met en avant l'absence d'éclairage de David. Il n'aurait pas eu de gilet. Il n'aurait pas eu d'équipements sur son vélo. David a perdu ses deux jambes. Et c'est de sa faute. Voilà le message délivré.

Après réception du dossier, j'écris au procureur et à la cour d'appel pour contester. Je contre les arguments sur la visibilité. Le camion avait ses feux allumés. Eu égard à la nature de ce véhicule, la lumière émise était forte, forcément. Par ailleurs, le positionnement du conducteur, en hauteur dans sa cabine, lui permettait d'avoir une meilleure visibilité que les policiers qui faisaient une reconstitution dans un véhicule bas. En outre, il n'est pas exclu que le choc ait emporté les dispositifs lumineux du vélo. Le parquet change d'avis. Il finit par poursuivre le prévenu devant le tribunal correctionnel. L'audience aura lieu près d'un an plus tard. Nous sommes deux ans et demi après l'accident. Première bataille judiciaire remportée.

Pendant ce temps-là, nous organisons l'expertise médicale de David. Je lui envoie mon médecin, mon ergothérapeute et mon prothésiste. Tous vont le voir en centre de rééducation. Ils me disent que ce client est une force de la nature. Enfermé dans sa nouvelle « maison », David progresse à une vitesse folle. Il reprend la marche avec prothèses très rapidement. Il est même pris en exemple par le centre de rééducation qui tourne une vidéo promotionnelle avec lui. La première expertise arrive. Porté par son enthousiasme, David explique qu'il se sent fort et qu'il n'a besoin de personne. L'assurance jubile. Les séquelles seraient moins importantes que prévu. Si c'est le cas, tant mieux. Cependant, je suis alerté par mon équipe qu'il est fréquent que de telles victimes progressent vite avant de subir une véritable rechute. J'invite donc l'assurance à une grande prudence. Cette expertise doit surtout nous permettre de constater que le logement de David n'est pas adapté à son handicap. La circulation en fauteuil roulant y est impossible. L'accès à l'étage, et donc aux chambres, l'est également. Il est évident que David doit changer de logement. L'assurance conteste cela. Elle estime que David bénéficie de prothèses qu'il supporte bien. Selon elle, il importe peu que le fauteuil ne passe pas puisque la victime n'en aurait aucune utilité. Un tel argument me rend dingue. C'est d'une mauvaise foi incroyable ou le signe d'une incompétence crasse. Chacun sait que le port de prothèses est extrêmement douloureux et fatigant. Toutes les victimes que je connais les retirent en rentrant chez elles. Un fauteuil doit donc pouvoir passer dans toutes les pièces. Pire, l'assurance indique que, étant appareillé, David pourrait descendre et monter des escaliers. Le risque de chute est évidemment trop important. Je comprends alors que tout sera fait pour nous mettre des bâtons dans les roues. Finalement, et alors que j'ai décidé d'attaquer l'assureur devant le tribunal civil, il nous propose une somme pour déménager et acquérir un nouveau logement adapté. La proposition est très correcte. Une fois encore, je dois cette trouvaille à mon prothésiste qui a dû être agent immobilier dans une autre vie. David est très pressé de rentrer chez lui pour retrouver sa famille. Il le fera quelques semaines plus tard. La signature de ce bien est une nouvelle émouvante, synonyme d'un nouveau départ.

Cependant, la réalité médicale nous rattrape. Comme envisagé par les médecins, les prothèses sont mal supportées. Des infections se créent sur un moignon. Il faut opérer. Encore. Les médecins doivent s'assurer qu'aucune bactérie ne s'empare du reste du corps de la victime. De nouvelles greffes sont réalisées. David repart presque à zéro. Il faut tout recommencer. Réapprendre à marcher. Loin de la nouvelle maison. Loin de ses proches.

Vient le temps du procès pénal. David et son épouse attendent ce jour depuis deux ans et demi. Le chauffeur est présent. Il montre assez rapidement son émotion. Il présente ses excuses. C'est déjà cela de gagné. Quand les faits sont évoqués, le tribunal reprend les éléments que j'avais mis en avant dans la contestation du classement sans suite. Le chauffeur, lui, continue de dire qu'il n'a pas vu David. Mais la question n'est pas celle-là. Ce qui m'importe, c'est de savoir si le prévenu a fait tout ce qui était en son pouvoir pour l'éviter, ou le voir. C'est l'unique question que le tribunal doit se poser pour savoir si une culpabilité doit être prononcée. David, lui, veut que le prévenu soit condamné. Peu lui importe la peine. Mais il est nécessaire que le chauffeur soit reconnu coupable. Et lui, victime innocente. Cette réponse, la juridiction n'arrive pas à l'avoir. Mais, à une question posée par le juge, le prévenu répond, comme justification :

– Il y avait de la buée dans mon véhicule à cause du chauffage.

Personne ne rebondit. Vient mon tour de questions.

– Monsieur, vous avez dit qu'il y avait de la buée dans votre véhicule. On fait quoi quand il y a de la buée pour mieux voir ?

– On ouvre la fenêtre, me répond-il.

– Vous avez donc ouvert la fenêtre pour mieux voir ? ai-je continué.

– Oui, est sa réponse.

– Donc, si vous avez ouvert la fenêtre, vous ne pouviez pas être gêné par la buée ? Vous avez une vue directe sur le rond-point... Pas d'autres questions, ai-je terminé.

En une remarque, le prévenu s'était tiré une balle dans le pied.

Le président me donne la parole en premier pour plaider. Auparavant, David est venu à la barre pour expliquer ses galères et sa version des faits. Son épouse, elle, a pleuré pendant les trente minutes d'instruction.

Chacun aura compris ce que ressentent ces deux-là. Inutile d'en faire trop. Je demande la condamnation. Puis je m'adresse au prévenu, sans colère ni haine, pour lui dire que mon client comprend et reçoit son émotion. L'autre enjeu de cette audience est l'obtention d'une nouvelle provision importante. David a déjà eu près de cinq cent mille euros. Je sollicite une nouvelle provision de deux cent mille pour disposer de plusieurs fauteuils et d'un véhicule adapté à son handicap. Peu de jours avant l'audience, un net refus m'avait été opposé par l'inspecteur d'assurance. Le prévenu est déclaré coupable. Il s'en sort bien. Il écope d'une amende. Son permis de conduire n'est pas suspendu. Le motif? Le juge considère que les faits sont anciens et qu'une telle peine n'est pas opportune. Le prévenu bénéficie donc des lenteurs de la justice et des tergiversations du parquet. Incompréhensible. Concernant l'assurance, elle est condamnée à verser à David cent cinquante mille euros qui s'ajoutent aux sommes déjà obtenues. Un renvoi en « LDI[1] » est ordonné. Je reviendrai plaider, une fois que l'état de David sera consolidé. Sauf demande particulière de mon client, je ne transigerai pas. L'assurance devra assumer jusqu'au dernier cent.

1. Liquidation de dommages et intérêts.

Entretien avec David

Quelle vie meniez-vous avant l'accident ?

J'avais quarante-neuf ans. J'étais responsable de cuisine. Le travail était rude, avec de grosses amplitudes horaires. Mais je m'y épanouissais beaucoup. Quand on aime, on ne compte pas !

Racontez-moi les circonstances de votre accident ?

En janvier 2020, je me rendais à mon travail à vélo. Je prends un rond-point. Très rapidement, j'aperçois un poids lourd qui glisse le cédez-le-passage. Il ne roule pas très vite, mais il me fonce dessus. J'essaye de me dégager. Je n'y arrive pas. Il me percute et me traîne sur plusieurs mètres. Pendant quelques secondes, j'ai conscience de ce qui est en train de se passer. Je ne sens pas le camion me rouler dessus, mais je me dis que c'est la fin.

Que se passe-t-il ensuite ?

Le conducteur vient me voir. Il n'arrive pas à me dire autre chose que «*je suis désolé, je ne vous ai pas vu*». Je ne sens aucune douleur, ce qui est étonnant quand on sait les blessures que j'avais. Je me souviens d'avoir le réflexe de vouloir me lever, mais un monsieur me déconseille de le faire. Il me dit d'attendre les secours. Je regarde ma main. Je vois un trou béant et une mare de sang à côté. Un pompier me parle. Puis… trou noir. Comme si j'avais attendu les secours pour me laisser partir.

Je suis emmené à l'hôpital. Il paraît que je reprends connaissance, le temps de raconter ce qui s'est passé. Puis décision est prise de me plonger dans le coma pendant quelques heures.

Combien de temps restez-vous dans le coma ?

Deux jours. Quand j'ouvre les yeux, je vois immédiatement mon épouse sous le choc. Elle a du mal à parler. Je ne l'avais jamais vue comme cela. Elle n'arrive pas à accepter. Elle me demande de lui raconter. Je ne peux pas. Elle m'apprend que, pendant mon coma j'ai hurlé « *ne touchez pas à mes jambes* ». J'essaye immédiatement d'arracher mes perfusions. Je veux partir. C'est comme si une force supérieure me poussait à prendre mes jambes à mon cou. J'ai même dû être sanglé. Avec le recul, je me dis que je n'aurais pas pu aller bien loin *[rires]*. Mes jambes sont grièvement touchées. Décision est prise de m'amputer. Des deux jambes.

Comment arrive cette question de l'amputation ?

Elle arrive sans que je donne mon avis. Je suis trop « shooté » d'une part. D'autre part, j'apprendrai plus tard que mes jambes étaient tellement abîmées que le retour veineux ne se faisait plus. Décision a donc été prise sans moi.

Vous auriez préféré avoir votre mot à dire ?

C'est mieux ainsi. Je n'ai pas eu le temps de gamberger. Évidemment, j'aurais suivi l'avis médical. Mais j'aurais beaucoup souffert de devoir décider. Là, au moins, personne ne pourra me reprocher d'avoir pris une mauvaise décision. Il est des fois, dans une vie, où laisser autrui décider pour soi est préférable.

Vous êtes donc amputé des deux jambes.

Quand je reviens à un état de « conscience », oui, mes jambes sont coupées largement au-dessus des genoux. Je pleure. Beaucoup. Moi, l'homme un peu bourru. Moi, l'homme qui aime ne montrer aucune faiblesse. C'est un choc terrible. Je n'ai plus de force. Je me sens comme une loque. Je me demande comment on va payer les factures. Je pense aux enfants. À mon épouse. Je m'en veux.

Vous vous en voulez ?

Oui. Je culpabilise. De n'avoir pas su éviter l'accident. De la peine que j'inflige aux enfants et à mon épouse. Je sais que je n'y suis pour rien, mais je me sens coupable. En plus, j'apprends rapidement que j'aurais eu de l'alcool dans le sang. Alors, ça, c'est incompréhensible. Heureusement que la suite de la procédure démontrera que c'était faux. Toujours est-il que cela participe à la culpabilité. J'ai peur que ma famille m'en veuille. Je crains que cela impacte tout le monde.

Vous ne pensez donc pas à vous, dans un premier temps ?

Quand j'ai peur qu'ils m'en veuillent, c'est un peu égoïste quand même *[rires]*. Je crois, à cet instant, que je préfère qu'ils me rassurent quant à leur état d'esprit. C'est positif. Si je commence à penser à moi, à mes loisirs, à mon travail et à tout ce que je ne peux plus faire, alors je coule.

Justement, existe-t-il un soutien psychologique à l'hôpital ?

Pas vraiment. Quelques jours après l'accident, je n'ai pas envie que l'on me plaigne. J'ai surtout besoin d'espoir. Je m'intéresse davantage à la rééducation à venir qu'à la plainte. Très rapidement, je me tourne vers l'objectif de retravailler. Et puis, être combatif, c'est aussi une manière de remercier et encourager ma famille. J'ai beaucoup de chance. Mes filles et ma femme ont été très présentes. Le soutien infaillible de mes proches, dans ces moments-là, est le bien le plus précieux qui existe.

Au bout de plusieurs semaines, vous partez en centre de rééducation.

Après plusieurs opérations, je quitte l'hôpital pour entrer en centre de rééducation. Je passe mes jours et mes nuits dans cet établissement qui porte un nom bien choisi : « L'espoir ». Cela me plaît. Je suis tourné vers l'avenir avec deux objectifs en tête. Ils me mettront debout: retrouver ma vie de famille et reprendre le travail. Si l'espoir fait vivre, j'espère, moi, qu'il me fera marcher.

Cet espoir prend forme très rapidement. Je progresse à pas de géant. Ou de robot *[rires]*. En quatre mois, je réussis à mettre les prothèses et à marcher avec les cannes. Je prends une avance conséquente sur le planning de soins. En général, les doubles amputés arrivent à remarcher en dix mois. Aller aussi vite est extrêmement rare. Le médecin de l'hôpital m'avait même dit qu'il était possible que je ne marche plus.

Vous êtes même pris en exemple dans le centre où vous étiez, tant votre guérison était rapide.

Oui. C'était une grande fierté pour tout le monde. Pour moi, évidemment. Mais pour toute l'équipe médicale aussi. Ce que je ressens à ce moment-là est incroyable. J'ai pu comprendre ce qui se passe dans la tête d'un enfant d'un an qui apprend à marcher. C'est une sacrée récompense. Et puis, faire le fanfaron devant la caméra, c'est mon truc *[rires]*.

Vous sortez très rapidement du centre alors ?

Oui. Mais pour retourner à l'hôpital. Après cet état de grâce, et une fois que la vidéo avait fait plaisir à tout le monde, tout s'écroule. J'ai l'impression que je suis allé trop vite et que nous avons brûlé les étapes. Certaines greffes n'ont pas bien pris. Des cicatrices, peut-être encore trop récentes, se sont infectées. Les infections sont un danger permanent pour les amputés. En quelques jours, vous pouvez contracter un staphylocoque qui vous achève. Je suis donc reparti de zéro. Multiples opérations. Hospitalisations. Et nouvelle rééducation. Bien plus lente cette fois-ci.

Moralement, c'est encore plus épuisant que les premiers jours de deuil de mes jambes. Quand l'accident arrive, il n'y a que de l'espoir devant moi. Comme le dit un ancien Premier ministre: « *La route est droite, mais la pente est forte.* » Là, il y a de l'abattement. Je comprends que, malgré tous mes efforts, il est possible que cela ne fonctionne jamais. Pendant quelques semaines, je n'ai plus envie de me battre. J'ai une vraie phase de déprime. Je me dis que, de toute manière, ma femme va me quitter. Elle travaille tellement. Elle s'occupe de tous les papiers. Je me demande quelle vie je pourrai lui offrir. Comment pourra-t-elle continuer à m'aimer ? Le David qu'elle a connu n'existe plus. Mais une fois encore, elle me relève. Mes enfants avec elle.

Vous retournez en centre de rééducation.

Oui. Sur un plan personnel, c'est un peu plus facile à supporter car je peux voir mon épouse plus aisément que lors de mon premier séjour. La Covid nous avait empêché tout contact. Sur un plan médical, je veux aller plus vite. Je sais les risques mais, mentalement, il faut que cela avance. Je vis alors quelques mois très étranges. Je me sens moins bien pris en charge. J'ai le sentiment que tout le monde attend que je renouvelle mes prouesses en quatre mois, ce qui n'est pas le cas. Du coup, j'ai l'impression de décevoir. C'est comme si j'avais usurpé mon statut de « super marcheur » *[rires]*. À compter de là, je développe un sentiment de colère. Alors que le premier séjour était un cercle vertueux, le second devient vicieux. Je ne m'entends plus du tout avec le médecin responsable. Nous sommes opposés sur les prothèses. Je fais des essais avec votre prothésiste. Je suis content. Mais le médecin ne veut pas que je les mette en rééducation. Pourquoi ? Il n'a pas aimé que je puisse être conseillé à l'extérieur et que je ne travaille pas avec ses prothésistes à lui. Au printemps 2023, et alors que suis à 60% de marche, et en hospitalisation de jour, il m'apprend qu'il ne veut plus de moi dans son centre. En clair, il me met dehors. Je paye nos désaccords. Il prétexte que je suis arrivé au bout de ma rééducation alors qu'il m'avait promis 80% de marche. Quand vous êtes patient, et qu'on vous met dehors, vous vous sentez comme un déchet. Finalement, avec votre aide et celle de votre équipe, je retrouve un centre dans lequel je suis bien. Mais quel combat !

Je vous connais bien. Depuis des mois, je suis admiratif de votre force. Comment l'expliquez-vous ?

Ma famille. Mes enfants. Mon épouse. Ils ont été là pour me pousser et m'entourer. Je n'aurai jamais assez de mots pour les remercier. Vous savez, je suis très lucide sur la situation. Les amputations ne coupent pas que les membres. Elles séparent aussi. En quelques semaines de centre, j'ai compris pas mal de choses. Entrer dans le monde du handicap est souvent un voyage en solitaire. Mes nouveaux copains se sont retrouvés célibataires. Ça m'a beaucoup marqué. Je trouvais cela tellement injuste. Et en même temps, je comprends que certain(e)s paniquent. Toujours est-il que c'est pour ma famille que je veux retrouver toutes mes capacités. Évidemment, je rêve de retrouver ma cuisine. Mais sentir une telle solidarité familiale, après des années de vie commune, c'est… Je n'ai pas de mots. Dans notre région, la solidarité est importante. Nous sommes nés dedans. Cette solidarité est une immense flamme qui m'anime de chaleur. La solitude d'une rupture aurait été une brûlure de l'âme dont je n'aurais pas guéri.

Ma femme est un modèle. Je ne sais pas comment elle fait pour tout porter. Elle fait preuve de tant d'amour. Je ne sais pas comment elle a fait pour ne pas fuir, comme les épouses de mes copains au centre. Vous savez, le corps sans les prothèses c'est une autre histoire aussi. Tout change dans la perception que l'on a de l'autre. Lorsque l'on est double amputé, le regard des gens est omniprésent, et pas pour les bonnes raisons.

Expliquez-moi.

Au début, j'avais le sentiment d'être une bête de foire. Un homme dont les jambes ont été coupées assez haut, qui se balade en fauteuil, c'est étonnant. Ces regards me gênaient beaucoup. Je tentais de faire de la pédagogie, notamment avec les enfants. Cependant, je me sentais dévisagé. De nombreuses fois, ma femme – avec son caractère adorable – les gratifiait d'un « *Vous n'avez jamais vu une personne en situation de handicap ?* ». Et puis, j'ai pris de l'assurance. J'ai commencé à répondre. Vous auriez vu leur tête !

C'est comme si un fantôme s'était mis à parler. C'est dingue comme la gêne change de camp. Depuis plusieurs semaines, j'assume mieux mon image. Il y a quelques mois, vous m'avez emmené, avec votre ergothérapeute et votre prothésiste, au salon de la mobilité. Il y avait beaucoup de monde. Je me suis senti bien. J'ai vu de la bienveillance. Toutes ces personnes qui travaillent autour du handicap, pour nous faciliter la vie, ne nous jugent pas. Au contraire, le vendeur de voiture aménagée ou le vendeur de fauteuil sont hyper heureux de nous voir *[rires]*. Dans la rue ou dans les transports, j'essaye de ne pas trop soutenir les regards. Je sais qu'ils sont portés sur moi. Je ne peux pas me livrer au jeu du « *il me regarde avec admiration ou comme un sous-homme ?* ». Quand j'entends certaines personnes, souvent des mamans, expliquer que j'ai dû avoir un accident, que je suis une personne comme une autre mais à qui il faut faire un peu plus attention, cela me fait plaisir. Mais que c'est dur d'éduquer les gens « valides » à nous inclure dans leur vie ! Je ne désespère pas. Je ne lâcherai pas ce combat.

Quels autres combats souhaitez-vous mener ?

Il y a tellement de choses à revoir dans la société. Les pistes cyclables, les priorités, les trottoirs, les signalisations, les trottinettes, etc. Il y a tant de responsables. Les pouvoirs publics ne donnent pas assez aux personnes handicapées. Je ne parle pas que d'argent. Je pointe ici les manques d'infrastructures ou d'aménagements pour nous. Souvent, j'ai le sentiment de devoir m'excuser de demander au chauffeur de bus de sortir la rampe d'accès ou de demander à bénéficier d'un « monte-charge » pour accéder à un étage. Il y a aussi tant à faire sur la route. Les « faibles » ne sont pas assez protégés. Les piétons comme les cyclistes. Cela fait des années qu'on nous demande d'abandonner les moteurs pour les mobilités douces. On construit des couloirs pour les vélos dans les grandes villes. Pourquoi pas. Mais dans les autres cités ? Dans la campagne ? Savez-vous que plus de deux tiers des accidents mortels concernant un cycliste se déroulent hors des grandes villes ? Et les signalisations incompréhensibles ? Je me souviens, un jour, d'avoir pris une piste cyclable à Paris. Dans les Xe arrondissement, je crois. Arrivé à une intersection, il était impossible de comprendre qui pouvait passer sans avoir fait une grande école. Les pouvoirs publics s'en moquent. Alors, évidemment, vous aurez toujours un ministre ou un maire pour dire : « *Regardez, on a fait ci ou ça.* » C'est pire que tout. Si l'homme politique est fier de présenter tel projet, pourquoi ne le multiplie-t-il pas ? Soit son projet était finalement nul. Soit il voulait juste faire un coup de communication. Il y en a marre d'être pris pour des idiots. Le rond-point où j'ai perdu mes jambes est incroyablement dangereux. Personne, dans le Nord, ne s'y intéressait. Il a fallu que vous parliez de moi à une journaliste du *Parisien* que vous connaissiez pour dénoncer cet endroit mortel.

J'adore votre caractère. Vous êtes révolté. Vous êtes plein de bon sens. Et la justice alors ? Vous en pensez quoi, pour les accidents de la route ? Sévère ? Un peu ? Pas assez ?

C'est une question compliquée. D'abord, je n'ai pas votre expérience en la matière. Je ne saurais pas dire ce qui est sévère de ce qui ne l'est pas dès lors que je n'ai pas les référentiels.

Au-delà des chiffres, je pense que l'on peut faire une distinction selon le type d'évènement. Quand un accident est causé par une erreur, je ne suis pas certain que la prison soit adéquate. Il ne faut pas oublier que, derrière l'incarcération, il y a une famille. Une femme, un mari, un enfant. Pour une erreur, je trouverais cela inhumain de priver ces derniers de l'auteur au prétexte que les conséquences de son acte sont disproportionnées. Mon accident fait partie de ces cas-là.

Pourtant, le conducteur n'a pas commis une erreur, mais bien une faute puisqu'il n'a pas respecté le cédez-le-passage ?

Tout dépend de ce que l'on met derrière le terme d'« erreur » et celui de « faute ». Dans mon cas, oui, il n'a pas respecté la priorité. Cependant, c'est particulier. Il s'est arrêté. Puis ne m'a pas vu. Et a redémarré. Cela n'aurait pas été la même chose s'il était arrivé à fond et sans ralentir.

D'accord. Vous faites donc une différence entre les « erreurs » et les « fautes ». La maladresse, vous la mettez dans quelle catégorie ?

La maladresse peut arriver à chacun. Ce n'est pas une faute.

L'inattention ?

Aussi. Cela peut nous arriver à tous. Après, il faudra peut-être faire une différence entre une inattention malheureuse et celle qui serait la conséquence d'un comportement volontaire. Par exemple, si le conducteur se baisse pour ramasser son téléphone et qu'il percute parce qu'il n'a pas été attentif, c'est différent. Je ne dis pas que lui doit finir en prison. Mais ce n'est déjà plus la même chose. On est entre l'erreur et la faute.

L'imprudence ?

Il y a derrière, ce terme, un côté volontaire. On sait tous quelles sont les règles de prudence. Si nous ne les respectons pas, c'est compliqué d'expliquer que nous ne l'avons pas fait exprès. C'est déjà un peu plus grave.

La négligence ?

Là aussi, nous montons dans l'échelle de la volonté. Vous savez ce qu'il ne faut pas faire, mais vous le faites quand même. Ou vous savez ce qu'il faut faire, mais vous décidez de ne pas le faire, sciemment. On s'éloigne drôlement du « *Je n'ai pas voulu. Je n'ai pas fait exprès* ». Nous ne sommes plus dans l'erreur, mais dans la faute. Après, tout dépend de l'appréciation des faits. C'est là que je me rends compte combien il doit être dur de rendre la justice. On la critique beaucoup. Mais, c'est un sacré métier.

La négligence pourrait donc être le point de bascule entre l'involontaire et le volontaire. Et ceux qui causent un accident après avoir roulé trop vite, consommé de l'alcool, des stupéfiants, franchi un feu rouge, etc. ?

Ce n'est plus une erreur. C'est une faute. C'est plus grave. Ces personnes ne peuvent pas dire qu'elles n'ont pas fait exprès.

Pourtant, la loi considère que les blessures et les homicides sont involontaires, vous le savez.

Depuis que nous nous connaissons, vous m'avez expliqué cela. De quoi résulte le caractère involontaire? Les conducteurs n'ont pas voulu donner la mort ou blesser, n'est-ce pas? Mais, le comportement, à la base, il est volontaire ou involontaire? Il est volontaire. Donc, le terme involontaire n'est pas le bon. Dès lors que ces personnes savent – ce que nul ne peut ignorer – qu'elles multiplient par deux, trois, cinq, dix ou vingt fois la possibilité d'un accident grave ou mortel, elles ne peuvent pas dire que c'est involontaire.

Cela me fait penser à la question des violences ayant entraîné la mort sans intention de la donner, qui est un crime.
Une personne porte un coup. Elle sait qu'elle peut blesser ou tuer, même si les probabilités sont minces. Elle cogne quand même. La personne décède alors que l'auteur n'avait pas du tout cette intention.
C'est un crime puni de quinze ans de réclusion criminelle.

Cela ressemble, effectivement. Le côté volontaire, c'est le coup pour l'un et la vitesse, l'alcool et les stupéfiants pour l'autre. La volonté de prendre un risque sans volonté qu'il ne se produise. C'est intéressant.

Vous avez entendu parler de l'homicide routier?

Elle est quand même étrange cette loi. Tout le monde parle du changement de mots pour les homicides. Moi, je me sens un peu délaissé *[rires]*. Je rappelle que je ne suis pas mort. Mais j'ai juste deux jambes en moins. Suis-je moins important parce que je suis vivant ? Vous m'avez expliqué que la loi changeait aussi pour les «blessures involontaires». Mais, quand même… N'entendre parler que de l'homicide, alors que nous sommes 200 000 blessés par an, c'est nous ignorer.

Ensuite, je ne supporte pas les différences qui ont été faîtes entre les victimes de chauffards avec de l'alcool ou des stupéfiants, et les autres. Moi, je suis une victime d'un chauffeur qui n'avait ni alcool ni stupéfiants. Dois-je comprendre que je suis une sous-victime ? Parce que le responsable de mon accident n'avait pas de circonstance aggravante, je suis donc une victime moins importante que les autres? L'injustice que je subis est moins grave ?

De plus, comme vous le dîtes depuis le premier jour – je vous avais vu sur BFM –, ce texte semble être une coquille vide. Qu'est ce que cette loi me donne comme nouveau droit, à moi ? Aucun. Est-ce que cela facilite mon indemnisation ? Non. Est-ce que cela impose d'avoir un médecin d'assurance neutre ? Non. Est-ce que cela me permet de mieux monter dans le bus ? Non. Et le chef Alléno ? Pendant deux ans, il s'est fait le porte-parole des victimes en disant que nous n'avions aucun soutien psychologique – vous le disiez bien avant le drame qu'il a subi –, et voilà qu'il passe son temps à la télé pour défendre une loi qui ne prévoit rien pour cela! Moi qui suis cuisinier, je buvais ses paroles. Je l'admirais. Mais pourquoi vient-il nous vendre un texte qui ne comporte rien de ce qu'il a réclamé depuis des mois ? Comment cet homme au caractère si fort, se renie-t-il à ce point ?

Vous savez, pour une victime, l'espoir, c'est parfois la seule chose à laquelle vous pouvez vous accrocher. Et, j'en sais quelque chose. Quand plus rien ne va, seule l'espérance d'un avenir meilleur vous donne du courage. Là, pendant un an, on s'est dit qu'une grande loi pourrait voir le jour. On a espéré que le dossier Palmade réveille tout le monde, notamment sur le handicap. En réalité, cette loi, c'est une trahison. Elle a été faîte pour faire plaisir à quelques associations, qui ne sont même pas heureuses. J'ai le sentiment que cette loi a été faîte pour répondre à plusieurs faits divers.

Pour ceux qui causent un accident en état ivre, ou après avoir consommé des stupéfiants, une peine de prison est-elle nécessaire ?

Oui, je pense. Mais de combien de temps? Encore une fois, je pense à sa famille. En quoi les enfants sont-ils responsables de leurs parents ? Pourquoi devraient-ils souffrir ? Parce que la famille de la victime souffre également ? Ce serait une injustice. On ne peut pas laisser ces gens-là, qui gâchent des vies, sans réponse pénale. Et, sans prison ferme, la réponse n'est pas assez forte pour être entendue. Je suis donc favorable à des peines de prison ferme, c'est-à-dire derrière les barreaux, mais sur des courtes durées. Les personnes qui causent des accidents ne sont pas des délinquants habituels. Je pense qu'ils ont peur de la prison. Mais pas assez. Aujourd'hui, la population sait qu'on échappe à la prison dans de nombreux cas, notamment avec des bracelets électroniques. Ces derniers sont des bonnes solutions car cela n'impacte pas la famille. Cependant, si vous n'allez jamais en prison, vous ne comprenez pas.

Que devrait donc faire la justice de ces gens-là ?

Je ne suis pas juriste. Je ne sais pas si c'est possible. Je pense qu'il faut taper fort. Pas longtemps. Mais fort. Quand vous ne connaissez pas le monde carcéral, une peine d'enfermement de quelques semaines, vous devez vous en souvenir. Une fois sorti, un bracelet électronique prend le relais pendant bien plus longtemps. C'est contraignant, mais on évite alors à sa famille, qui n'a rien demandé à personne, de trop souffrir. Une fois la période de bracelet passée, les coupables sont contraints d'effectuer des travaux d'intérêt général ou des stages auprès des victimes de la route dans les hôpitaux, les centres de rééducation ou chez les pompiers. Il faut choquer les auteurs. Par la prison. Par le bracelet. Par l'émotion. Il faut leur montrer la réalité des violences routières. Ils doivent savoir tout ce que nous endurons. Mais il faut préserver leurs familles.

Il n'y a pas de place dans les prisons.

Il y a des moyens d'en trouver. Quand on veut, on peut. Le souci vient de là. Les politiques affichent une grande détermination pour combattre la délinquance routière quand les caméras sont là.

Une fois la communication déballée, que font ces gens-là ? Existe-t-il des vraies preuves démontrant que la route est une priorité nationale ? Non. Rien. Ils parlent. Ils agissent peu. Ou tellement mal.

L'auteur de votre accident, lui, a été sanctionné comme vous le souhaitiez ?

Il a gâché ma vie. Notre vie. Nous serons toujours en colère. Toutefois, la faute qu'il a commise est faible. C'est plus une erreur qu'une faute d'ailleurs. Au procès, je l'ai senti sincère. Ému. Il me revoyait pour la première fois. Cependant, il ne sait pas ce qu'a été ma vie pendant plusieurs mois. Il ne sait pas toutes mes souffrances physiques et morales. Il ne peut pas comprendre. Au mieux peut-il avoir de la compassion, de la tristesse de la culpabilité. C'est vrai qu'il a continué à dire qu'il n'avait pas pu me voir, et que vous avez démontré le contraire. Mais j'ai reçu ses excuses. Il a vu, entendu et touché du doigt notre souffrance. En nous voyant. En vous écoutant plaider. C'était important.

Sur le papier, sa peine est une insulte à ma souffrance. Aucune suspension de son permis. Une peine de prison avec sursis. Quand nous mettons en parallèle sa peine et la mienne, l'injustice est criante. Cependant, je sais que la sanction doit être à la hauteur de la faute et non des conséquences. Je n'attendais pas nécessairement qu'il prenne cher pour me reconstruire. Le fait, déjà, qu'il puisse être reconnu coupable était une victoire. Nous revenons de loin.

Pourquoi relativisiez-vous autant ?

Je lui en veux, d'accord. Mais je suis en colère contre d'autres personnes. Je suis bien plus énervé par tant d'autres choses.

Lesquelles ?

La justice d'abord.

Souvenez-vous que le ministère public avait classé le dossier sans suite, au départ. Vous aviez déposé plainte, et relancé. Puis la décision de classer sans suite a été prise. J'ai été très triste pendant plusieurs jours. Je suis amputé à cause d'un accident. Et la justice de mon pays classe sans suite. Pire, dans la décision, il était indiqué que j'étais clairement fautif. Je ne sais pas si un procureur lira mon témoignage. Si je comprends que l'on ne puisse pas poursuivre tout le monde, il faut, malgré tout, se garder de l'effet d'une telle explication. Pendant des semaines, et avant que vous n'obteniez le revirement de cette décision, je me suis senti coupable. Je n'aurais pas eu de gilet. Faux. Je n'aurais pas eu de pédale réfléchissante. Faux. Les dégâts faits par une telle décision sont innommables. Que cela vienne de la justice... *[pleurs]*.

La lenteur de l'institution est également quelque chose d'incroyable. Il a fallu attendre près de trois ans pour avoir un procès. Pour quarante pages d'enquête. Pour accoucher de quoi ? D'un sursis requis par le même ministère public – qui demandait finalement la culpabilité – au prétexte que le temps bénéficiait au prévenu. Pouvons-nous nous arrêter deux minutes sur cela ? L'auteur est faiblement sanctionné parce que le temps joue en sa faveur. Mais qui a fait durer la procédure ? Le procureur. Donc, la lenteur du parquet a permis à notre adversaire de mieux s'en sortir. Tout va bien *[rires]*.

Les pouvoirs publics me mettent également en colère. Rien n'est fait pour changer les trottoirs dangereux, les signalétiques incompréhensibles ou inexistantes. Je pense aussi à l'absence d'éclairage public. Ah, ça, on peut bien éteindre les lumières pour économiser des sous. Moi, j'aurais bien aimé garder mes jambes. Parce que « mon » rond-point n'était pas éclairé. Sur « mon » rond-point, la signalétique est illisible. Vous savez, tous les jours, quand ma femme doit ranger mon fauteuil dans la voiture, elle se sent en danger. Dans notre rue, rien n'est sécurisé. Même pour obtenir une place handicapée, c'est la galère. Et ne parlons pas des gens qui se garent sur le trottoir qui m'obligent à rouler sur la route avant de me klaxonner parce que je n'aurais rien à y faire.

J'attends de la société, des pouvoirs publics et de la justice qu'ils soient prêts à se regarder en face.

Par ailleurs, je suis furieux contre le centre de rééducation que j'ai fréquenté. Je sors de là – après en avoir été viré pour des raisons bien sombres – avec le sentiment que j'étais vu comme un client et non pas un patient.

Enfin, depuis peu, je suis en colère contre l'assurance. Pendant plusieurs mois, j'ai trouvé qu'elle se comportait bien. Depuis la dernière expertise, j'ai complètement changé d'avis. L'attitude de leur médecin m'a scandalisé. Il a minimisé toutes mes souffrances et toutes les aides dont j'ai besoin. Il donnait vraiment le sentiment qu'il avait reçu des instructions. Je me souviens que vous vous êtes énervé d'ailleurs.

Moi ? Ce n'est pas vraiment pas mon genre *[rires]*.

Même votre médecin, qui a un caractère différent du vôtre, a été choqué. Énervez-vous autant que vous voudrez. À un moment, il faut que le rapport de force s'inverse. Je me souviendrai toujours quand vous avez dit à l'inspectrice de l'assurance que vous alliez médiatiser le dossier. Elle vous a regardé en mode « *cause toujours mon petit* ». Deux mois plus tard, *Le Parisien* était à la maison pour faire un article et une vidéo.

Quels sont vos prochains objectifs ?

Je n'ai qu'une chose en tête : reprendre le travail. C'est ma passion. Ma raison de vivre. Rien n'a plus d'importance après ma famille. J'ai commencé à travailler à quinze ans, et je n'ai jamais cessé depuis. Je ne veux rien d'autre. Je sais qu'il faudra aménager un mi-temps thérapeutique. Je sais que ce n'est pas envisageable de reprendre en horaire classique. Mais mes patrons m'ont dit qu'ils étaient prêts à tous les sacrifices pour que je revienne. Je suis heureux de leur confiance qui m'honore.

Quelle est l'échéance ?

Le plus tôt possible. Je sais que c'est fou. Travailler en cuisine avec deux prothèses est un pari dingue. Il faut que tout le monde soit en sécurité. Je dois finir ma rééducation après avoir été viré du premier centre. C'est en bonne voie. Puis je dois passer le plus de temps possible sur mes nouvelles jambes. Il est important que nous devenions les meilleurs amis du monde *[rires]*.

Après viendra le moment fatidique. Celui que je redoute plus que tout : la visite médicale de reprise. Mon destin, ma vie et mon bonheur sont entre les mains de ce médecin du travail. S'il conclut à l'impossibilité de reprendre, j'aurai l'impression d'avoir fait tout cela pour rien. Je sais bien que ce ne sera pas le cas. Mais l'idée que cela arrive me noue encore plus que de repenser à l'accident. Je sais que je m'écroulerai. Mes « jambes » ne me porteront plus. Vous pourrez me trouver toutes les prothèses que vous voulez. Cette fois, je ne pourrai jamais me relever.

Je comprends votre empressement à reprendre le travail. Mais votre histoire, en centre, a démontré qu'il ne fallait pas confondre vitesse et précipitation.

On ne se refait pas à cinquante ans. Je suis pressé de reprendre ma passion. Chacun peut le comprendre. Dans mon parcours, j'ai été en contact avec un médecin qui me poussait à ne pas reprendre le travail. Au lieu de m'encourager, il me freinait. Il devait avoir ses raisons. Mais, moi, j'ai besoin de rêver. Peut-être voulait-il me préserver d'une nouvelle déception qui me serait fatale. Qu'il fasse sa vie. Je fais la mienne. Lui, il bosse. Moi, non.

Au-delà de ça, j'ai besoin de travailler. Depuis trois ans, je croise un nombre de personnes qui me conseillent de ne pas chercher à reprendre le travail. Un jour, un médecin m'a dit : « *Mais David, pourquoi voulez-vous vous faire du mal à ce point ? Profitez donc de vos indemnités pour ne rien faire.* » Ce monsieur n'a rien compris. Je ne suis pas de ce ceux-là. Vivre au crochet des autres, qui n'ont rien demandé, ce n'est pas mon style. Que l'assurance me donne ce qu'elle me doit. Et qu'on me laisse reprendre le travail. Je le dois aussi à ma famille.

Entretien avec Stéphanie, l'épouse de David

Comment apprenez-vous l'accident de David ?

Je suis au travail. Je reçois un premier message vocal incompréhensible. Aujourd'hui, je pense que c'était les urgences. Je rentre chez moi à onze heures. Trente minutes plus tard, des policiers frappent à ma porte. Je comprends immédiatement que c'est pour m'annoncer un drame. Ils me demandent d'aller aux urgences le plus rapidement possible, m'indiquant que mon mari a eu un grave accident. Je souhaite en savoir plus, mais ils ne peuvent rien me dire. Je prends mes enfants sous le bras et demande à une amie de m'accompagner. Je n'ai pas de permis de conduire. Je suis prise de panique. Les minutes me séparant de l'hôpital sont les plus longues de ma vie. Chaque seconde qui passe me rapproche d'une information que je crains. Mon mari, le seul homme que j'ai connu, est-il mort ? Pourquoi les policiers ne m'ont-ils rien dit ? Pourquoi ne m'ont-ils pas dit qu'il était vivant ? Et que dire aux enfants qui pleurent en me demandant ce qu'il se passe ?

Que se passe-t-il à votre arrivée aux urgences ?

Nous arrivons en salle de déchocage. Après plusieurs minutes interminables où je scrute les allées et venues et la moindre expression sur le visage de celui qui me regarde, plusieurs médecins nous annoncent que mon mari a « *les jambes en lambeaux* ». À ce moment-là, je présume qu'il n'est pas mort. Sinon, on me l'aurait dit. En fait, je ne sais plus. Je panique. Il a les jambes en lambeaux. Je comprends donc qu'il aurait été écrasé. Ma fille demande si son père pourra remarcher. Le médecin ne peut pas le confirmer. Une infirmière me propose d'aller le voir. Nous entrons. David dort. Je me force à regarder ses jambes, mais elles sont heureusement couvertes par un drap. Les médecins nous expliquent qu'ils viennent de le placer en coma artificiel. Il ressemble à un mort. Je vois tout en négatif. À peine ai-je le temps de m'approcher qu'une infirmière me fait signer des documents pour savoir quelles sont mes volontés «*au cas où*». Ambiance… J'apprends que mon mari n'est pas mort, mais on me demande quand même d'envisager de le débrancher.

D'un coup, David se redresse. Je fais un bond en arrière. Mes enfants se cachent derrière moi. Mon mari a les yeux ronds comme des billes injectées de sang. Son visage est blême. Il semble revenir de parmi les morts. Nous partons de là en hurlant. On nous expliquera, quelques secondes après, que le dosage de sédation n'était pas adapté, raison pour laquelle nous avons vécu cette scène sortie tout droit d'un film d'horreur.

Deux jours après, David se réveille vraiment.

Il est amorphe, «drogué». Il est complètement à côté de ses pompes si je puis dire. Je dois lui donner à manger. Je n'y arrive pas. Mes bras ne supportent pas le poids de cette cuillère que j'avance vers sa bouche. Je l'aime. Je serai toujours là pour lui. Mais, à ce moment-là, cette action est le symbole de ma grande souffrance. Je suis désemparée. Je lui explique ce que je sais de l'accident. Je lui raconte que, dans son sommeil, il a crié et tenté de s'échapper *[rires]*. Pendant quelques jours, nous sommes devant le vide. La question qui nous préoccupe tous est celle de la marche. Au bout de cinq ou six jours, le médecin nous informe que le retour veineux est préoccupant. Une première amputation est programmée au-dessous du genou. Préserver ce dernier est important pour la rééducation. Elle n'est pas concluante. Le sang ne circule toujours pas bien. Une seconde amputation est réalisée au-dessus du genou.

Quel est votre état d'esprit à ce moment-là ?

Le soulagement qu'il soit en vie ne dure que quelques heures. Rapidement, je ressens la peur du vide. Comment va se dérouler la suite ? Comment va être notre vie ? David est très préoccupé par les factures, par le quotidien. Il s'inquiète pour nous. Tout va très vite. Les peurs laissent place aux inquiétudes, qui précèdent les angoisses. C'est un tourbillon. Mais je dois rester forte pour lui et les enfants.

En même temps qu'ils lui ont coupé les jambes, ils m'ont tué le moral.

Vous n'avez pas eu d'accompagnement psychologique ?

Rien. Personne. C'est un scandale. Quand les policiers refusent de m'en dire plus, c'est l'absence de finesse incarnée. Ça leur coûte quoi de me dire que David est vivant ? Et s'ils ne le savent pas, passer un coup de fil pendant que j'attends mon amie pour me conduire, c'est trop compliqué ? Dans ces moments-là, les policiers devraient être accompagnés d'un psychologue qui nous accompagne jusqu'à l'hôpital. Et pourquoi, là-bas, ne bénéficions-nous d'aucun soutien ? Quand David nous a fait le « mort-vivant », un petit sas de décompression avec un psychologue n'aurait pas été de trop. Que l'on ne me dise pas qu'il n'existe pas de professionnel disponible dans un hôpital ! Faites-moi signer tous les papiers que vous voulez pour envisager de débrancher l'homme de ma vie, mais amenez-moi un psy ! Je pense aussi aux enfants. Ils sont confrontés à la mort, à l'horreur de voir leur pilier s'effondrer. Et, même pour eux, il n'y a personne. Je ne sais pas si c'est la même chose pour les autres, mais j'ai le sentiment que les victimes n'intéressent personne. Elles n'existent pas. Elles sont invisibles. Inaudibles. Il aura fallu attendre le dossier *Palmade* pour leur donner la parole. Et encore… Des choses ont-elles changé depuis ?

C'est la même chose pour tout le côté administratif. Je n'étais pas préparée à cela. Quoi faire ? À qui écrire ? Pour l'arrêt de travail ? Pour la Sécurité sociale ? Pour la mutuelle ? Et pour le dossier médical ? Bref, le bateau coule. Vous êtes dessus avec vos enfants, mais rien ni personne n'est présent pour vous aider à redresser la barre. Il vaut mieux avoir de bons amis pour vous épauler. C'est en discutant avec l'un d'eux que j'ai entrepris de venir vous voir. J'ai mieux compris ce qui allait se passer. J'étais rassurée par le fait que vous puissiez gérer les papiers, le dossier médical, l'assurance, l'employeur, etc.

Et depuis, niveau moral, comment allez-vous ?

Au bout d'un an et demi, soit en juin 2021, j'ai décidé d'aller voir un psychologue. J'étais au bord de l'explosion. J'étais une vraie cocotte-minute *[rires]*.

Deux mois après l'accident, le confinement a été une épreuve terrible à vivre. Les relations se sont beaucoup tendues avec les enfants. Ne pas pouvoir voir David était compliqué. Le téléphone ne remplace pas tout. Je ne pouvais pas constater ses progrès. J'ai senti qu'une dépression arrivait. Bien que fragilisée sur un plan financier, j'ai donc décidé de me payer des séances de psy. Cela m'a aidée. Il a fallu que je prenne conscience de tous les changements, y compris physiques. Le voir en fauteuil a longtemps été une épreuve. Quand votre amoureux vous protège du haut de son mètre quatre-vingt-douze, ça fait tout drôle de le regarder du haut de son mètre cinquante. Rendez-vous compte. Ce n'est plus le même. Avoir un homme plus grand que moi était important. J'essaye d'avancer. J'ai cherché de l'aide auprès de ma famille. Je n'en ai trouvé aucune. Même les agents de sécurité de mon travail ont été d'un plus grand soutien. C'est encore très dur à vivre.

Comment expliquez-vous cette absence de soutien familial ?

Je ne parle plus à ma mère depuis plus d'un an et demi. Certaines attitudes et remarques ne passent pas. Au lieu de louer notre courage ou de nous soutenir, elle considère que nous sommes bénéficiaires de l'accident. À plusieurs reprises, elle a remarqué que la maison que vous nous avez obtenue était très grande. C'est, selon elle, «*grâce à l'accident*» que je vis dans une «*maison de princesse*». C'est drôle une première fois. Moins une deuxième. Intolérable la dixième. C'est incroyable d'être jaloux de notre vie alors que mon homme a perdu ses jambes, et souffre autant.

Vous ressentez cette jalousie dans votre entourage ?

C'est incroyable. Tout le monde a envie de savoir combien cela «*rapporte d'avoir un accident*». Je comprends la question. Nous-mêmes avons été étonnés des sommes que vous êtes arrivé à obtenir. Cependant, les remarques comme «*ah bah moi aussi je veux bien avoir un accident de la route*», c'est gerbant. Rendez-lui ses jambes et notre vie d'avant. On rend tout. Mieux, on paye pour partir dans le passé. Il est important que les gens comprennent que les sommes allouées ne sont pas utilisées pour aller faire du ski. C'est pour payer des fauteuils, des prothèses, etc. Et puis, il faut tout aménager. La voiture, la cuisine, la salle de bains, les toilettes. Je ne compte plus les dépenses liées à l'accident.

Vous avez repris le travail ?

Oui. Je fais des ménages dans les bureaux. C'est bien le meilleur exemple que nous n'avons pas gagné au Loto. L'argent ne coule pas à flot.

Comment David se débrouille-t-il quand vous n'êtes pas là ?

Jusque-là, nous ne nous posions pas vraiment la question. Je travaillais le matin pendant que David était au centre de rééducation. Puis on rentrait tous les deux à midi. Depuis qu'il a été viré, il doit rester seul à la maison. Cela m'inquiète. Je connais mon mari. Il veut faire le super héros alors qu'il n'est pas autonome du tout. Récemment, il a essayé de bricoler un peu. Il se décourage assez vite. Je comprends. Cependant, il y a quelques jours, j'ai décidé de lui mettre un coup de pression. J'ai été assez dure. J'ai pris mon accent le plus sévère possible. Je l'ai regardé droit dans les yeux, et je lui ai dit: «*Mon grand, tu ne peux pas te permettre de ne pas être autonome. Tu dois te battre pour un faire un maximum de choses sans moi. Tu vas être seul tous les jours. Il ne faut pas que tu aies à compter sur quelqu'un. Cet accident est arrivé. On doit composer et faire avec. Tu ne dois jamais compter sur une autre personne que toi-même.*» Je sais parfaitement qu'il ne peut pas être autonome encore. Et il ne le sera jamais totalement. Mais David est un compétiteur. Je dois lui parler comme à un champion que l'on pique dans son orgueil.

Vous n'avez pas peur qu'il tente d'aller trop vite et qu'il se blesse ou se décourage?

Quelques jours après cette mise au point, j'ai repensé à tous ses efforts. Je me suis trouvée dure. Je me suis dit qu'en le poussant ainsi, je le forçais peut-être à prendre des risques. Qui sait ce qui peut arriver? Il peut tomber ou se blesser. C'est vrai. En réalité, et même si je sais que c'est l'homme de ma vie, je veux me dire que nous sommes libres. S'il veut me quitter, je ne veux pas que son handicap l'en empêche. Idem pour moi.

Pour le moment, vous semblez toujours très amoureux.

David est mon premier amour. Nous nous sommes mis ensemble quand j'avais quatorze ans. J'en ai quarante-six aujourd'hui. Nous avons traversé toutes les étapes et les difficultés que vous pouvez imaginer en vingt-quatre ans de mariage.

Depuis l'accident, David a changé. Physiquement. Intérieurement. Avant l'accident, nous étions un couple conflictuel en mode «*je t'aime moi non plus*» ou «*je te quitte ce soir pour mieux t'aimer demain*». L'accident nous a soudés. Il y a beaucoup moins de conflits. J'ai eu peur de le perdre. J'apprécie, chaque jour, qu'il soit encore là. Et David a une certaine reconnaissance de tout ce que j'ai fait pour lui.

Vous avez retrouvé toute votre complicité ?

Intellectuellement oui. Physiquement, c'est plus compliqué. Ce n'est plus le même homme. Mon mari était grand et mince. Il est petit, enrobé, et il ne tient pas debout *[rires]*. Vous n'imaginez pas le choc. Le désir n'est pas revenu immédiatement. Mais on a réussi à se retrouver.

Vous avez songé à partir ?

En vous répondant, je voudrais déculpabiliser toutes les autres personnes qui se posent cette question. Oui, l'idée de partir m'a traversé l'esprit. C'est surtout dans les moments de déprime que j'y ai pensé. Je me suis dit que David serait changé. Je ne me voyais pas, dans quinze ou vingt ans, devenir son auxiliaire de vie. Je veux rester sa femme. Évidemment, je l'aiderai. Mais je ne dois pas me transformer en aide-soignante. Toujours est-il que, aujourd'hui, comme hier et demain, je l'aime. D'une force qui me protège de ces moments de déprime. Je dois aussi beaucoup à notre fille. Elle a travaillé dans le milieu hospitalier. Elle a été proche de personnes âgées. Elle est un soutien sans faille. Elle m'aide beaucoup pour David.

Comment imaginez-vous l'avenir avec David ?

Je veux qu'il puisse aller au bout de sa rééducation dans les meilleures conditions. J'espère, du plus profond de mon âme, qu'il pourra reprendre son travail. J'attends cette échéance avec un espoir fou, mais avec une anxiété proportionnelle. Comment retrouverai-je mon homme si la médecine du travail lui dit non ? Ce sera une nouvelle étape très douloureuse à surmonter. Peut-être la plus dure pour lui. Je veux aussi que David puisse être autonome. Certaines personnes se réjouissent de pouvoir être une référence incontournable. Comme si la dépendance de l'autre leur donnait du pouvoir. Je ne veux pas de cela. Mon ambition, c'est que David soit heureux. Et il ne le sera que lorsqu'il reprendra sa vie d'avant.

V

Sophie

Octobre 2014. Jean appelle Sophie pour lui dire qu'il prend la route. Il ne la reverra jamais. Cet homme, père de trois enfants, circule à moto sur une ligne droite. Une voiture sort d'un parking en reculant. Le véhicule le percute. Jean décède. La conductrice de l'automobile responsable est poursuivie devant le tribunal correctionnel.

Sophie, veuve et maman, se fait assister par un avocat spécialisé du dommage corporel choisi par sa belle-famille. Le conseil en question est connu pour être assez vindicatif envers les auteurs. Derrière le professionnel aguerri, et compétent, se trouve une personne qui a fait de la lutte contre l'insécurité routière un combat personnel respectable.

Devant le tribunal correctionnel, l'auteur de l'accident plaide la relaxe. Son avocat a vu les failles de la procédure. Les juges suivent son argumentation et innocentent sa cliente. Sophie se retrouve dans l'incompréhension la plus totale. Comment la femme qui a tué son mari, et privé ses enfants de leur père, peut-elle être innocentée ? Sophie est déçue que la justice ne reconnaisse pas Jean comme une victime. Elle reproche également à son conseil de n'avoir pas été à la hauteur du discours vindicatif et engagé qui lui avait été promis.

C'est dans ces conditions que je la reçois à mon cabinet.

Je sais, par mon secrétariat, qu'il s'agit d'un dossier d'homicide involontaire. Je m'attends à recevoir une personne poursuivie. Ma surprise est donc grande lorsqu'elle me raconte, en larmes, qu'elle a perdu son mari et que celle qui lui avait enlevé son amoureux n'a pas été condamnée. Dans un premier temps, après avoir lu le jugement, je lui explique les raisons de cette décision. Son mari est bien considéré comme une victime. Mais, juridiquement, le tribunal retient que la vitesse de Jean, démontrée par une expertise en accidentologie produite par l'assureur, n'a pas permis à l'auteur – qui reculait… – de voir arriver la moto. Je tente de lui dire que l'injustice qu'elle ressent légitimement s'explique par cette expertise.

Dans un second temps, je demande à Sophie pourquoi elle m'appelle, moi, alors qu'elle a déjà un bon avocat et que je suis davantage connu en droit routier. Elle me répond qu'elle sait parfaitement qui je suis, et que c'est justement la raison de sa présence. Elle m'explique qu'elle a entendu parler de moi pour plusieurs raisons : pour ma « grande gueule » et pour mes qualités juridiques pointues dans le domaine. Elle se moque bien de savoir qui je défends. Ce qui lui importe, c'est qu'on honore la mémoire de Jean. Pour lui. Pour elle. Pour les enfants.

Je n'ai pas la possibilité de le faire en cause d'appel puisque le parquet n'a pas daigné contester la décision alors même qu'il avait requis la culpabilité. En effet, la partie civile ne dispose pas du droit d'appel sur la question pénale. Si le parquet ne fait rien, la victime subit cette inertie. C'est dire toute la place que la justice pénale accorde à la partie civile, qui ne jouit donc pas des mêmes droits que les autres !

Cependant, en application de l'article 470-1 du Code de procédure pénale, le tribunal reste saisi de la question des intérêts civils. À cette audience de « LDI », les parties débattent des dommages et intérêts auxquels la victime a droit, et ce, indépendamment de la relaxe obtenue au pénal. Une victime peut être indemnisée à 100% alors même que l'auteur a été relaxé. C'est donc à cette occasion que je devrai me battre pour obtenir une indemnisation pour Sophie et les enfants. Je dois aussi profiter de ces débats, qui ne reprennent pas les faits en eux-mêmes, pour honorer la mémoire de Jean.

Je ne commence donc pas mon premier dossier de victime par une affaire gagnée d'avance. Bien au contraire. Je comprends alors que le droit de la réparation du préjudice corporel ne se résume pas à un chiffrage et un accompagnement humain. Il faut se battre sur un plan juridique. Pour obtenir une indemnisation pour Sophie, je dois contrer l'argument selon lequel Jean serait responsable de l'accident. C'est la position de l'assureur adverse qui n'hésite pas à dire que la vitesse prétendue à laquelle le défunt roulait était la cause « *exclusive* » de son décès. En résumé, pour l'assurance de la conductrice, Jean est responsable de sa propre mort. Circulez. Il n'y a rien à voir. Ni à demander.

C'est là, et alors que le tribunal correctionnel a fait état, dans sa décision de relaxe, de la vitesse de Jean telle que démontrée par le rapport, que je commence à adorer mon nouveau métier. Je vais tout vérifier, comme je le fais dans les autres affaires. Je vais tout éplucher. Tout démonter. Je vais m'attaquer à cet ennuyeux rapport d'expertise qui ne convainc pas du tout Sophie qui, elle, sait que son Jean n'était pas un habitué des comportements dangereux. Me voilà donc, piètre scientifique, à me brûler les yeux sur les pages de ce rapport qui contient plus de formules mathématiques que d'explication. Il y en a partout. L'expert retient une vitesse de près de 90 km/h. Pour arriver à cette conclusion, il analyse les véhicules, les points de chocs, les angles, les déformations, les projections. Tout y passe. L'expert rentre ces données – que personne n'a pu contrer puisque l'expertise a été effectuée sans que nul ne soit prévenu – et, *abracadabra*, il en résulte cette vitesse. L'expert n'explique pas comment il arrive à ce résultat. C'est la différence entre un mauvais expert, qui oublie qu'il parle à des profanes qui ne demandent qu'à apprendre et comprendre. Et les bons, qui démontrent comment et pourquoi ils arrivent à ce résultat. Les mauvais pensent qu'ils n'ont pas à justifier leurs conclusions parce qu'ils « sont experts ». Les bons n'ont aucun souci à faire œuvre de pédagogie. Il faut être très prudent avec les expertises, quelle que soit la matière. Afin de contester cette vitesse, je prends ma liste d'amis pour regarder lesquels pourraient m'apporter un éclairage scientifique. Je passe quelques coups de fil qui ne m'apportent pas grand-chose jusqu'à ce que je comprenne que le poids des véhicules était pris en considération dans le calcul. Je regarde si l'expert les a mentionnés. Affirmatif. Je déteste perdre. Et je n'aime pas cette expertise. Alors, par curiosité, je tape le modèle des véhicules sur Google. Je trouve des fiches – je ne savais même pas que cela existait. Je constate alors que le poids des véhicules, tel que donné par les constructeurs, n'est pas celui retenu par l'expert. Il y a quelques kilos de différence que je pense sans importance. Cela en a pourtant. L'expert n'a pas pesé personnellement les véhicules. Il a retenu un poids donné par un autre site internet. Le poids n'est pas le bon. En outre, il ne prend pas en compte les kilos résultant des conducteurs eux-mêmes et des liquides se trouvant dans le véhicule (essence, huile, etc.). Tout est faussé. Si tout n'est pas faux, rien n'est vrai.

Je veux aller encore plus loin. Au moment du choc, aucun airbag ne s'est déclenché dans le véhicule de l'auteur relaxé. Cela m'interroge. Je fais des recherches sur le modèle. Je demande au constructeur de me faire parvenir des éléments précis. Je découvre que le modèle concerné déclenche ses airbags, latéraux et frontaux, dès lors qu'un choc survient à une vitesse de plus de 15 km/h ! Comment, à pleine vitesse, et alors que le véhicule de Jean était lourd, celui-ci n'a-t-il pas déclenché les airbags du véhicule adverse ?

Je rédige donc de longues conclusions – argumentaire écrit que j'envoie à mes adversaires et au tribunal – pour expliquer qu'aucune force probante ne doit être accordée au rapport de l'expert, tout inscrit soit-il sur la liste de la cour d'appel. Cette expertise ne peut pas permettre de retenir une faute opposable à Jean, et par voie de conséquence, à Sophie.

En outre, et à supposer que la faute de vitesse soit quand même retenue par le tribunal, je dois convaincre la juridiction qu'il n'est pas démontré que, sans la vitesse de Jean, l'accident n'aurait pas existé. Après avoir joué à l'apprenti Sherlock Holmes, je retrouve mes réflexes de juriste. Ceux que j'aime tant. Ceux qui font que l'on gagne un procès. En effet, l'article 4 de la loi Badinter, sur l'indemnisation des accidents de la route, permet à l'assurance responsable d'invoquer la faute de la victime qui ne peut être prise en compte pour réduire son indemnisation QUE si ladite faute a joué un *« rôle causal certain dans la réalisation du dommage »*. Autrement dit, c'est à l'auteur responsable de démontrer que l'accident ne se serait pas passé si la victime n'avait pas commis la faute reprochée.

En l'espèce, l'expertise ne se prononce pas sur ce point. Souvent, les experts sont amenés à répondre à cette question. Aussi, après avoir analysé l'existence d'une faute, ajoutent-ils – lorsqu'ils le peuvent – un commentaire sur le rôle causal de la faute. Ces conclusions naissent après que des simulations sont faites sur des logiciels. On parle alors d'hypothèses de travail. Mais, par définition, ce qui est hypothétique n'est pas certain. En tout état de cause, notre expert n'a pas conclu. Il appartenait donc à la partie adverse de faire cette démonstration, ce qu'elle n'a pas fait.

J'envoie donc mes conclusions à l'avocat de l'assurance. Évidemment, il demande un renvoi pour répondre. J'avais pourtant pris soin de m'y prendre plusieurs semaines à l'avance afin de pouvoir plaider rapidement. L'assureur avait certainement donné instructions de faire durer le dossier pour faire craquer Sophie.

Plusieurs mois plus tard, nous arrivons devant le tribunal de Béthune, en formation de LDI. Sophie est présente. Je prends soin de lui expliquer que je ne vais pas refaire le procès pénal et que les faits seront assez peu abordés. Même si je sais que la juridiction n'a pas nécessairement envie d'entendre ma plaidoirie qu'elle connaît déjà par cœur, mes conclusions étant particulièrement fournies, je prends l'occasion de cette prise de parole pour réhabiliter la mémoire de Jean.

J'ai en mémoire quelques passages de cette plaidoirie.

« Madame la Présidente, un homme est mort. Jean, époux aimant et père de trois enfants, est décédé une première fois lors cet accident. Puis il est mort une seconde fois lorsque le tribunal correctionnel a motivé sa décision de relaxe sur l'expertise contestée. C'est de sa faute, à Jean, s'il est mort. C'est cela que la justice a dit à Sophie et aux enfants. La prévenue est relaxée. Tant mieux pour elle. Une condamnation n'aurait pas ramené Jean. Mais aujourd'hui, il est temps que la justice reconnaisse que, non, Jean n'est pas responsable de sa mort et du chagrin des petits. Non, Jean ne roulait pas trop vite. Non, l'assurance ne nous fera pas croire que Jean est responsable de son décès pour ne pas indemniser Sophie et les enfants. Non, l'avarice ne gagnera pas. Non, le mensonge ne l'emportera pas. Non, la justice ne se trompera pas. » Je développe alors tous mes doutes sur l'expertise, sur ses manques et ses contre-vérités. Je plaide l'absence de lien de causalité. Le dossier est mis en délibéré.

Je suis frustré. Ces audiences sont courtes. Le temps de parole est compté. Il ne faut pas refaire le procès pénal. Il ne convient, pas non plus, de plaider ce qui a déjà été longuement écrit. Mais là, c'est d'honneur qu'il est question. De mémoire. De vérité. Pour que, indépendamment des conséquences indemnitaires, Sophie ait le sentiment que quelqu'un s'est battu pour elle. Elle voulait un avocat qui renverse la table et qui casse les codes. Elle espérait avoir un conseil qui irait plus loin qu'un chiffrage ou une main sur l'épaule. Elle est tombée sur moi. Qui déteste perdre. Qui déteste la manipulation. Qui lutte contre l'injustice. Et depuis plusieurs mois, Sophie, elle criait, elle hurlait, elle pleurait son injustice. J'espère que le tribunal nous donnera raison.

Quelques semaines plus tard, il nous donne gain de cause dans une décision assez peu motivée. Il n'est pas démontré que la faute de la victime a joué un rôle causal dans l'accident. Voilà ce qui résulte du jugement. C'est une décision propre. Sans relief particulier. Qui établit la responsabilité pleine et entière de l'auteur. Mais cette réponse, satisfaisante sur bien des points, me laisse un goût amer. Le tribunal n'a pas critiqué l'expertise. Il retiendrait même son analyse. J'explique à Sophie. Parce qu'elle souhaite tourner la page et parce que le jugement lui octroie une indemnisation importante, elle ne désire pas faire appel. C'est sans compter sur l'assurance qui, elle, compte ses sous et veut que son expertise soit reconnue. Appel est interjeté. Une fois encore, il va falloir se battre. Et la mémoire de Jean n'est toujours pas honorée. Sur un plan indemnitaire, l'appel est douloureux. Sophie, mère de trois enfants, doit tout gérer. Son salaire ne suffit pas. J'espère que la cour d'appel de Douai se saisira rapidement de ce dossier. J'écris en ce sens. Cela ne se fera pas.

Il faut attendre plusieurs mois pour être audiencé. Nous échangeons à nouveau des conclusions. Vient le jour de l'audience. Nous touchons au but. Et voilà que la cour, prenant notre dossier en début d'audience, nous appelle à la barre pour un « problème ». Le greffe a oublié – en même temps, on leur demande tellement de choses à ces professionnels remarquables – de convoquer une partie (un cousin de Jean). Du coup, impossible de retenir le dossier. Affaire reportée onze mois après. Coup de massue terrible. La cour se confond en excuses. Acceptées évidemment, mais le cœur lourd.

Nous retournons à la cour d'appel un an plus tard. Entre-temps, j'ai fait mes armes dans d'autres dossiers, des victimes m'ayant fait l'honneur de me désigner. Je connais mieux la matière. Je maîtrise mieux la jurisprudence. Je sais que la chambre de cette cour est spécialisée. Ce serait bien que je ne sois pas ridicule. Je plaide rapidement. Évidemment, je demande la confirmation de la décision sur le plan de la responsabilité et de l'indemnisation. Cependant, j'implore la juridiction de juger qu'aucune faute – causale ou non – ne soit retenue contre Jean. Je pense important que les juges adoptent une motivation critique de l'expertise. En soi, nous n'avons pas besoin de cela. Mais pour Sophie et les enfants, c'est important. Non, Jean n'a pas commis de faute.

Quelques semaines plus tard, la cour confirme le jugement de Béthune, avec toutes conséquences indemnitaires. Mieux, elle prend soin de motiver autrement que par la seule absence de causalité entre la prétendue faute et le dommage.

Après avoir listé, dans deux paragraphes, les graves manquements de l'expertise, les magistrats écrivent : « *En l'espèce, il apparaît que la chute de Jean L. est sans lien avec un défaut de maîtrise de sa vitesse, mais est la conséquence du brusque freinage auquel il a été contraint du fait de la manœuvre de la conductrice du véhicule T… Il n'est pas suffisamment démontré que le motard progressait à une vitesse inadaptée compte tenu des circonstances, ni qu'il avait commis une faute de conduite, alors qu'il circulait à droite de la chaussée, dans son couloir de circulation, et disposait de la priorité de passage. Les seuls éléments recueillis dans le cadre de l'enquête pénale ne permettent pas d'établir avec certitude que Jean L. a commis une faute de nature à contribuer à la réalisation de son dommage.* »

La victoire est totale. Elle n'apaise pas le manque. Elle ne remplace pas. Elle n'enlève pas les souffrances. Mais elle retire quand même un sacré poids moral.

Indépendamment des conséquences financières avec l'obtention de plus de cinq cent cinquante mille euros, c'est cela que Sophie et les enfants retiennent. La justice civile est allée plus loin que ce qu'elle devait faire. Ces magistrats disent bien que Jean ne roulait pas vite. Plus important encore, ils rappellent que l'accident n'aurait pas existé si la conductrice avait respecté la priorité. Entre les lignes, il faut y lire une critique du juge pénal qui s'est laissé berner par cette expertise, quitte à en oublier le défaut de priorité, caractéristique d'une faute pénale. Sophie ne digère pas que la conductrice ne soit pas condamnée sur le plan pénal. Elle n'avale pas la relaxe, car elle ne comprend pas que l'on soit passé à côté de ce défaut de priorité. Mais l'honneur est sauf. La mémoire de Jean est respectée. Le combat est terminé. Après des années de procédure, la délivrance. Elle n'aura pas été victime une seconde fois.

Entretien avec Sophie

À quoi ressemblait votre quotidien avant l'accident ?

En octobre 2014, j'avais trente-quatre ans. J'étais conductrice de bus, en congé maternité. Jean avait quarante-cinq ans. Il était cadre dans une entreprise de couverture. Nous vivions le quotidien d'une famille ordinaire avec nos trois enfants : Valentine, dix-huit mois, Justine, huit ans, et Joachim, onze ans.

Que se passe-t-il le jour de l'accident ?

Jean rentre du travail à moto. Une journée un peu difficile. Il s'est disputé avec son chef. Il m'appelle avant de prendre la route vers dix-huit heures. Moi, je suis occupée avec les enfants. Les rituels de fin de journée. Le bain, la cuisine, etc.

Un voisin sonne à ma porte. Il me demande si Jean est rentré du travail. Je suis en pyjama. Il me demande de m'habiller et de le suivre. À ce moment je saisis qu'il y a un problème, mais je n'imagine pas encore ce vers quoi je me dirige.

En arrivant sur place, je comprends. Je fais un malaise. Je tombe au sol. Tout s'écroule. À tous les niveaux. Je ne suis plus en capacité de penser. D'entendre. Peut-être même de vivre. Je reprends connaissance. Quelqu'un me donne un tranquillisant que je refuse. Je ne veux pas être dans un état alternatif. Je dois affronter ce que j'espère encore être un mauvais rêve. Malheureusement, j'ai conscience de tout. Ma vie bascule. Celle de mes enfants également.

Les secours veulent m'emmener. Je refuse. Mes enfants m'attendent. Je retourne chez moi. Je veux encore croire, en tournant le dos à la scène, que Jean sera à la maison. Que le conducteur qui est mort n'est pas mon mari. Les voisins se sont vite regroupés autour de chez moi. Je me souviens que mon ami David, pompier professionnel, me dit des mots très durs qui, avec le recul, m'ont sauvée. Il me prend par les épaules et me dit : *« Sophie, tu as deux options : la première, tu te laisses aller et tu sombres avec les enfants. La deuxième : te battre pour eux, ils n'ont rien demandé et ils vont payer le prix fort. Tu dois être forte pour eux. »* Ces mots me font terriblement mal. Avec le recul, ils ont été une béquille sur laquelle je me suis appuyée pour me lever et me battre tous les jours.

Comment annoncez-vous le drame à vos enfants ?

Personne n'est préparé à regarder ses enfants dans les yeux pour leur dire : *« Papa est mort. »*

Je n'ai que très peu de souvenirs de cette scène. Je n'ai que des flashs. C'est le pire moment de ma vie. Les enfants sont assis sur le canapé quand je leur dis : *« Votre père est mort. »* Je me rappelle des hurlements de Joachim, mon grand, qui part s'enfermer dans sa chambre. Je me souviens de leurs regards. Des larmes. Des cris. De l'infinie douleur que tout leur être exprime alors. Valentine a dix-huit mois. Elle ne comprend pas tout, évidemment. En tout cas, elle ne manifeste pas consciemment ce qu'elle doit ressentir. C'est tellement injuste. Une injustice qui transperce le ventre. Ce hurlement de mon fils de onze ans, je m'en souviendrai toute ma vie. Ce cri, c'est le son de l'injustice qui glace le sang. C'est le bruit d'une douleur qui brûle tous vos sens. Je ne pourrai jamais remplacer Jean. Jamais. Les enfants ressentiront toujours le manque de leur père. C'est la raison pour laquelle j'ai décidé de me battre pour qu'ils ne connaissent pas d'autres manques. Le plus dur, cela a été ce procès si long. Que la justice est lente ! C'est incroyable. Et puis, il y a eu toutes ces accusations...

Quelles accusations ?

Jean a été fauché par une personne qui a fait le choix d'inscrire ses enfants dans l'école de ma fille cadette, Justine. Tous les jours, je la croisais. Au lieu de tenter d'apaiser nos souffrances, elle faisait courir des bruits. Selon elle, Jean aurait tenté se suicider sous ses roues. Évidemment, elle n'a jamais formulé la moindre excuse. Jamais un mot de compassion. Pas même un regard triste auquel j'aurais pu m'accrocher. Pire, elle se faisait passer pour la victime. De plus, elle s'amusait à dire que j'allais « *toucher le pactole* ». Que j'étais une veuve qui « *allait profiter de cet argent* », juste pour moi. Tout ce qu'elle pouvait dire sur moi m'importait peu tant que les enfants n'étaient pas touchés. Mais dire que Jean avait voulu mettre fin à ses jours, devant les enfants, c'est abject.

Auriez-vous aimé avoir des excuses ?

Pour les enfants, oui. Je pense que c'était important pour eux. Ils ne les ont jamais eues. Ils ne pourront jamais oublier. Je crois qu'ils sont assez intelligents pour comprendre que la route est dangereuse, et que cela peut arriver à chaque personne qui touche un volant. Peut-être même le pardon est-il possible. Il dépend de chacun. Mais chaque jour qui passe sans excuse est une douleur supplémentaire. Et chaque nouvelle calomnie est une injustice de plus.

Le jour de l'accident et les jours suivants, vous a-t-on proposé un suivi psychologique ?

Il y a les amis. Les voisins. Les proches. C'est tout. Il n'y a aucune aide extérieure. Pas de « cellule psychologique ». Pour le monde extérieur, c'est comme s'il ne s'était rien passé. Nous n'existons pas. Nous sommes invisibles. Personne ne s'est déplacé. À part me tendre un tranquillisant, personne n'est là pour vous relever. Rien. Je sais bien que c'est différent, mais quand il y a des attentats, il y a des cellules psychologiques. Pourquoi cela n'existe-t-il pas pour nous ?

Les enfants ont-ils été suivis par des psychologues ?

Mon médecin traitant a appris la nouvelle par les réseaux sociaux. Il est venu à la maison quelques minutes après et a contacté quelques psychologues travaillant dans le privé.

Lorsque ce genre de drame se produit, l'école ne propose pas de suivi ?

Non plus. Les enfants ont été suivis par le psychologue conseillé par mon médecin. Au début, ça leur a fait du bien. Me concernant, cela n'a rien changé. Et puis, aller voir un psychologue, ce n'est pas gratuit. Il n'existe pas d'aide. Rien. Financièrement, c'était la galère. Alors, j'ai préféré dépenser le peu que nous avions pour que les enfants puissent libérer leur parole, arrêtant mon suivi. Pour eux, c'était trop compliqué d'en parler avec moi. Ils avaient peur de me voir pleurer et se sentir responsables de mon chagrin.

Pour Joachim, qui entrait tout juste dans l'adolescence, les choses se sont rapidement compliquées. L'injustice, l'incompréhension, la colère et le manque d'accompagnement ont nourri sa révolte et un déséquilibre important. Pendant trois années, mon fils a oscillé entre tentatives de suicide et internements en « HP ». Avant l'accident de son père, rien ne laissait présager cela. Je me suis sentie tellement impuissante. Pendant ces années, j'ai eu tellement peur que l'un de mes enfants veuille rejoindre leur père. Cela aurait été invivable. Aujourd'hui, il a vingt et un ans. Il va mieux. Certes, il y a encore des moments difficiles, mais c'est déjà beaucoup mieux. Il a mis des mots sur ces douleurs. Tout n'est pas réglé cependant. Il n'arrive pas à passer le permis. Il a peur de ce qui pourrait arriver. Valentine, elle, s'est beaucoup renfermée. Je crois qu'elle écrit pour tenter de se libérer.

Quelles sont les démarches que vous avez dû effectuer suite à l'accident ?

Il m'a fallu enterrer l'homme de ma vie. Choisir un cercueil à trente-quatre ans, ce n'est pas ce que j'avais imaginé pour mon mari et nos trois enfants. Et puis, toutes ces démarches administratives qui vous rappellent, chaque seconde, qu'il ne reviendra pas et que la galère va être très longue. Je n'étais pas en état, donc ma belle-famille s'est occupée de certaines de ces choses. Et puis, j'ai voulu déposer plainte. Mais il s'est passé des choses étranges. Chaque fois que j'appelais le commissariat pour prendre rendez-vous, il y avait un problème. Rien n'aboutissait. J'ai découvert plus tard que la belle-sœur de l'auteur de l'accident y travaillait. J'y vois une corrélation. J'ai donc adressé un courrier en recommandé au procureur de la République. Et là, miracle, ma plainte a pu être enregistrée. Cinq mois après les faits, la justice me donnait enfin signe de vie. Une fois la plainte accueillie, j'ai subi le choix d'un avocat choisi par ma belle-famille. J'aurais voulu en prendre un autre. J'aurais pu. J'aurais dû. Je ne me suis pas sentie défendue. Quand la conductrice a été relaxée, j'ai décidé de ne plus me laisser dicter mes choix. C'est là que j'ai changé d'avocat.

Qu'attendez-vous de la justice aujourd'hui ?

Plus de rapidité. C'est vraiment le principal reproche que je peux faire. Tout est trop long. Nous saignons. Nous attendons des réponses. Comme pour guérir. Mais chaque jour qui passe rouvre la plaie et l'agrandit. Les enfants et moi avions besoin de réponses définitives pour pouvoir avancer. Les victimes ont besoin de fermer ce chapitre. Vite. Le temps est suspendu quand on vit une telle tragédie. On s'accroche à la moindre réponse. Comme si c'était une marque de considération. Comme si on nous disait « on ne vous oublie pas ». Avant chaque audience, cette même nuit. Blanche et longue. Ces questions. Ces doutes. Et cette plaie, qui ne se referme pas.

J'attends aussi de notre pays, pour nous comme pour ceux qui rencontrent ces drames, un meilleur suivi psychologique. L'État doit offrir aux familles qui vivent une telle tragédie la possibilité de consulter des psychologues gratuitement. Je pense que la France doit bien cela à ceux qui perdent, sur ses routes, les êtres les plus chers. Avec tout ce qu'on verse à l'État, ce serait la moindre des choses qu'il nous accompagne dans ce chemin de croix.

Enfin, j'aimerais que mes enfants aient le sentiment que la justice passe. Je ne veux pas qu'ils vivent avec un sentiment d'injustice.

Ce sentiment peut également être un moteur important.

J'ai bien compris, en travaillant avec vous, que vous marchiez à l'injustice. C'est un moteur important. Encore faut-il que ce dernier ne soit pas alimenté par un carburant trop rempli de sang et de larmes.

Vous avez suivi les débats sur l'homicide routier. Vous êtes concernée par la mort d'un proche sur la route. Qu'est-ce que cette loi vous inspire?

Un jour, je vous ai entendu à la radio. Je crois que j'étais en vacances, cet été. Vous avez dit que c'était de la « poudre de perlimipinpin ». Je vous avoue que je n'avais jamais entendu cette expression. Je suis donc allée voir. Et c'est exactement cela. Une poudre présentée comme ayant des pouvoirs guérisseurs alors qu'il n'en est rien. Je trouve cela très juste. Faire croire que tout ira mieux en changeant quelques mots et quelques circonstances aggravantes, c'est incroyable. Mais comment en est-on arrivé là ? C'est trop compliqué de demander à la justice d'aller plus vite ? C'est trop dur nous payer quelques séances de psy ? C'est impossible de forcer les assurances à nous avancer des sous quand nous sommes le couteau sous la gorge ? Mais qu'est ce que c'est que ce délire?

Et puis quoi ? Parce que Jean ne serait pas mort sous les roues d'une femme qui aurait bu ou fumé, je n'aurais pas le droit à la même considération ?

Enfin, je vous prie de croire, que, lorsque Jean est mort, et qu'il fallait consoler les enfants, je n'en avais rien à faire de savoir s'il y avait de l'alcool ou des stupéfiants. Je n'en avais rien à faire de savoir si on était victime d'un homicide routier ou d'un homicide involontaire. Ce que je ressentais, c'était le vide. C'était le néant. C'était les larmes des mes enfants qui me déchiraient le cœur. Si certaines familles ont besoin de ces nouveaux mots, très bien pour elles. Moi, je peux vous dire que j'ai bien d'autres combats à mener que ce changement de mots.

Lorsque nous nous sommes rencontrés, j'ai insisté sur le fait que j'étais alors un avocat de « droit routier ». Cela n'a pas semblé vous poser de problème. Ça l'est pour certaines victimes ou associations. Pourquoi pas pour vous ?

Je respecte leur point de vue. Comme ils doivent respecter le mien. Je pars du principe qu'un accident peut arriver à chacun dès lors qu'il prend un véhicule, qu'il monte dedans ou qu'il sort de chez lui. C'est la raison pour laquelle je n'ai pas ressenti de haine envers la conductrice. Je lui en veux davantage pour ce qu'elle a fait et dit après. Évidemment, elle aurait pu être plus prudente. Mais bon… Aujourd'hui, je suis victime. Qui me dit que, demain, je ne peux pas être auteure ? Et puis, au nom de quoi n'auriez-vous pas le droit de défendre une victime ? Chacun ses choix. Le mien était de prendre un avocat du Nord, réputé pour sa combativité, ses compétences et son humanité. Le fait que vous soyez parfois de l'autre côté de la barre, je l'ai vu comme un avantage. Je me suis dit que vous auriez une vision globale du dossier. Que vous sauriez comment contrer ce qui nous était contraire. En fait, bien qu'étant victime, Jean se retrouvait accusé. Et nous avec. C'était donc légitime de prendre un avocat armé pour le combat. Ceux qui ont l'habitude d'être en défense ont cette image. Après, il y a le feeling. Chacun ses choix. Moi je ne le regrette pas. Vous avez compris que, pour moi, les indemnités gagnées n'étaient pas le principal. Vous avez senti que, pour nous, c'était la mémoire de Jean qui était en jeu. Et cela… ça compte beaucoup pour les gens simples que nous sommes, les enfants et moi.

L'indemnisation est, malgré tout, quelque chose d'important ?

Oui, évidemment, mais ce n'était pas le plus important. Je préférerais être pauvre que veuve. Cette somme obtenue – plus de cinq cent mille euros –, j'ai mis beaucoup de temps à la digérer. Le regard des autres est difficile à supporter. Les gens pensent que nous profitons de la mort de Jean.

Et puis, vous m'avez aussi expliqué que nous n'avions rien volé à personne. Cette indemnisation est, en très grande partie, obtenue pour faire face aux dettes de la vie quotidienne qui s'accumulaient. Jean avait des revenus qui faisaient vivre le foyer. Les sommes perçues couvraient ce manque économique. Nous n'avons pas gagné d'argent. Les factures, elles, s'accumulaient encore. Les huissiers, eux, étaient bien là. Et puis quoi ? Les enfants n'ont-ils pas le droit à un certain confort ? Ils ont perdu leur père. Ils souffrent de son absence. Plus de bisous. Plus de câlins. Plus de «*je t'aime papa*». Il faudrait, en plus, qu'ils n'aient pas de petits plaisirs de compensation ?

Matériellement, à quoi a servi cette somme ?

Nous n'avons jamais roulé sur l'or, mais les enfants n'ont manqué de rien. Mon premier réflexe a été de placer de l'argent pour eux. Ils ont droit à une partie de cette indemnisation. D'ailleurs, une grande partie des sommes obtenues leur est directement versée. Je tiens cependant à ce que cet argent soit très contrôlé et bien géré. Je veux qu'ils commencent leur vie avec un petit pécule pour les études, leur premier appartement, etc. Ensuite, Justine ma cadette ne pouvait plus vivre dans cette maison. Elle n'arrivait même plus à y entrer. À la suite de l'accident, elle est allée vivre chez sa marraine tant la douleur était insupportable. Je ne voulais plus y rester non plus. Tout avait l'empreinte de Jean. Nous avons donc changé de maison. Leur avenir étant désormais sécurisé, je leur accorde quelques plaisirs ponctuels. Une sortie à Disney par exemple. Ce sont des petites choses que je peux leur offrir grâce à l'indemnisation que nous avons obtenue.

Vous travaillez aujourd'hui ?

Oui, je suis en reconversion professionnelle. Je suis une formation pour devenir ambulancière.

Cette reconversion a-t-elle un lien avec votre histoire ?

Oui, absolument. Je crois que j'ai envie d'essayer d'aider les gens dans des situations difficiles.

Qu'aimeriez-vous que l'on retienne de votre histoire ?

Récemment, je vous ai accompagné dans une émission de télévision. C'était pour la journée internationale du souvenir des victimes de la route. J'y ai longuement réfléchi parce que je suis une personne réservée. Je n'aime pas me mettre en avant. Surtout, je ne veux pas inspirer de la pitié. Pire, je n'ai pas envie que l'on m'accuse de profiter de je ne sais quoi. Avec les enfants, nous avons décidé qu'il fallait que j'honore la mémoire de Jean. Il a été sali. Il a été calomnié. Des mensonges ont été dits sur lui. Puis sur nous. J'ai voulu raconter l'histoire telle qu'elle s'est vraiment passée. Cela me permettait aussi de critiquer cette justice trop lente. Si personne ne dit rien... J'ai aussi voulu montrer aux gens que, malgré l'horreur et les difficultés, nous sommes encore debout. Nous tenons le coup ensemble. Nous sommes plus forts. Nous ne lâchons rien. Cela n'arrive pas qu'aux autres. J'en suis la preuve vivante. Ces histoires que l'on croit lointaines peuvent arriver et faire basculer le cours de toute une vie. Il est possible de s'en relever.

Enfin, je voudrais aussi avoir un message d'espoir. Évidemment, nous sommes marqués à vie. Mais nous devons avancer pour vivre nos propres vies. Nos propres histoires. Nous craignons la mort. La nôtre. Ou celle de nos proches. Nous en avons peur parce que nous savons tout ce que la vie nous offre de beau. Alors, puisque nous y passerons tous, essayons d'en profiter. Et quand elle se présente face à nous, emportant ceux qu'on aime, le meilleur moyen de l'affronter, c'est de la combattre.

Quels sont vos projets pour l'avenir ?

Comme je vous le disais, d'abord, je change de carrière professionnelle. Joachim a vingt et un ans. Il termine ses études. Justine va avoir dix-huit ans l'année prochaine. Elle a envie de prendre son envol, vivre sa vie de jeune, profiter, voyager... Il me restera Valentine. Elle a onze ans. Je songe à déménager dans une autre région. Prendre un nouveau départ. Connaître un nouvel environnement. Une nouvelle vie. Tourner la page de ces années de procès. Je n'oublierai jamais ce qui s'est passé, mais je songe vraiment à clore ce chapitre douloureux.

Enfin, j'ai décidé de monter une association pour venir en aide aux personnes qui traversent ce que nous avons vécu. Depuis plusieurs années, je regarde ce que font les grandes associations. J'écoute celles qui ont pignon sur rue, qui vont dans les médias ou qui sont actives sur les réseaux sociaux. Je ne sais pas ce qu'elles font au quotidien, et je ne vais pas critiquer. Mais quand j'entends que leurs seules revendications, c'est l'homicide routier, je tombe de ma chaise. Vous, Maître Régley, alors que vous êtes « nouveau » dans le domaine des victimes, et alors que certains vous font des mauvais procès, vous avez fait plus que 90 % de ceux qui disent nous représenter. Combien de vos confrères ont émis autant de propositions que vous devant les caméras ? Combien de vos confrères, ou d'associations, ont écrit des livres pour nous donner la parole, et proposer ?

Des associations et des confrères ont déjà proposé de changer les choses...

Vous me l'apprenez. Tant mieux alors. Mais, force est de constater que rien ne bouge. Alors, puisque vous appelez à la révolution juridique - la vraie, pas celle de 2023 - je veux être de la partie.

Pour finir, vous m'avez dit que votre grande fille Justine se réfugiait dans l'écriture. Vous lui avez fait part de ce projet de livre et de votre témoignage ?

Oui. Elle sait. Quand nous sommes allés à la télé ensemble, elle a regardé l'émission en direct. Je me demande même si elle ne devait pas être en cours *[rires]*. Elle n'aime pas que je parle de son père. C'est douloureux pour elle. Cependant, à la sortie du studio, elle était très fière de moi. Elle a compris que cela pouvait faire du bien de se livrer. Je lui ai demandé si elle avait envie de témoigner avec moi. Elle était hésitante. Puisqu'elle écrit, vous avez envisagé qu'elle puisse adresser son message sous forme de lettre. Elle a trouvé que c'était une idée géniale. Elle m'a demandé de vous la transmettre.

* * *

Papa,

Chaque 27 octobre est pour moi une année de plus sans ta présence dans mon quotidien de jeune fille adolescente atteignant bientôt l'âge adulte. Les jours sont durs. Le combat de la vie sans toi est long et parfois douloureux. Mais je garde ce courage que tu m'as transmis dès ma naissance. À huit ans, je n'avais pas conscience du manque qui se ferait sentir les jours d'après, les mois suivants, les prochaines années…

Sur le moment, j'ai pensé « que va-t-il se passer ? » et tant de questions sans réponse…

Il est impossible de se rendre compte à quel point le départ d'un très proche, d'un père, peut autant impacter une vie. Ma vie. J'ai appris à vivre avec. Je devrais plutôt dire survivre.

Seule, dans mon coin, j'ai appris à garder le sourire face à cette tragédie. Je ne voulais pas que ta disparition devienne un poids pour moi, pour maman, pour la famille. Tu n'aurais pas voulu cela pour nous. Alors, j'ai pris les devants et j'ai gardé en mémoire nos plus beaux souvenirs ensemble. Le retour à la vie normale a été une épreuve difficile pour moi. Devoir expliquer à mes amis que ma vie avait totalement changé, que mon quotidien était bouleversé, demeurait compliqué. Devoir affronter les questions. Gérer les réactions. Ces moments ont été très douloureux.

Il m'a fallu des semaines pour dire : « Mon père est décédé. » *Ces mots ne sortaient pas. Ils étaient bloqués entre mon cœur et ma gorge. Comme un secret qu'il ne fallait pas dévoiler. Comme si le dire revenait à le réaliser. Comme si cela devenait vrai. Le verbaliser a, cependant, été un soulagement.*

Le temps passe. Je grandis toujours plus vite. Trop vite. Tout cela va beaucoup trop vite à mon goût. C'est effrayant de constater que ton départ date de huit ans. Déjà. Quelques jours me séparent de ma vie d'adulte. Bien plus que lorsque j'étais petite fille, je me dis qu'il y a tant de choses que j'aurais aimé te dire. Que tu me manques. Que je t'aime. La petite fille que j'étais ne pouvait pas imaginer une seconde que son père était mortel. Je devais espérer, au fond de moi, que tu reviendrais un jour. Adolescente, j'ai évidemment saisi que mon super papa n'était plus. Je regrette tellement que nous ne puissions pas partager tous les moments importants de ma vie. Mes joies. Mes peurs. Mes angoisses. Mes bonheurs. Mes projets. Ton départ m'a beaucoup appris. Je profite de la vie. Plus que les autres gens de mon âge. Je sais que tout peut s'arrêter. En une seconde. À n'importe quel moment. Vivre sans une personne aimée, survivre sans une personne tellement importante, c'est dur. Vraiment.

Depuis toutes ces années, je n'ai jamais vraiment exprimé mes sentiments face à tout cela. J'ai gardé le silence. Je me suis enfermée. Comme si je devais être prisonnière de ce chagrin. Depuis quelques mois, j'écris. Beaucoup. Comme si tu pouvais lire les mots écrits à l'encre de mes larmes. Il est temps pour moi d'ouvrir cette cicatrice et de laisser sortir cette souffrance. Pour qu'elle me quitte. Pour que cette douleur, que je respecte, ne m'empêche pas d'avancer. Jusque-là, je pensais qu'il suffisait de cacher cette plaie ou de la couvrir d'une crème souriante. Mais, plus les années passent, et plus grande est la douleur. Cette dernière est sournoise. Elle se manifeste toujours dans les moments joyeux de ma vie. Comme une injustice que nous ne puissions pas partager cela. J'ai de moins en moins de larmes. Je fais croire que tout va bien. Mais ce n'est pas le cas. À chaque date anniversaire, je ressens une puissante douleur en moi. Dans mon ventre. Comme un coup de couteau. Je veux te revoir. Une dernière fois. Pour te dire au revoir. Ou adieu. Je t'aime. Ne me laisse pas. J'ai pu t'en vouloir d'être parti. Pardonne-moi. Je ne doute pas une seconde que tu as tout fait pour rester avec nous. J'espère tellement que tu n'as pas souffert. Je prie pour que tu n'aies pas compris ce qui était en train de se passer. J'espère vraiment que tes derniers instants n'ont pas été malheureux.

Parfois, j'aime imaginer que tu es encore là. J'essaie de savoir à quoi tu ressemblerais. Le monde évolue d'une manière étrange. Je me dis souvent que tu n'aurais pas aimé. On ne vit plus. On survit. On ne vit plus pour jouir de la vie. On essaie juste de ne pas mourir.

VI

Jean-Jacques

5 février 2020. Pérenchies, dans la banlieue de Lille. Jean-Jacques, la cinquantaine, ingénieur devenu homme d'affaires, quitte son travail pour se rendre à la poste. Celui qui a les mêmes initiales que Jean-Jacques Goldman, « marche seul dans les rues qui se donnent ». Un passage piéton. Un bonhomme vert. Un véhicule qui arrive à une faible vitesse. Jean-Jacques n'a pas le temps de le voir arriver. Il est renversé et tombe sur la tête. Les secours arrivent vite. Son pronostic vital est engagé. Une importante hémorragie cérébrale est diagnostiquée. Un chirurgien lui sauve la vie. Mais Jean-Jacques se réveille dans un état pauci-relationnel[2]. Il ne bouge plus aucun membre. Il ne communique qu'avec les yeux et par une légère pression de la main.

Jean-Jacques est un Breton arrivé dans le Nord. Peu d'amis. Une famille dispersée entre la Bretagne natale et le centre de la France. En quelques heures, l'une de ses sœurs, Nadine, arrive à son chevet. Elle ne sait pas encore que, pendant deux ans et demi, elle aura la tutelle de son frère, mettant sa vie de femme et d'épouse entre parenthèses. Elle ne sait pas encore que son frère décédera de cet accident.

2. État d'un patient incapable de suivre de manière cohérente des instructions simples, mais qui démontre néanmoins un état de conscience de son environnement.

C'est elle qui prend contact avec moi, par un intermédiaire. Très rapidement, je la reçois. Nadine est une femme très élégante. Elle est d'une remarquable politesse. Nous sommes très différents. Rapidement, nous échangeons nos volontés de travailler ensemble. Je lui explique quelles seront les étapes juridiques. Je l'oriente également rapidement vers mon médecin afin de pouvoir faire un point sur l'état de santé de son frère, et les espoirs d'évolution. Je lui demande le dossier médical complet auprès du CHU. Une vraie galère. L'hôpital ne veut pas lui donner, arguant du secret médical. Jean-Jacques n'est pas décédé. Personne ne peut disposer de son dossier. Je le demande. Même réponse. Il faudra solliciter le juge des tutelles afin que Nadine puisse représenter son frère, et enfin obtenir ces informations. Je réclame une expertise et une provision à l'assurance. Si cette dernière est accordée dans les semaines suivantes, il n'en est pas de même pour la première. Les médecins du CHU refusent, pour des raisons sanitaires, que l'expertise se fasse sur place. Je demande, au moins, qu'une expertise soit réalisée sur pièces. Rien. Des semaines passent. Je sais que l'assurance ne me fera aucun cadeau. Je comprendrai plus tard les vraies raisons de cette inertie. Je m'apprête à faire désigner un expert judiciaire, espérant qu'il aura un accès plus facile quand l'assurance programmera une expertise.

Des semaines passent. L'état de Jean-Jacques n'évolue pas. D'examens en opérations, rien ne change. Ou alors, pour empirer. Dès lors que son état de santé le permettra, il sera transféré en Bretagne, dans le centre de rééducation réputé de Kerpape. Il sera bien mieux pris en charge. Il sera surtout plus près de sa famille qui n'hésite pas à faire des milliers de kilomètres pour venir le voir à Lille.

Côté pénal, j'ai demandé à Nadine de déposer plainte à Lille. Une année plus tard, rien. Je demande au parquet de me tenir informé. Aucune nouvelle. Cela devient une habitude. Je suis obligé de faire un petit scandale dans les couloirs pour que, plusieurs semaines plus tard, j'apprenne que le dossier traîne parce que les ITT n'ont pas été quantifiées par la médecine légale. Les ITT (incapacité totale de travail) sont une notion pénale qui sert à qualifier les faits en fonction de la durée pendant laquelle une victime éprouve une gêne notable dans les actes de la vie courante. Son quantum change les peines encourues pour l'auteur selon qu'elle est de plus ou moins trois mois. Il suffit d'envoyer un médecin légiste pour constater que, à l'évidence, l'ITT est de plus de trois mois. Mais personne ne le requiert. J'apprendrai, en réalité, que le dossier « dort ». Personne ne sait quoi en faire. Les policiers ne savent pas s'ils doivent le renvoyer au procureur pour blessures involontaires ou s'il faut attendre quelques jours supplémentaires au cas où le dossier basculerait en homicide involontaire. Je demande à Nadine ce qu'elle en pense. Elle me dit qu'elle trouve cela indécent de laisser la famille dans l'attente, prévoyant une fin tragique.

Nous aurons finalement une date d'audience pour le mois de mai 2022 devant le tribunal correctionnel de Lille. Plus de deux ans pour obtenir une audience. C'est un scandale innommable. Et, évidemment, pendant ce temps-là, je suis privé du moindre procès-verbal, bloquant ainsi d'autres démarches.

Entre-temps, je réussis à obtenir, de haute lutte, une expertise médicale au centre de Kerpape. Tout le monde se déplace. Nadine, l'inspecteur de l'assurance, mon médecin, mon ergothérapeute et moi. Je pars la veille. Arrivé à mon hôtel, je reçois un mail du médecin de l'assurance m'indiquant qu'il ne sera pas là pour des raisons « professionnelles ». J'appelle son cabinet. Je tombe sur sa secrétaire qui m'explique qu'il a accepté une expertise ordonnée par le tribunal dans un autre dossier. J'obtiens le numéro du portable de cet expert qui se moque du monde. Je lui dis ma manière de penser. Cela me soulage. Mais cela ne nous permet pas d'avancer. J'appelle alors l'inspecteur, déjà au courant, mais qui n'a pas daigné m'appeler. Il connaît mon caractère. Il sait que j'ai le sentiment que sa compagnie fait tout pour gagner du temps, espérant que Jean-Jacques décède avant l'indemnisation finale. En effet, dans cette affaire, ce sont des millions d'euros qui seront mis à charge de l'assureur qui devra payer une nouvelle maison, une nouvelle voiture, du personnel médical vingt-quatre heures sur vingt-quatre. L'assurance souhaite que Jean-Jacques soit mis en centre pour ne pas avoir à payer toute une équipe médicale à domicile. Nadine ne veut pas. La guerre est enclenchée. L'inspecteur, qui me sait capable de faire grand bruit, trouve un expert à la dernière minute qui viendra le lendemain.

C'est dans ces conditions que je rencontre Jean-Jacques. Je n'oublierai jamais. Moi qui ne suis pas connu pour ma timidité, je ne réussis pas à décrocher un mot. Je découvre un homme immobile. Le regard vide. Je me trouve idiot, à ne pas savoir comment m'adresser à lui. Comprend-il ? Les docteurs disent que oui. Je laisse mon médecin et mon ergothérapeute lui expliquer pourquoi nous sommes là. Ils sont habitués. J'ai le cœur serré de voir cet homme en souffrance. Je me projette. J'imagine mon père ou mon fils dans un tel état. Comment font ces familles pour supporter ces mois de douleurs ? Je découvre la différence abyssale entre un dossier et un patient. Entre ce que je peux lire et ce que je peux voir. Mon émotion passée, c'est une grande colère qui m'envahit. Je veux que cet homme puisse passer le reste de ces jours dans des conditions optimales de confort, entouré de personnes dévouées à son bien-être. Je me fais la promesse de ne rien lâcher. De me battre corps et âme.

Quand nous sortons de sa chambre, mon médecin me prend à part et m'explique, d'un ton grave et préoccupé, qu'il craint pour la vie de Jean-Jacques. En effet, celui-ci multiplie les infections pulmonaires graves. Sa position, assise ou allongée, et le mauvais fonctionnement de son système respiratoire le rendent sujet à ces pathologies qui pourraient lui coûter la vie. Cela explique également le sentiment que j'ai eu en le voyant. Nadine me dit qu'il a vraiment « *la tête des mauvais jours* ». Mon équipe et moi aimerions convaincre le médecin de l'assurance de consolider les séquelles afin de pouvoir mettre en place le processus définitif d'indemnisation et ainsi le sortir de là. En effet, même si nous aurons la possibilité d'obtenir de nouvelles provisions, nous ne pourrons en avoir assez pour déménager et payer une équipe médicale. L'assurance le sait. Son médecin ne veut pas consolider. Trop tôt. Difficile à comprendre pour la famille. Cependant, médicalement parlant, il est quasiment impossible de consolider les séquelles consécutives à un traumatisme crânien aussi important avant trois ans, et alors que la victime est sous traitement à nouveau. Nadine, en revanche, a le sentiment – que je comprends bien volontiers – que l'assurance fait le pari de la mort de Jean-Jacques. Cynique position de l'assureur qui sait pouvoir économiser des millions d'euros si la victime disparaît. Cette impossible consolidation ne nous permet même pas d'obtenir mieux devant le juge civil.

Vient l'audience correctionnelle devant le tribunal de Lille. Quelques semaines auparavant, j'ai reçu le rapport d'expertise de l'assurance. Je compte bien m'appuyer dessus pour demander à la juridiction de nous accorder des nouvelles provisions à six chiffres ! Nadine fait le trajet depuis sa Bretagne. Naturellement, Jean-Jacques n'est pas là. À 8h30, le juge prend possession de sa juridiction et annonce que, l'audience étant très chargée, il procédera à des renvois d'office. J'apprends avec stupéfaction que notre dossier fait partie de ceux choisis. Je n'ai même pas le temps de dire mon incompréhension que le tribunal renvoie au mois d'octobre. La raison ? Il y a trop de dossiers avec des personnes sous contrôle judiciaire. Elles sont prioritaires puisqu'elles ne sont pas libres. Évidemment, je comprends. Cependant, je suis en colère contre le parquet qui a audiencé mon dossier avec tant d'autres. Contre ce juge qui aurait pu nous accorder quelques minutes de plus ou, tout simplement, prévenir la veille. J'explique au tribunal que, ce faisant, il se rend complice de la stratégie de l'assureur qui n'attend que la mort d'un homme comme seul moyen de se défausser de ses obligations. Rien n'y fait. Je pense aussi à Nadine qui attend depuis des mois que le conducteur responsable soit jugé. Je suis révolté.

Quelques semaines passent. Voilà plusieurs jours que je demande qu'on revoie Jean-Jacques pour consolider. Le gestionnaire de l'assureur me répond que le médecin a un agenda très chargé. Je n'ai pas le temps de saisir les juridictions civiles pour avoir un « vrai » expert que Nadine m'apprend le décès de son frère. Je suis abattu. Immédiatement, je pense à cet homme dont l'état de santé s'aggravait. Je ne peux m'empêcher de penser qu'une telle issue est peut-être la meilleure. Quelle vie aurait-il eue ? Et quel destin aurait eu Nadine, elle qui, depuis des mois, ne vivait plus sa propre destinée ? Et si cette issue était une délivrance pour lui ? Les médecins m'avaient dit que Jean-Jacques avait conscience de ce qu'il vivait. Comment pouvait-il être heureux, enfermé dans ce corps que le cerveau ne commandait plus ? Je ne me réjouis évidemment pas de son décès. Peut-être ai-je juste essayé de me protéger en pensant cela ? Je pense à ces familles qui, depuis des années, portent le combat des soins palliatifs. Je me revois, étudiant en droit, commenter les décisions du conseil d'État, refusant que la mort soit donnée à des patients qui n'avaient plus rien à attendre de la vie. Je me souviens de cette maman, Marie Humbert, qui avait tout fait pour abréger les souffrances de son fils, que la vie n'intéressait plus. Ou encore à ce combat entre une maman et une épouse qui n'étaient pas d'accord sur le sort de l'homme qu'elles aimaient toutes deux. La première ne pouvait se résoudre à laisser partir son fils, par amour. La seconde souhaitait qu'il demeure en paix dans un autre monde, par amour aussi. Jean-Jacques ne laisse pas d'enfants ni de conjoint. Heureusement peut-on penser. Mais sa disparition laisse, dans l'esprit et le cœur de Nadine, un sentiment d'injustice et de colère profond. Nul doute, pense-t-elle, que son frère ne serait pas mort d'une énième infection pulmonaire s'il avait été consolidé.

Vient l'audience correctionnelle du mois d'octobre. J'informe immédiatement la procureure que Jean-Jacques n'est plus. Elle me demande si je peux prouver un lien médical entre l'accident et le décès. Pour moi, il est évident. Il ne l'est pas pour la justice qui va diligenter une nouvelle expertise afin de savoir si la cause de la mort peut trouver son origine dans l'accident de 2020. Juridiquement, c'est important. Ce ne seraient plus des blessures involontaires qui seraient reprochées à l'auteur mais bien un homicide involontaire. Le prévenu est informé de cela. Son visage se décompose. Il vient d'apprendre brutalement qu'il est à l'origine de la mort d'un homme. Son émotion se lit sur son visage. Il tient à peine debout. Je ne sais s'il est pris par le chagrin ou la peur. Peut-être bien les deux. Je présume qu'il aimerait présenter ses condoléances à Nadine. Il n'ose pas. Le dossier est reporté à 2023. Entre-temps, il aura été démontré par l'expert que le décès est bien lié à l'accident. Jean-Jacques aura succombé à une énième infection pulmonaire fatale. Au jour de l'écriture de ces lignes, je ne sais pas quelle sera la sanction de l'auteur. Sans doute du sursis. Cela ajoutera à la colère de la famille. Le grand vainqueur de tout cela, c'est l'assurance. Est-ce que la mort de Jean-Jacques aurait pu être évitée ? Cela reste une question à laquelle je n'ai pas de réponse. La famille, elle, en est persuadée. Oui, pour elle, Jean-Jacques est victime deux fois. De l'accident. Et de l'assurance. Pour Nadine, le chauffeur a blessé son frère. L'assurance l'a tué.

Entretien avec Nadine et Françoise, les sœurs de Jean-Jacques

Comment avez-vous appris l'accident de votre frère ?

C'est l'ex-femme de Jean-Jacques qui nous a appelées pour nous dire qu'il avait été renversé. Nous avons immédiatement compris que c'était très grave. Avec nos maris respectifs, nous avons pris la décision de partir à Lille, moi (Nadine) partant de Brest, et Françoise venant de Tours.

Nous avons appris cette nouvelle alors que nous traversions déjà une épreuve difficile. Notre père était très malade. Son état était très préoccupant.

Que saviez-vous des circonstances de l'accident ?

Nous ne savions rien. Le procès, après trois ans et demi d'attente, mettra en lumière ce qui s'est passé. Pour le moment, les seules informations que nous avions étaient celles que vous nous avez données à la lecture du dossier. Vous nous dites que les circonstances sont très floues. Nous savons qu'il a été renversé sur un passage protégé par une personne qui, apparemment, n'avait ni drogue ni alcool dans le sang. Sa tête a durement été touchée, ce que nous avons constaté en arrivant à Lille.

Lorsque vous arrivez à l'hôpital, dans quel état est votre frère ?

Il est dans le coma. Les médecins lui ont ouvert le crâne afin d'éviter que son cerveau enfle, et ne le tue. Quand il s'est réveillé, il ne parlait plus. Il ne mangeait plus. Dans les heures qui ont suivi, il était transféré dans un centre de rééducation. Tout s'est passé très vite.

À ce moment-là, nous sommes tristes de le voir ainsi, mais nous avons encore de l'espoir. Et puis, sans même savoir dans quel état il allait rester, nous sommes heureuses qu'il soit en vie. C'était le plus important. Notre frère était un battant, qui ne lâchait rien. Il était en grande forme avant l'accident. L'opération s'était bien passée. Nous avions donc beaucoup d'espoir.

Comment se passe l'arrivée de Jean-Jacques au centre ?

Il est rapidement pris en charge par les équipes. Mais le couperet tombe en quelques heures : son cerveau est très endommagé. Les connexions ne se font plus. Le médecin est très clair avec nous. Il nous dit que cela ne pourra pas s'améliorer. Nous apprenons donc que notre frère restera dans un état pauci-relationnel. Il ne pourra communiquer qu'avec les yeux, une pression de la main ou, les bons jours, en levant le bras. Lui qui était si vivant, le voilà socialement mort. Scientifiquement vivant. Mais socialement mort.

Quelques amis viennent le voir quand nous sommes obligées de retourner chez nous. Puis, arrive le confinement. Interdiction de le voir. Nous savons que notre frère s'est senti très seul à un moment où, au contraire, il aurait dû bénéficier de nos visites. Ces semaines sont très longues. Nous redoutons que Jean-Jacques puisse penser que nous l'abandonnons. Sait-il seulement que nous n'avons pas le droit de venir ? Notre sentiment de culpabilité est très important.

C'était d'autant plus difficile que nous n'avons pas eu une bonne relation avec le médecin.

Pourquoi ?

Assez rapidement, il nous a convoquées pour nous dire que Jean-Jacques « *n'irait pas bien loin* », que l'on se dirigeait vers un « *avenir de légume* », que « *c'était comme ça* » et que l'on ne pouvait « *rien y faire*». Pourtant, Jean-Jacques nous envoyait des signes d'espoir. Il commençait à bouger la main. Il mettait le téléphone à l'oreille. Il nous regardait quand on le lui demandait.

Pour répondre à nos questions et à notre colère, il nous a montré les scanners. Nous avons constaté qu'une partie du cerveau de Jean-Jacques était noyée par du liquide.

Que le médecin nous parle de manière crue, nous pouvons le comprendre. On ne tourne pas autour du pot. Mais, il nous a dit tout cela devant Jean-Jacques qui, évidemment, entendait tout sans pouvoir exprimer la moindre colère ou sentiment. C'est horrible de penser que notre frère était prisonnier de son corps et d'une parole qu'il ne pouvait plus délivrer.

Cela n'enlève rien aux qualités de toutes les autres personnes que nous avons rencontrées, médecins, infirmières, aide-soignante…

Quelles étaient les communications avec votre frère à ce moment-là ?

Il nous regardait. On lui parlait, il nous écoutait. Petit à petit, son état s'est dégradé. Le fait de ne voir personne, pendant le confinement, y est pour beaucoup. Le moral et la stimulation sont très importants dans ces moments-là.

Après cette période d'enfermement, nous avons eu le sentiment que le centre l'abandonnait. Il n'était plus douché qu'un jour sur deux. Des couches lui avaient été mises au lieu de l'aider à aller aux toilettes. Nous savons que la période a été compliquée. Le manque de personnel a joué aussi, évidemment. Mais notre frère a été abandonné à son triste sort.

En tout état de cause, notre conviction est intacte : son état a empiré à cause du manque des relations sociales et de ce traitement dégradé.

Finalement, et malgré un transfert dans un nouveau centre de rééducation en Bretagne, votre frère est décédé.

Oui, il est mort après une énième infection pulmonaire.

Pendant deux ans et demi, nous avons vu notre frère enfermé dans son corps. Nous l'avons vu souffrir et se battre, preuve qu'il comprenait tout ce qui lui arrivait. C'est encore plus difficile à accepter. Pendant trente mois, notre frère n'a rien pu exprimer. Il a subi. Combien de fois s'est-il vu mourir ?

Finalement, même si c'est difficile à dire, nous sommes en fait soulagées. Il souffrait trop. Ce n'est pas une vie que d'attendre la mort. Ses poumons étaient noyés. Ses fonctions ne lui permettaient pas de déglutir correctement. Il faisait de très nombreuses « fausses routes ». Il enchaînait les embolies pulmonaires. Nous voyions qu'il souffrait beaucoup. C'est mieux ainsi. Pour lui.

Pour vous aussi ?

Certes, nous avons mis nos vies entre parenthèses pendant deux ans et demi. Et, aussi fatiguées étions-nous, nous aurions poursuivi ce long chemin si Jean-Jacques était resté en vie. Nous aurions acheté un bien en Bretagne. On aurait choisi les gens chargés de prendre soin de lui, etc.

Indépendamment de cela, nous sommes soulagées de savoir que, où qu'il soit, il ne souffre plus et n'attend plus la mort.

Concernant le côté judiciaire et indemnisation, comment avez-vous appréhendé ces procédures ?

C'est ubuesque. Vraiment. Jamais nous n'aurions pensé que le parcours post-accident était aussi compliqué. Jamais nous n'avons imaginé le combat permanent qu'il faut mener. Naïvement, nous pensions avoir la justice de notre côté. Nous sommes revenues de notre candeur.

Nous attendons le procès avec impatience. Il faut que lumière soit faite sur les circonstances de l'accident, d'une part, et de sa mort, d'autre part. Le procès va-t-il pouvoir répondre à nos interrogations restées en suspens ? L'auteur a-t-il essayé de freiner ? De l'éviter ? Comment est-il possible qu'il ne l'ait pas vu. Et puis, c'est important que nous puissions nous exprimer. Pour dire certaines vérités. Pour pouvoir expulser notre colère et notre sentiment d'injustice.

Par deux fois, le tribunal n'a pas répondu à nos interrogations. La première fois, nous avons été balayées par le juge d'un « *votre dossier est renvoyé car j'ai trop de dossiers à traiter* ». Pas plus, pas moins. Comme vous, la colère nous a prises. Et nous sommes heureuses que vous nous ayez laissé dire à ce juge ce que nous pensions de lui. La seconde, alors que notre frère est décédé entre-temps, le dossier a encore été renvoyé. La justice souhaite avoir la certitude que la mort est en lien avec l'accident. Vous nous avez expliqué qu'il était impossible de faire autrement et que, bien que cela retarde le procès, cela nous sécurisait et empêchait la défense de plaider le doute. Comble des combles, c'est nous qui avons dû avancer les huit cents euros de consignation de frais d'expertise. Nous ne demandons rien à personne, si ce n'est de pouvoir faire le deuil, mais nous devons payer un expert que nous n'avons pas sollicité. Nous avons passé des jours entiers à lui donner toutes les pièces dont il avait besoin. Au final, il conclut – heureusement – à un lien de causalité entre l'accident et le décès. L'auteur devra répondre d'un homicide involontaire. Mais quand ? Au mois d'octobre, lors de la prochaine audience, lecture du rapport sera faite. Pour le moment, l'auteur est poursuivi pour blessures involontaires. Soit il accepte de comparaître pour homicide involontaire, soit il sera reconvoqué aux calendes grecques.

Parallèlement à cela, la procédure d'expertise médicale faite par l'assureur est un scandale absolu. Vous avez rappelé, dans le résumé des faits, les conditions d'intervention de l'expert, ses remarques et le temps mis pour déposer son rapport. Nous avons compris, sans même votre aide, que l'assurance jouait la montre. Clairement, l'assureur attendait que Jean-Jacques meure pour ne pas avoir à payer la maison adaptée et le personnel soignant. D'ailleurs, l'inspectrice de l'assurance, présente à l'expertise, avait tenté de nous dissuader de faire ainsi, nous conseillant de placer notre frère en centre. Forcément, ça leur coûte moins cher. Eh bien, ils seront contents, et leurs actionnaires avec, puisque Jean-Jacques n'est plus. Nous ne pouvons pas nous empêcher de croire que le champagne a été sablé lorsqu'ils ont appris la nouvelle.

En outre, nous avons été particulièrement choquées que l'expert conclue à un handicap à hauteur de 85%. Notre frère ne pouvait plus rien faire. C'est quoi les 15% restants?

Nous sommes vraiment en colère. La manière dont nous avons été traitées par le médecin expert, la justice et l'assurance est révoltante, scandaleuse et indigne de la France.

Quels sont vos griefs contre l'assurance?

Son dédain à tous les niveaux. On nous a dit de manière claire et sans équivoque que nous n'avions pas «*gagné au Loto*». On nous a regardées comme des gens qui voulions nous enrichir sur le dos de notre frère. Nous avons dû tout justifier. Nous avons été contraintes de demander des attestations aux médecins pour prouver que nous venions bien voir notre frère. Tout cela pour quoi? Pour calculer, à l'euro près, nos frais kilométriques.

Jean-Jacques était sous ma tutelle (Nadine). J'ai dû refuser de travailler parce que cette mission me prenait trop de temps. Je devais aussi gérer son entreprise, et toute sa vie finalement. Lorsque j'ai expliqué que j'avais besoin d'une indemnité, on m'a regardée comme si j'étais vénale. Comme si mon seul intérêt était de m'enrichir.

Nous avions pour but de sortir Jean-Jacques de ces centres de rééducation dans lesquels il est facile d'attraper des maladies nosocomiales ou autres infections. Nous souhaitions simplement le sortir de là. Qu'il ait une maison proche de celle de ma mère, avec un personnel soignant pour s'occuper de lui. Nous désirions simplement améliorer sa vie. Pour son confort. Pour son bien-être. Pour cela, il fallait des sommes d'argent que l'assurance ne pouvait pas nous donner tant que l'état de notre frère n'était pas consolidé. Pardon. Mais, quand nous avons été à l'expertise, Jean-Jacques était consolidable.

Seulement, le médecin avait décrété qu'il fallait attendre de voir quel traitement était réservé à ses infections à répétition. Traduisez : « *Il a de fortes chances de mourir avant qu'on le consolide. On ne va quand même leur donner tout ce fric alors qu'il va crever* ».

À chaque contact que nous avions avec l'assurance – et nous ne parlons pas de tous ceux que vous avez pu avoir, vous –, nous nous sommes senties coupables. De demander de l'aide et d'avoir si peu de considération.

Non seulement l'assurance attendait la mort de Jean-Jacques mais, en outre, elle ne faisait rien pour que cela n'arrive pas. Nous avions besoin de plusieurs centaines de milliers d'euros pour le sortir. Tout a été fait pour ne pas nous les donner. Les chances de survie de notre frère résidaient dans ce projet extérieur. D'une certaine manière, la stratégie de l'assurance a tué notre frère.

Je comprends votre colère et je partage le sentiment que vous avez sur l'assurance. Pour autant, la consolidation ne se justifiait pas vraiment à moins de trois ans de l'accident. C'est l'avis des médecins, et un délai fréquemment respecté...

Je sais. Pour nous, l'état de notre frère ne pouvait plus évoluer. Il est vrai que nous avons du mal à saisir le concept médical de consolidation. Cependant, la manière dont l'assurance nous a parlé tout au long de la procédure nous laisse cette impression qu'elle a fait le choix de la mort.

Ce sont des mots très forts...

C'est un scandale. Il faut que cela se sache. Depuis le décès de notre frère, nous sommes animées d'une telle colère que nous vous demandons de ne pas accepter la moindre proposition, et d'aller chercher le maximum. Non pour que nous puissions « bénéficier » de cet argent qui reviendra à la succession. Mais parce qu'il est hors de question que cette assurance ne paye pas le prix fort. Si cela prend dix ans, et qu'il faut partir à la guerre, aucun souci. Nous sommes guidées par une telle colère que nous ne baisserons ni les yeux, ni les bras, ni les armes.

Et puis, Jean-Jacques n'aurait pas aimé que nous ne nous battions pas. S'il avait été en mesure de nous parler, nous sommes certaines qu'il nous aurait demandé d'aller au bout. Nous le faisons donc surtout pour lui et pour sa mémoire.

Quels sont vos griefs contre l'auteur de l'accident ?

Nous ne savons que peu de choses. Il semblerait qu'il n'y avait pas d'alcool, pas de téléphone. C'est un moment d'inattention qui peut arriver à tout le monde. Nous devons avoir conscience des dangers de la route à chaque seconde où nous posons les mains sur un volant.

Malgré cela, nous avons quelques griefs contre lui. Contre son attitude. Pas un regard. Pas une excuse. Quand il a appris le décès de notre frère, il n'a pas eu un mot. Vous me dites qu'il avait l'air décontenancé. En tout état de cause, il ne nous l'a pas fait savoir.

Que retenir de votre témoignage ?

C'est lent. La justice est trop lente. Il a fallu un an et demi pour avoir une audience durant laquelle on nous a jetées dehors parce que «*vous comprenez, il y a des dossiers plus urgents*». Pensez-vous que le tribunal vous ait écrit pour vous prévenir ? Non. Vous l'avez justement fait remarquer. Nous faisons mille kilomètres pour nous entendre dire que la justice a mieux à faire et que nous devons être «*patientes*».

Nous avons également eu le sentiment de n'être rien ni personne. Nous sommes à la merci du bon vouloir des assureurs et des juges.

Nous aimerions également que Jean-Jacques ne soit pas mort pour rien. Nous souhaitons tenter de faire bouger les choses. Les souffrances des familles doivent être mieux entendues, mieux relayées, mieux prises en considération. Nous souffrons déjà bien assez de la perte de l'un des nôtres pour ne pas avoir à subir l'humiliation de devoir demander des choses qui paraissent évidentes. Il faut réformer toute loi qui donne trop de pouvoir à l'assurance et accélérer les processus judiciaires pour que cette lenteur ne profite plus aux plus puissants. C'est l'impunité. Ils font ce qu'ils veulent.

VII

Patrick

18 novembre 2020. Ce passionné de moto rentre chez lui. Il ne le sait pas encore, mais dans quelques secondes, le destin va le frapper.

Lui, c'est Patrick, père de deux grands enfants handicapés. Pour subvenir à leurs besoins, il travaille deux fois plus que les autres. Pompes funèbres le jour. Usine le soir. À quelques mètres de son domicile, Patrick suit un véhicule qui ne va pas mettre son clignotant. Patrick arrive, mais le conducteur va donner un coup de volant sur sa gauche pour faire demi-tour. Patrick percute la voiture de plein fouet, passe par-dessus le capot, glisse sur des dizaines de mètres et se retrouve coincé sous une voiture stationnée. L'accident est très spectaculaire. Les blessures sont graves. Patrick passe cinq jours dans le coma. Sa jambe est écrasée. Il ne la retrouvera jamais. Très rapidement, il est amputé.

Pendant plusieurs mois, Patrick est hospitalisé en centre de rééducation. Il laisse son épouse, Daniela, et ses grands enfants handicapés dans leur maison à étage. Chaque soir, avant le drame, Patrick portait ces derniers pour les coucher. Il ne peut plus le faire. Il est seul dans son centre. Rempli d'une culpabilité que les victimes ressentent. Ce même sentiment qui n'habitera jamais le responsable de l'accident. Déchirement de plus pour la famille, il est devenu impossible, pour Daniela, de garder les enfants à domicile. Impossible de tout gérer. Impossible de les porter. Impossible, aussi, de payer les factures qui s'accumulent. L'épouse de Patrick doit retrouver un travail à mi-temps et se séparer des enfants, pour les placer en centre spécialisé. Ils étaient quatre à la maison. Daniela finit toute seule. Sans ses hommes. Face à son destin.

L'épouse de Patrick dépose plainte au commissariat de Reims pour blessures involontaires. Pendant plusieurs mois, rien ne se passe. Le dossier est pourtant suivi par une association d'aide aux victimes implantée au tribunal. Résultat: l'indemnisation de la victime est impossible. Aucune provision n'est versée. L'assurance se retranche derrière l'absence de constatations officielles permettant de déterminer les responsabilités.

C'est le moment que choisissent Patrick et Daniela pour me contacter. Voilà dix mois que l'accident a bouleversé leur vie. Et rien. Pas un euro. Pas de procès. Pas de réponse. Cerise sur le gâteau: l'assurance laisse entendre que la victime aurait circulé trop vite. Un partage de responsabilité est sous-entendu. J'écris immédiatement au procureur de la République de Reims pour lui demander de se saisir du dossier et de se le faire « remonter ». Je lui rappelle que de la célérité de sa réponse dépend la procédure d'indemnisation de cette victime. De ces victimes. Je prends également contact avec le commissariat pour tenter de sensibiliser l'officier de police judiciaire. Je sais que les policiers n'ont pas obligation de me répondre. Mais, dans le Nord comme ailleurs, j'arrive bien souvent à glaner quelques informations ou à sensibiliser les forces de l'ordre d'accélérer l'enquête. Réponse: silence. Rien. Je relance le procureur par mail. Rien. Comment expliquer à cette famille, et à ce pauvre monsieur, que la justice de son pays leur tourne le dos? Comment justifier que la justice, à laquelle je participe, ne leur apporte aucune réponse?

Je n'ai pas d'autre choix que de contacter les journalistes locaux. Je comprends que la justice soit débordée, mais le mépris, ça, je ne peux pas l'accepter. Laisser des victimes dans cette situation m'est insoutenable. Je donne donc une interview au vitriol au journal *L'Union*. Le journaliste me demande si je vois un souci à ce qu'il appelle le procureur pour avoir une contradiction. Bien au contraire, c'est ce que j'espérais. Quelques jours après la parution de l'article, je reçois un mail du procureur lui-même. Il fait remonter le dossier. Je suis soulagé, mais je finis ma lecture, déçu. Le magistrat m'écrit qu'il renvoie la procédure en enquête pour avoir davantage d'informations. Il est sérieux, là ? Un an que la procédure dort. Et il veut que cela reparte pour quatre mois ? Je lui demande, au moins, la rédaction d'un PV d'étape qui permettrait d'exclure la responsabilité de mon client. Rien. Je sollicite la copie de la procédure, même partielle. Rien.

Pendant ce temps, je demande la tenue d'une expertise médicale. Si nous ne pouvons pas avancer sur la question des responsabilités, au moins pouvons-nous éviter de prendre du retard sur ce plan. Aussi, une fois l'expertise effectuée, pourrons-nous demander une provision importante quand les responsabilités auront été tranchées.

Quelques semaines avant l'expertise, Patrick est autorisé à rentrer chez lui. Alors que ce retour doit rimer avec soulagement et bonheur, il est source de déception et de colère. Patrick ne peut pas rester près de ses proches. Son fauteuil roulant ne passe pas le couloir de l'entrée. Aussi, pour entrer dans son salon, doit-il se lever à cloche-pied et se débrouiller. Sa chambre, à l'étage, doit être déménagée au rez-de-chaussée entre une armoire et un lavabo. Son logement est inadapté. Tout le monde le sait. Mais personne ne peut rien faire tant que l'enquête n'a pas rendu son verdict. Du pourcentage de responsabilité dépendront les sommes débloquées pour déménager.

L'expertise médicale se tient à son domicile. Mon médecin-conseil et mon ergothérapeute-prothésiste sont là. En face, l'assurance s'est déplacée avec son médecin, son ergothérapeute, son prothésiste et son inspecteur, un homme aussi rond que sympathique. L'expertise suit son cours jusqu'à ce qu'un incident se déroule. J'en suis à l'origine. Le médecin de l'assurance pose des questions à Patrick en tentant de le piéger. Ce dernier dit qu'il a beaucoup de mal à dormir et indique prendre de la mélatonine. Le médecin lui demande, avec une fausse innocence coupable, combien il prend de gélules le matin. Question fourbe au possible. Le médecin n'ignore pas que ces pilules ne se prennent que le soir. Sa question vise clairement à s'assurer que mon client ne ment pas. En soi, pourquoi pas ? Mais la méthode utilisée me débecte. Je laisse passer. Quelques secondes plus tard, l'expert minimise les séquelles de Patrick. Je m'énerve. Je lui demande de retrouver un peu d'objectivité. *« Monsieur l'expert, souhaitez-vous que l'on prenne quelques minutes de pause afin de retrouver votre objectivité et relire votre serment ? Je sais bien qui vous paye mais, de grâce, faites au moins en sorte que la victime pense que vous êtes neutre ».* Il me crie dessus et menace de partir. Je le renvoie encore à son serment. S'il part, j'écris au Conseil de l'ordre dans la foulée. Il finit par rester en me demandant de ne plus l'interrompre. Je ne le ferai plus. Il retrouve une objectivité certaine, ce que son rapport confirmera. De ce dernier, je retiens que personne ne conteste l'évidence : Patrick doit déménager. Et vite. Reste à savoir ce que l'assurance nous donnera. Paiera-t-elle le nouveau logement en entier ? C'est mal parti. Son ergothérapeute essaie de nous vendre du mètre carré. Concrètement, il nous propose d'indemniser les mètres carrés supplémentaires prévus pour faire face à la nouvelle situation. La victime jouissait d'une surface de $90m^2$. Elle a besoin de 130 m^2. On lui paie la somme correspondant à « 40 x le prix du mètre carré ». Ce que ne sait pas l'assurance, puisque je ne suis pas encore très connu en la matière, c'est que je suis un bosseur. Avant de venir, je me suis avalé des années de décisions de jurisprudence pour savoir quoi demander. Pas de chance pour l'assurance, je sors une dizaine de jugements et arrêts qui imposent le paiement d'un nouveau logement. J'indique donc à mon aimable contradicteur que nous avons quelques terrains en vue et que nous souhaiterions faire construire dessus. L'horreur pour lui. C'est l'hypothèse la plus coûteuse.

Trois mois et vingt jours après le mail du procureur de la République, je lui écris pour savoir où est l'enquête. Il me répond qu'il lui reste onze jours… Ambiance. Onze jours plus tard, toujours rien. Je peste. Je rassure Patrick de mon lieu de vacances. Je veux qu'il sache que je ne lâcherai pas. Quelques jours plus tard, j'obtiens enfin une réponse. L'auteur est finalement poursuivi devant le tribunal correctionnel. Aucune faute n'est reprochée à Patrick. Rien. Je reçois le dossier. Il contient une vidéo de l'accident. Je me force à la regarder. L'auteur se moque du monde. Il n'a pas mis son clignotant et a clairement fait un demi-tour dangereux. Cependant, je trouve que mon client arrive vite. Très vite. Trop vite ? En soi, il m'importe peu que Patrick puisse avoir commis une faute. Ce qui me préoccupe, c'est que personne ne la relève et me l'oppose.

Désormais, la priorité est d'avoir une indemnisation provisionnelle à la hauteur. Le couple doit déménager dans les plus brefs délais pour que Patrick puisse enfin être heureux de rentrer chez lui. La négociation s'installe. Comme attendu, l'inspecteur propose de prendre en charge des mètres carrés. Je lui réponds que j'irai chercher l'indemnisation avec les dents, et jusqu'au dernier centime si nous partons sur cette base. Il me propose de lui soumettre des annonces immobilières pour discuter d'une somme. J'avais anticipé cette requête. Grâce aux contacts de mon ergothérapeute, qui est un régional de l'étape, nous avons pu visiter plusieurs biens immobiliers parfaitement adaptés à Patrick. Je soumets donc plusieurs annonces. Le client en adore une, moins coûteuse que les autres. Qu'à cela ne tienne. Je les défends toutes. L'assurance souhaite retenir la moins chère. J'insiste pour avoir la plus chère. L'idée est d'obtenir une médiane. Finalement, et parce qu'il fallait se positionner très vite sur le bien préféré, j'accepte une indemnisation permettant à Patrick de payer le bien qui lui convient. Pour compenser, je négocie l'obtention d'autres provisions importantes concernant les autres postes de préjudice. Certains diraient que c'est une négociation à la baisse. Ce n'est pas mon avis. Le but de Patrick n'est pas de s'enrichir ou de « se faire de l'argent sur le dos de l'assurance ». Lui, il est heureux, il vit dans une maison adaptée à son handicap, auprès de sa femme et de ses enfants.

Après cette première victoire vient le temps du procès pénal. Je préviens Patrick et son épouse que je ne veux pas être un procureur bis. Je ne suis pas là pour sortir de mes gonds et démonter le prévenu. Cela ne doit pas m'empêcher de lui poser des questions gênantes et de défendre leurs intérêts. Le dossier est appelé. Le prévenu est connu de Patrick. C'est un jeune homme qu'il côtoie depuis plusieurs années. Sa mère et Patrick sont des amis d'enfance. Quand je demande à mon client ce qu'il attend du procès, il me dit : «*J'aimerais juste qu'il reconnaisse ce qu'il a fait et qu'il me présente des excuses. Je ne veux pas qu'il prenne une sanction trop lourde. Cela peut arriver à tout le monde.*» Une fois encore, je suis admiratif de la sérénité de cette victime. Pas de haine. Pas de colère. De la compréhension, presque de la compassion. Le procès commence. La présidente demande au prévenu d'expliquer l'accident. Il répond qu'il a voulu tourner à gauche, en mettant son clignotant. Il affirme que Patrick est arrivé à toute vitesse, qu'il ne l'a pas vu venir et qu'il «*a été percuté par le motard*». Première question et première très mauvaise réponse. Voilà qu'il nous explique que la victime, c'est lui. Émotion dans les rangs. Je n'ai pas le temps de soutenir Patrick du regard que la présidente montre son agacement. Elle demande au prévenu s'il maintient sa position. Je sens qu'elle bouillonne. Il réitère. «*Bien, on va regarder la vidéo, Monsieur. On va voir comment cela s'est passé. Monsieur P, si vous ne voulez pas regarder, je comprends. Je ne mets pas le son*», prévient la présidente. La vidéo, je la connais. Je sais que le prévenu ment. Mais je crains que l'avocat de l'assurance, également présent, n'en profite pour contester le droit à indemnisation de mon client à cause de la vitesse de la moto – que personne n'a relevée dans la procédure. Tout le monde a les yeux rivés sur les écrans. Les parties. Le tribunal. La salle. Les quelques secondes qui précèdent la projection sont teintées de stress et de voyeurisme. La vidéo donne directement sur l'intersection. Au bout de quelques secondes d'attente, le véhicule du prévenu se montre. Arrivé à l'intersection, on le voit faire une courbe sur la droite, comme pour tourner dans la rue, puis revenir à gauche pour faire demi-tour. Trois, deux, un… la moto entre le champ. Rapidement. En moins de trois secondes, on y voit Patrick être projeté loin. Heureusement, il n'y a pas de son. Mais chacun imagine le vacarme. Dans la salle, le moment du choc est accompagné d'un brouhaha d'effroi. Patrick ne veut pas voir. Tout le monde le regarde. Avec compassion. Avec admiration aussi. Malgré l'évidence, le prévenu nie toujours ne pas avoir fait de courbe sur la droite. Surtout, il met en avant la vitesse de la moto. La présidente passe quelques minutes à essayer d'obtenir un changement de positionnement, une reconnaissance ou encore des excuses. Rien. Ni sa colère légitime ni son adoucissement n'y font. Le prévenu s'enfonce inexorablement. Juste devant moi, Patrick ne réagit pas. Il est d'une grande dignité.

La présidente lui demande s'il souhaite s'exprimer. Patrick roule vers le micro. L'huissier s'approche pour le baisser vers son visage. Mais Patrick, lui, demande de pouvoir se lever. Il veut répondre au tribunal debout. Il souffre. Mais debout. C'est un moment très fort. Le caractère de ce garçon est exceptionnel. Je lui pose quelques questions. Je le fais parler de son parcours de rééducation. Son épouse écrase larme sur larme. Il prend le temps de la remercier pour tout ce qu'elle fait depuis plus de dix-huit mois. Quand je lui demande ce qu'il attend du procès, il me confirme qu'il souhaiterait des excuses du prévenu. Rien de plus. Il espère même que le tribunal ne l'enfoncera pas « *Je l'ai connu gamin, le petit. Je ne veux pas qu'il prenne une lourde peine.* » Voilà que la victime devient le meilleur avocat de son bourreau. Il faut dire que ce dernier en avait bien besoin.

Quand le prévenu revient à la barre, je m'avance vers lui avec deux ambitions : qu'il énerve le tribunal, d'abord, et qu'il présente des excuses ensuite. Évidemment, il tombe dans le piège. Il s'estime victime de Patrick, ce qui agace profondément tout le monde. Je lui explique que son assureur, premier intéressé à l'invocation d'une faute, ne conteste pas l'absence de vitesse excessive. La seule personne qui y avait intérêt juge qu'il n'y a qu'un seul fautif. Pourquoi continuer ? Et quand bien même Patrick serait responsable en partie, le prévenu ne pourrait-il pas balbutier quelques mots agréables ? Je lui explique qu'il pourrait présenter des excuses sans pour autant que cela l'empêche de plaider une relaxe. Regretter l'état de Patrick, qui ne lui en veut pas, qui lui trouve des excuses, rien que cela… Nous n'aurons rien. Je n'obtiendrai rien. Tout le monde aura tout tenté.

Vient le temps de ma plaidoirie. Évidemment, ce prévenu m'énerve. Je le trouve inhumain. Sans compassion. Sans sentiment. J'ai envie d'être d'une très grande brutalité verbale. Cependant, l'espace de quelques instants, je vais essayer de ne pas me laisser emporter, espérant encore obtenir ce que Patrick est venu chercher : *« Madame la Présidente, l'être humain est surprenant. Il force l'admiration, comme Patrick. Il déçoit, comme le prévenu. Les êtres humains comme Patrick ne sont pas légion. Ils sont rares. Ils sont bouleversants. Tant de souffrances endurées. Et si peu de volonté vengeresse. Il est de mon devoir, à l'instant T, de ne pas écouter mon cœur, de ne pas me laisser aller à la colère que personne ne me reprocherait. Je veux être, dans les instants qui suivent, à la hauteur de mon client. La hauteur de son mètre quatre-vingt-cinq. La hauteur de cet homme qui a fait le choix de se tenir debout. Voyez-vous, Monsieur D ? Patrick est un homme debout. Patrick est un homme remarquable. Patrick est un homme digne. Tout ce que vous n'êtes pas aujourd'hui. Mais au fond, je vous comprends. Je sais, parce que je suis fils de psychanalyste et parce que je suis, de temps en temps, de l'autre côté de la barre qu'il est impossible de s'avouer l'inavouable. Lorsque vous avez regardé la vidéo, vous n'avez manifesté aucune émotion. Même vos yeux ne se sont pas baissés. Je me suis alors demandé de quelle pierre votre cœur était fait. Et puis, j'ai compris. Qu'il était impossible que vous puissiez être aussi insensible à la souffrance de Patrick. Que ce n'était pas humain de ne pas présenter des excuses. Alors, au lieu de penser que vous seriez le pire de ceux que j'ai croisés ces derniers mois, je préfère croire qu'il vous est impossible d'admettre. Admettre que, si, vous avez mis un coup de volant à droite. Puis à gauche. Admettre que, si, ce monsieur, que vous connaissez depuis que vous êtes gamin a failli mourir. Admettre que, oui, vous êtes responsable de ce fauteuil. Que oui, Monsieur, vous êtes coupable de ses souffrances. C'est trop dur pour vous. Ou alors, c'est une position qui vous est dictée par votre avocat. Si c'est le cas, n'hésitez pas à venir nous voir une fois l'audience terminée. Nous serons là. Près de la sortie. Si vous retrouvez votre cœur, pour ne pas dire autre chose, offrez à cet homme qui prend votre défense depuis plusieurs minutes, ce qu'il attend. Un regard. Une poignée de main. Un pardon. Profitez de la main qu'il vous tend. Parce que, viendra le jour, Monsieur, où votre inconscient ne supportera plus de mentir. Et ce jour-là, vos regrets seront multipliés. Vous vous rendrez compte que, après lui avoir fait perdre sa jambe, vous lui aurez brisé le cœur. Et cette blessure, Monsieur, aucun professionnel ne pourra rien y faire.* »

Le procureur s'inscrit dans les pas de mes remarques. Il sollicite une peine importante. Mais pas d'emprisonnement.

La plaidoirie de la défense conclut ce procès. Je finis avec une impression gênante. Mon confrère plaide la faute de la victime. Faute qui n'existe pas. Je termine ce procès, persuadé que le prévenu n'a pas osé présenter des excuses pour ne pas « gêner » la plaidoirie de son conseil.

Le tribunal le condamne.

Nous attendons l'auteur avec un espoir naïf. Il ne viendra pas. Patrick est déçu. Cependant, très rapidement, l'optimisme revient. Ce qui compte, pour Patrick, c'est sa vie à venir. C'est la reprise de la marche avec sa prothèse. C'est la nouvelle maison, adaptée en tous points. Il prend le bonheur où il est, Patrick. Parce qu'il est comme ça. Il est optimiste. Tellement qu'il souhaite reprendre la moto. Contre l'avis de tous, médecins compris. Je ne peux empêcher un homme de rêver.

Entretien avec Patrick

Quelle était votre vie avant l'accident ?

Avec mon épouse, nous avons deux enfants en situation de handicap. Ma femme se privait de beaucoup de choses pour s'occuper d'eux. Du coup, pour subvenir aux besoins de tout le monde, j'avais fait le choix d'avoir deux professions : technicien en logistique et employé des pompes funèbres. Quelques semaines avant l'accident, j'ai été licencié de mon premier travail pour raisons économiques.

Quels souvenirs avez-vous de l'accident ?

Nous sommes en novembre 2020. J'ai quarante ans. Je ne me souviens de presque rien. J'ai des souvenirs avant. J'appelle ma femme pour lui dire que je prends la route. J'ai quelques flashs visuels et auditifs. J'entends une voix me dire : « *Ne bougez pas.* » Je me souviens d'une intense douleur au niveau des jambes. De hurlements. De quelqu'un qui découpe ma veste. Je me souviens d'avoir demandé au conducteur pourquoi il avait fait demi-tour. Puis, rien d'autre jusqu'à mon réveil six jours après.

Vous voulez nous raconter ?

Je passe six jours dans le coma. Depuis, j'ai compris que c'était pour m'éviter d'importantes souffrances. Lorsque je me réveille, plusieurs médecins sont autour de moi. Je suis assez peu éveillé. Je ne comprends pas tout. Je vois rapidement des barres qui sortent de mes jambes. Immédiatement, je me dis que je suis « *mal barré* ».

C'est l'expression que vous utilisez alors que vous avez des barres dans les jambes ?

Oui. Je ne sais pas si je l'ai fait exprès. Mais c'est tout à fait mon humour *[rires]*.

Et après ?

Je me rendors. Avec le recul, je me dis que je n'avais pas envie de voir, savoir ou comprendre. Le lendemain matin, je n'ai plus de barre que dans une seule jambe. C'est un soulagement. Je reprends mes esprits. Le médecin m'explique pourquoi je suis là. Et, assez rapidement, il m'indique qu'une jambe pose problème. Il me place devant deux hypothèses : l'amputation ou l'arthrodèse. Évidemment, je réponds que je veux garder ma jambe. Puis je comprends que la seconde solution reviendrait à ne plus pouvoir la plier. Je ne pourrais plus monter dans une voiture normalement. Toute position assise normale serait impossible. Tout escalier serait un obstacle infranchissable. Ce serait aussi l'abandon de la moto.

Comment avez-vous appréhendé ce dilemme ?

Mon premier réflexe est de vouloir demander à mon épouse ce qu'elle en pense. Mais je n'ose pas. J'ai peur qu'elle soit effrayée par tout cela. J'occulte complètement qu'elle veille sur moi depuis six jours. Elle me dit que la décision m'appartient tout en m'assurant de tout son amour et de son soutien sans faille.

Je passe la nuit. Je ne dors quasiment pas. D'abord, il faut se remettre de l'annonce. Ensuite, il faut choisir entre la peste et le choléra. Toutes les heures, je change d'avis. Et à chaque fois, je me dis que je n'en changerai plus. Vient le matin. Je repense à ma femme. Elle ne m'a jamais vu malade, ou alité. Elle sait que je suis un battant. Je ne me vois pas être privé de tout au prétexte que j'aurais la jambe bloquée. D'un autre côté, avec mon poids, j'ai peur de ne pas supporter la prothèse. Je pèse donc le pour et le contre. Je décide de me faire amputer. Avoir une jambe en moins est effrayant. Mais je sais que je pourrai avoir des prothèses. J'apprendrai à m'en servir. Je veux être un homme debout. Pour ma femme. Pour mes enfants. Pour moi.

Comment l'annoncez-vous au médecin ?

« *Allez-y. Coupez la jambe.* » Voilà ce que je lui dis. C'est certainement la phrase la plus compliquée que j'ai dite dans ma vie. Même le « *oui je le veux* » de la mairie a été plus simple *[rires]*. Ce qui me choque, avec le recul, c'est le regard du médecin. Dans ses yeux, j'ai vu de la peine. Je lui ai simplement demandé une faveur : que cela aille vite. Je crois que je ne voulais pas être exposé à la torture mentale de plusieurs nuits de doute. Le lendemain, j'étais opéré.

Quel chemin avez-vous parcouru depuis ?

Cela n'a pas été simple. Mais j'ai toujours tout fait pour garder ma bonne humeur.

À ma sortie d'hôpital, je me sens le cœur lourd, mais plus léger. Une jambe en moins, cela se voit sur la balance *[rires]*. Je vais directement en centre de rééducation. Cela dure huit mois. De toute manière, je ne peux pas rentrer chez moi puisque mon logement n'est pas adapté. Et puis, nous subissons la pandémie. Pendant six mois, je ne vois pas mes enfants. Un jour, on gruge. Je sors du centre en fauteuil. Mon épouse passe en voiture, avec les enfants à l'intérieur. Je peux les voir, les sentir, les toucher. Une bouffée d'oxygène nécessaire. Ils me manquaient tellement. Et je ressentais une telle culpabilité de leur infliger cela. Rien ne leur a été épargné depuis qu'ils sont nés. Mon épouse et moi sommes leurs piliers. Et voilà que je m'effondrais. J'espère qu'ils n'ont pas trop souffert de mon absence et qu'ils ne me tiendront pas rigueur de mon état.

Physiquement, je récupère bien. Ça va assez vite. J'apprends à me servir de la prothèse, mais je compense énormément avec l'autre jambe. Les douleurs sont très importantes. Je passe des examens. Une greffe osseuse doit être faite. Retour à la case départ. Hôpital. On me coupe un bout de tibia. On me remet des barres dans la jambe. Je reste hospitalisé huit mois de plus. Au bout de ces interminables semaines, j'apprends que la greffe a été rejetée. 244 jours d'attente pour rien. Je dois tout recommencer.

Mentalement, c'est...

Horrible. L'ascenseur émotionnel est dur à gérer. Quand je suis entré en rééducation la première fois, j'ai tourné le dos à ma vie d'avant pour écrire un nouveau chapitre. J'étais, malgré tout, optimiste. Je me disais que j'avais échappé à la mort. Et qu'une prothèse ça ne devait pas être la mer à boire. Je me suis investi à fond avec des résultats probants à la clé. Alors, quand il a fallu tout recommencer, c'était comme avoir l'accident une seconde fois.

Et puis, je suis un homme pressé. Je suis un hyperactif. J'ai besoin de bouger. Partout. Tout le temps. Deux ans d'immobilisation, cela m'a rendu fou. Cela m'a surtout rendu gros *[rires]*. J'ai pris beaucoup de poids. Certains cachets font gonfler également. Bien qu'étant très accompagné par mon épouse et mes enfants, je me suis senti très seul. Trop souvent.

Vous n'avez pas eu de suivi psychologique ?

Si. À l'hôpital, j'ai vu un psychologue une heure trente par semaine pour parler un peu. J'ai appris que c'était assez rare. Depuis que je suis rentré à la maison, je n'en ai plus. J'attendais aussi beaucoup du procès. Psychologiquement, je m'accrochais à cela.

Qu'attendiez-vous de ce procès sur le plan psychologique ?

Des excuses. Pas grand-chose de plus. J'attendais un « *Pardon. C'est un accident. Je te présente mes excuses. Je n'ai pas réussi à le faire avant. Je suis là pour toi si tu as besoin* ».

La particularité de l'auteur, c'est que je le connais depuis qu'il est petit garçon. Sa mère et moi sommes amis d'enfance. Nous étions à l'école ensemble. Nous les avons déjà hébergés à la maison. Nous avons passé des soirées ensemble. Cela a rendu la chose plus compliquée encore. Il était difficile d'être en colère ou dans la haine. Cependant, il existait un sentiment d'ingratitude, voire d'injustice. J'étais prêt à pardonner. Je lui ai tendu la main. Il m'a craché dedans. Malgré cela, j'ai tout fait pour qu'il n'aille pas en prison. Je ne voulais que sa vie soit gâchée à cause de cet accident. Il n'a que vingt-deux ans. Le procès arrivant, j'étais convaincu qu'il me présenterait des excuses. Au moins pour se faire bien voir du tribunal. Je ne m'attendais vraiment pas à ce qu'il s'enferme dans cette posture méprisante et lâche.

Comment expliquez-vous ce comportement ?

En étudiant le dossier avec vous, j'ai compris qu'il nie avoir commis une faute. Il n'admet pas avoir fait un demi-tour. Sa position est simple : il a respecté le Code de la route, et je lui ai foncé dessus. Cette position l'a empêché de formuler des excuses. Cependant, il aurait pu m'appeler ou venir me voir avant le procès. J'aurais évidemment pris ses excuses et n'aurais pas dévoilé le contenu de notre discussion si telle avait été sa demande.

Dans le dossier figure une vidéo de l'accident. Le jour du procès, elle est projetée. Je n'ai pas la force de regarder. Cependant, je comprends que les choses sont claires : il a bien fait demi-tour. Il ne réussit pas à l'avouer malgré les évidences. Là, je ne comprends pas. Mon épouse et moi vivons mal cela. Je la vois pleurer. Cela me fait mal au cœur. Avec le recul, nous avons compris qu'il existait trois hypothèses. La première tend à penser qu'il ne peut pas accepter ce qu'il a fait, qu'il est dans le déni. S'excuser reviendrait à admettre l'état dans lequel il m'a mis. La deuxième tend à dire que son avocate lui a demandé de ne pas présenter d'excuse. Je ne trouve pas cela bien malin. Il aurait très bien pu présenter des excuses tout en plaidant la relaxe. Enfin, la troisième tend à croire que sa mère, qui est très protectrice, lui a dit de ne rien dire. Elle ne devait pas savoir qu'il existait une vidéo de l'accident. Par moments, je l'ai senti perdu. Voire hésitant. J'ai eu le sentiment qu'il avait envie de me parler, mais qu'il s'en empêchait. À d'autres instants, j'ai vraiment pensé qu'il était idiot. Venir dire : *« je n'ai pas à m'excuser, je ne m'excuserai jamais »* ou déplorer le fait qu'il n'a pas pu se racheter de voiture avant un moment à cause des dégâts subis, c'est incroyablement idiot.

Son attitude a donc été, pour moi, un coup de poignard. J'attendais des excuses pour tourner la page et passer à autre chose. Avec le recul, je regrette d'avoir trop attendu ce jour-là. Certes, j'étais heureux que la vérité soit acquise et soulagé de savoir ce qui s'était vraiment passé. Mais je m'en veux d'avoir attendu quelque chose de sa part et d'avoir placé mon bien-être psychologique entre ses mains.

Sa condamnation ne vous a pas fait de bien ?

Ce qui m'a fait du bien, c'est d'être reconnu victime et de savoir ce qui s'est passé. Je n'avais pas de souvenirs de l'accident. Je me suis souvent demandé si j'avais pu avoir une part de responsabilité. Avais-je roulé trop vite ? Avais-je été inattentif? Avais-je commis une faute ? J'avais besoin de savoir si j'avais une part de responsabilité.

Pourquoi ?

Là aussi, c'est un sentiment contradictoire. Si j'avais eu une part de responsabilité, j'aurais eu une part de culpabilité. Mais, en même temps, je n'aurais pas pu pester contre la fatalité. Cependant, je n'aurais pas supporté d'être fautif. Pas tant pour moi. Mais pour ma famille. Je leur impose mon handicap. Je n'aurais pas accepté d'être responsable de ce que je leur inflige.

Revenons-en à ce jugement. La vérité vous satisfait. Le comportement du prévenu vous déçoit et vous blesse. Mais la décision, vous en pensez quoi ?

Je suis soulagé qu'il n'aille pas en prison. Même avec son attitude à l'audience, je ne voulais pas qu'il soit incarcéré. Cela peut arriver à n'importe qui de faire une faute d'inattention. Désormais, je regarde les faits avec froideur. Oui, il a commis une faute. Oui, les conséquences sont énormes. Mais je suis motard. J'ai déjà roulé vite. J'ai déjà circulé entre les files. Je sais que, bien que prudent 364 jours par an, je peux commettre une faute bénigne qui provoquera des conséquences dramatiques le 365ᵉ. Méritait-il la prison ? Non, je ne le crois pas. Je ne suis pas comme cela. C'est la faute à pas de bol. Je veux être fidèle à moi-même. Je ne veux pas que l'on restreigne la liberté de quelqu'un qui n'a pas eu de chance. Lui aussi était là au mauvais endroit, au mauvais moment. Son attitude devant le tribunal doit-elle impliquer une sanction plus sévère ? Peut-être. Encore que j'ai appris, avec le temps, que l'on ne sanctionne pas une défense, mais des faits. Et puis, pour dire vrai, je me serais senti coupable de l'envoyer en prison.

Cela fait plusieurs fois que vous dites vous sentir coupable alors que vous êtes victime.

Oui. C'est assez pervers comme sentiment. Je suis victime. Mais je me sens coupable de beaucoup de choses. Plusieurs fois, je me dis que cela ne me serait pas arrivé si j'étais parti quelques minutes plus tôt ou plus tard. Ou si j'avais roulé un peu moins vite. Ou plus rapidement. Je me sens responsable de mon état et du chagrin causé à mes proches. Mais, depuis le procès, j'ai moins cette sensation. Le fait que le prévenu ne se soit pas excusé m'enlève la peine que je pouvais avoir pour lui, et une partie de ma culpabilité. Enfin, la vidéo m'a donné raison. Je sais que je n'ai donc pas à me culpabiliser.

Concernant son permis de conduire, il a été suspendu pendant un an. Cela vous inspire quoi ?

Il serait contradictoire de dire que j'aurais aimé qu'il prenne plus. Ne pas avoir le permis, dans nos régions, c'est une sorte de privation de liberté. Cependant, je suis inquiet. Je pense que ce jeune homme n'a pas du tout compris les dangers de la route. Son absence de remise en question m'interroge.

Vous êtes déçu de la justice ?

Je n'y avais jamais été confronté. J'en attendais donc beaucoup. Comme un idéal. À ce jour, j'ai deux grandes déceptions. La première, c'est le temps que mon dossier a pris. Pourquoi autant ? Pourquoi une telle opacité ? Pourquoi n'avons-nous pas accès à la procédure pendant l'enquête ? Rien n'est mis au service de la victime. Si vous n'aviez pas remué tout cela dans la presse, nous y serions encore. La seconde, ce sont les sanctions prévues par la loi. Il n'y a pas un choix assez large. Et elles ne sont, peut-être, pas assez sévères.

À quoi pensez-vous ?

La justice est un peu légère avec les auteurs. Elle laisse passer beaucoup de choses. Et ce n'est que lorsqu'il y a des récidives que la réponse est forte. Il faut donc penser à des peines qui permettent le droit à l'erreur, mais qui ne sont pas non plus insignifiantes. Une peine de prison avec sursis, ce n'est rien. Une peine d'amende, si elle n'est pas difficile à payer, ce n'est rien. Une suspension du permis de conduire pendant plusieurs mois, ce n'est pas assez. Il faudrait donc qu'il existe des peines contraignantes pour les auteurs, mais qui sont des messages importants adressés aux victimes.

Quels messages ?

La considération de la souffrance des victimes doit passer par une répression à la hauteur. C'est aussi lorsque l'on est victime que l'on comprend que cela n'arrive pas qu'aux autres. Il faut éviter que le condamné du lundi soit le récidiviste du mardi. Il faut tout faire pour que l'innocent du lundi ne soit pas l'amputé du mardi. Mais cela ne passe pas nécessairement par la case prison.

Je souhaiterais que d'autres peines soient créées. J'aimerais que vous vous battiez pour que la loi oblige les coupables à aller dans les centres de rééducation pour voir comment cela se passe. Ouvrons les hôpitaux et les centres. Il faut que les auteurs voient à quel point ce parcours de guérison est difficile. Un peu comme un travail d'intérêt général. Je suis certain que le partage de la souffrance, et la violence de certaines images, ne pourront que renforcer la culpabilité de l'auteur, seul sentiment marquant un homme, pour autant qu'il soit un peu sensible.

Aujourd'hui, vous avez repris le travail ?

Pas encore. Mais c'est un objectif très important pour moi. Je ne peux pas me résoudre à ne rien faire. J'ai perdu trois années. Le travail fait partie de mon éducation. Je m'épanouis aussi grâce à cela. Gagner de l'argent. Le mériter. Ne pas dépendre de la solidarité nationale. Aujourd'hui, je perçois des indemnités journalières qui ne m'emmènent pas bien loin. Heureusement que vous avez gratté des sommes auprès de l'assurance. J'ai bien compris que vous en obtiendrez d'autres qui compenseront mes pertes de salaire. Je n'ai aucune crainte par rapport à cela. Mais je voudrais tellement pouvoir travailler à nouveau. Mon patron m'a dit qu'il m'attendait. C'est une sacrée preuve de confiance. Je ne sais pas si nous pourrons aménager un poste à mon handicap, mais sa reconnaissance est émouvante. Et puis, aujourd'hui, on ne sait pas encore si ma seconde jambe va être sauvée. Cela change beaucoup de choses. Marcher avec une prothèse, ça va. Avec deux, cela semble beaucoup plus périlleux.

Il y a un point positif, c'est votre nouveau logement.

Oh oui ! C'est un soulagement incroyable. Et un très grand bonheur. J'étais tellement malheureux de ne pas pouvoir rentrer chez moi. Le fauteuil qui ne passait pas la porte, la chambre de fortune dans la salle de bains, etc. La maison que vous nous avez aidés à trouver et à financer, c'est un miracle. Comme une récompense de tous les efforts de la famille depuis trois ans. Vous n'imaginez pas le bonheur que cela représente. Quand vous vivez dans un endroit adapté à votre handicap, vous ne pensez plus que vous êtes différent. Quand rien, dans votre vie quotidienne, ne vient vous rappeler l'accident, vous revivez.

Beaucoup de victimes font état d'un sentiment d'injustice face à ce qui leur arrive. Est-ce votre cas ?

J'aurais préféré que cela ne m'arrive pas. Oui, il y a un sentiment d'injustice. Mais je n'aime pas l'évoquer. Je préfère retenir le positif. Je veux aller de l'avant. Je ne suis pas du genre à me plaindre. J'ai beaucoup de respect pour toutes les victimes. Et chacune vit ce genre de drames comme elle le veut, ou comme elle le peut. De mon côté, je n'aime pas être regardé comme tel. Je suis un nouvel homme. Je l'assume. Quand on me voit, je ne veux pas qu'on se dise « pauvre victime », mais « quel homme ! ».

Évidemment, ma vie est bouleversée. Mais je veux vivre une vie normale. Et pour cela, je dois me battre. Je ne peux pas me laisser couler. Je serais seul, peut-être céderais-je à la fatalité ? Mais je dois montrer à mes enfants et à ma femme toute ma reconnaissance pour ce qu'ils font depuis trois ans. Cela passe par le combat. Me résigner serait égoïste. Je leur dois ma guérison, mon bonheur actuel et le sens de ma vie.

Avec votre handicap, faites-vous plus attention à certaines choses ?

Avec mes enfants, je n'ai pas attendu mon accident pour être sensibilisé aux difficultés rencontrées en société par le handicap. Les regards des gens ou les endroits inaccessibles nous empêchent de penser que nous ne sommes plus comme les autres. Pour le moment, les regards extérieurs ne me sont pas encore familiers. Alors, je sors peu. Je suis devenu un peu plus craintif du monde extérieur. Ne pas pouvoir prendre mes jambes à mon cou, comme le dit l'expression, si un danger arrive, est très angoissant. Je me sens vulnérable.

Qu'aimeriez-vous que l'on retienne de votre histoire ?

Mon cas personnel m'intéresse moins que les conséquences qui pourraient être tirées de mon histoire.

Je souhaite que la justice aille plus vite. On ne peut pas laisser une victime sans réponse pendant tout ce temps. Il faut fluidifier les procédures. Les victimes doivent sentir qu'on entend leurs problématiques et qu'elles sont soutenues. Il est nécessaire, aussi, que les auteurs prennent en considération leurs douleurs et leur nouvelle vie. Proposer une peine de « stage » dans un centre de rééducation me tient beaucoup à cœur. Moi je souffrirai toujours du manque de regard de l'auteur sur ma souffrance. Tant de mépris est dur à vivre. C'est une blessure à l'âme.

Vous avez un message à adresser aux auteurs ?

Quoi que vous ayez fait, il est impossible de revenir dessus. Je comprends que vous ayez peur pour votre avenir. Pensez à celui de la victime. Il sera bien plus éprouvant. Présenter des excuses est difficile. Vivre sans l'est encore plus. Et quand bien même serait-il trop compliqué de le faire pendant le procès, n'hésitez pas à demander à votre avocat de pouvoir les exprimer avant ou après. Même si elles peuvent être refusées, les excuses sont une partie des soins que vous nous devez. Et vous en serez fier.

Entretien avec Daniela, l'épouse de Patrick

Comment avez-vous appris l'accident ?

Mon fils rentrait d'une semaine dans son école spécialisée. Je suis donc avec lui, à la maison. Patrick est un peu en retard, mais je ne fais pas plus attention que cela. En tout cas, je ne m'inquiète pas. Le téléphone sonne. C'est la mère de l'auteur des faits. Elle me dit que mon mari a eu un accident, sans m'en dire la gravité. Là, c'est l'angoisse absolue. Je ne peux même pas me rendre sur les lieux de l'accident, à quelques dizaines de mètre de la maison. J'appelle des amis pour venir garder mon grand. Je ne veux pas lui imposer cela. Arrivée sur les lieux de l'accident, Patrick est sur le point de partir dans l'ambulance. Je vois une véritable mare rouge au sol. Je suis choquée. Mon sang se glace. Mes jambes ne me portent plus. J'ai le sentiment que ma vie est en train de changer. Je ne sais rien. Immédiatement, l'auteur me dit qu'il n'a pas vu Patrick en faisant demi-tour. C'est la seule fois qu'il avouera les faits et qu'il présentera des excuses. Tout le temps de la procédure judiciaire, et jusque devant le tribunal, il me traitera de menteuse lorsque je raconterai cela. Je récupère les habits de mon mari dans un sac-poubelle. Je file à l'hôpital. Patrick est déjà en salle d'opération.

Vous êtes tenue informée ? Accompagnée à ce moment-là ?

Non. Quand j'arrive à l'hôpital et que l'on m'informe d'une opération de Patrick, personne ne me dit si son pronostic vital est engagé ou non. Les uns ne savent pas. Les autres m'opposent le secret médical. Cette absence de précision rend dingue et décuple la douleur. L'inquiétude est omniprésente. J'espère que le pire sera évité. Mais je veux savoir. Et si c'est une mauvaise nouvelle, je veux qu'on me la dise. Au bout de quelques heures – peut être moins, mais ça me paraît tellement long –, un médecin me précise la gravité des blessures mais exclut le pire, la mort. Il n'y a pas d'autre accompagnement. Très rapidement, je pense à rentrer à la maison. À mon fils qui m'attend. À comment lui annoncer. Le dire? Le cacher? Pendant combien de temps? Toutes ces questions me plombent. Je décide de rentrer, de gérer et d'attendre quelques jours pour voir comment les choses évoluent.

Patrick nous a parlé de six jours de « sommeil ». Comment vivez-vous cette attente ?

C'est ce qu'il y a de pire, je crois. L'attente. Les minutes sont des heures. Les journées sont des semaines. Je me suis interdit de penser au pire. Je me suis forcée à ne penser qu'au positif. Il n'est pas mort. Il va s'en sortir. Je sais qu'il est une force de la nature. Je me mets à croire à des forces surnaturelles alors que je ne suis pas spécialement croyante. La vie quotidienne ne compte plus. Tout devient accessoire. Je redoute que le téléphone sonne. La dernière fois que j'ai répondu, c'était pour apprendre l'accident. Puis, à l'hôpital, on m'a dit que si j'étais appelée, je devrais venir en urgence. Concrètement, je comprends que si le téléphone sonne, c'est la mort qui m'appelle. Je n'ai pas le courage. Je confie mon téléphone à ma cousine qui est venue me soutenir. Chaque sonnerie entendue est une souffrance atroce. Je suis au bord du gouffre.

Comment réagissez-vous la première fois que vous avez l'autorisation de le voir ?

D'abord, je suis soulagée. Je me dis que le pire est derrière nous. J'y vais donc avec le cœur un peu plus léger. Je ne me suis pas préparée à voir des images dures. Mes barrières de protection étaient tombées. Quand j'arrive dans la chambre, je suis confrontée à l'horreur. Il n'y a pas de pansement sur la jambe de mon mari. Il y a une armature en ferraille avec un drap au-dessus. Je vois tout. Tibia, fémur, tout. La chair à vif, les os, etc. J'aurais préféré être aveugle pendant quelques secondes. Déjà, lorsque j'avais récupéré les clés dans son jean, j'avais plongé la main dans un vêtement imbibé de sang.

Au sixième jour, lorsque Patrick se réveille, comment vivez-vous ce moment ?

Je suis heureuse de le retrouver. Il est définitivement vivant. C'est donc un grand soulagement quand il ouvre les yeux et qu'il parle. Très rapidement, je me dis que je dois lui expliquer sa situation. Que cela sera moins difficile si cela vient de moi. Je le fais. Mais il se rendort très rapidement. Le lendemain, nous évoquerons sa situation et la décision de son amputation. C'est une très lourde responsabilité. Je ne veux pas décider à sa place. J'essaie de réfléchir et de lui apporter tout élément nécessaire à sa prise de décision. Avec le recul, je crois qu'il a pris la bonne.

Patrick nous a raconté les suites : la rééducation, le retour à domicile, les nouvelles opérations, etc. Quelle est votre vie, à vous, pendant ce temps ?

C'est long. Et, en même temps, j'ai tellement de choses à faire et à gérer. Avec son accident, les revenus ne sont plus les mêmes et je dois retrouver un travail à mi-temps. J'espère aussi que cela m'occupe l'esprit. Tous les jours, je pars donc à cinq heures du matin pour aller travailler. Je rentre à midi. Puis je passe l'après-midi à gérer les enfants – avant qu'ils ne soient placés en centre –, les documents médicaux, les informations dont vous avez besoin, etc. Mes journées sont bien remplies. Lors de son premier retour à la maison, je constate que le fauteuil roulant ne passe pas les portes et que Patrick ne peut pas se mouvoir. Là, je panique un peu. Je me demande bien comment nous allons pouvoir faire si nous ne changeons pas de maison. Heureusement, les choses se sont bien goupillées. Bref, c'est long et inquiétant. Je vis, malgré tout, avec l'espoir de le revoir en meilleure forme. Parfois, les gens me demandent si j'ai mis ma vie entre parenthèses pendant ces tous ces mois-là. Je ne crois pas qu'il faille voir les choses comme cela. Patrick a toujours tout fait pour moi, pour nous. Il est normal que je fasse la même chose.

Comment avez-vous vécu l'attitude de l'auteur de l'accident tout au long de la procédure. Nous avons le sentiment que, pour Patrick, la colère et la douleur viennent davantage de cette attitude que de l'accident en lui-même.

Ma colère est encore plus grande que celle de mon mari. Je le trouve bien plus raisonnable. Je suis assez admirative du calme qu'il a gardé. Oui, l'attitude de l'auteur m'a choquée, bouleversée, révoltée et chagrinée. Le fait que nous connaissions bien ce jeune homme nous avait laissé penser qu'il présenterait spontanément ses excuses. C'était pour nous comme une évidence. Qu'il ne le fasse pas a été vécu comme une trahison. Cela m'a donné le sentiment qu'il revendiquait presque le mal qu'il avait fait. Je peux comprendre que cela soit difficile de présenter ses excuses en public ou devant un tribunal. Je peux entendre qu'il n'ait pas osé venir à la maison. La démarche peut être très compliquée. Cependant, au procès, Patrick a réclamé des excuses. Vous avez dit, dans votre plaidoirie, qu'il pouvait venir après, à tout moment, pour s'amender. Il ne l'a pas fait. Mes larmes, à l'audience, ne l'ont pas ému. Il les a vues pourtant. Et puis, il n'y a pas que l'absence d'excuses. Le mensonge est pire. Pendant deux ans, j'ai rassuré mon mari en lui disant qu'il n'avait pas commis de faute et que c'est bien l'auteur qui avait fait demi-tour. Mais un doute subsistait toujours en lui. La projection de la vidéo a été un soulagement. Les choses étaient claires. Je me suis dit que, enfin, l'auteur allait céder. Qu'il n'allait pas pouvoir fermer les yeux devant cette vérité criante. J'ai été bien naïve. Il ne nous a même pas regardés. Pas un regard. Ou un seul, pour me regarder pleurer. Quel mépris! Quelle inhumanité! Je peux vous dire que je suis bien heureuse que vous l'ayez remis à sa place. J'ai bien senti que vous lui auriez bien « taillé un costard ». J'en veux encore plus à sa mère, je crois. Elle était notre amie, encore plus que le gamin. Pas une fois elle n'est venue toquer à la porte. Pas un coup de fil. On aurait compris qu'elle vienne nous voir pour nous dire : « *On vous présente nos excuses. Sincèrement. Devant le tribunal, nous aurons peut-être une position différente, pour les besoins de la cause. Mais je vous assure de notre grand soutien.* » J'aurais adoré qu'elle nous propose une aide quelconque.

Est-ce que la justice vous a apporté la réponse que vous attendiez ?

Non, pour plusieurs raisons.

La première, c'est l'incroyable lenteur que nous avons subie. Où serions-nous, à l'heure actuelle, si vous n'aviez pas remué ciel et terre ? Que se serait-il passé si vous n'aviez pas publié cet article dans la presse ? Nous attendrions encore des réponses. Le procureur renvoie le dossier aux policiers pour effectuer de nouvelles investigations. On perd quatre mois. Pourquoi ? Qu'a-t-il été fait de plus ? Et la date d'audience ? Il s'est passé six mois entre la fin de l'enquête et l'audience. Pourquoi c'est si long ? Pour nous, la vie était suspendue. Nous attendions tout le temps, après tout. Nous attendions les médecins, les soins, les prothèses, les rééducateurs. Nous attendions la consolidation. Nous attendions les bonnes nouvelles qui tardaient et les mauvaises qui pleuvaient. Cette lenteur a aussi eu un impact incroyable sur les sommes à dépenser. Un fauteuil, c'est quatre mille euros. Une prothèse, c'est plusieurs milliers d'euros. Tout n'est pas pris en charge par la Sécurité sociale. Qui paie tout cela ? C'est l'assurance. Sauf que cette dernière ne pouvait rien nous donner puisqu'elle attendait de savoir si Patrick n'avait pas commis de faute. Et pour cela, il fallait que l'enquête soit transmise.

La seconde, c'est la faiblesse de la peine. Je n'ai pas la même vision sage que mon mari. Je l'avais, avant. Mais, avec l'absence d'excuses, je suis sidérée de la faiblesse de la peine. Le comportement de l'auteur au tribunal aurait dû la doubler ou la tripler. Personne ne peut accepter qu'une personne méprise autant ses victimes. Pendant l'audience, il grommelait, il pouffait et fixait ses chaussures pour exprimer son mécontentement. Il n'a fait que parler de lui. De ce qu'il vivait depuis les faits. De la voiture qu'il n'avait pas pu se racheter. Mais nous, qui étions là, à pleurer, à attendre, à sangloter, nous n'existions pas. En ne prononçant pas une peine contraignante, notamment par un bracelet électronique par exemple, le tribunal a nié nos souffrances. Pourtant, l'attitude de la présidente avait été exemplaire. Elle avait manifesté un énervement qui faisait chaud au cœur. Mais, au final, nous sommes victimes deux fois. L'accident d'abord, la clémence de la justice ensuite.

Patrick nous a dit qu'il aimerait obliger les auteurs à venir en centre de rééducation. Vous en pensez quoi ?

Je suis d'accord avec lui. En centre de rééducation ou en soins intensifs. J'aurais voulu que l'auteur ait les images de Patrick intubé et branché de partout. Qu'il puisse voir l'état de sa jambe. Vous savez, j'aimerais que Patrick puisse se tenir nu devant lui. Pour qu'il voie ce que c'est que d'avoir une tige à la place de la jambe. Je voudrais qu'il voie la froide réalité de son œuvre. Il faut arrêter de nous invisibiliser et de nous cacher.

VIII

Samuel
(le prénom a été changé)

Lorsque j'ai donné la parole aux victimes de la route que j'ai accompagnées, toutes m'ont demandé si je ferai témoigner un auteur. Je leur ai répondu que je souhaitais mettre en avant leur combat, à elles, victimes. Que je voulais braquer le projecteur sur elles. Que je désirais, avant même les dossiers médiatiques récents, améliorer leur quotidien, ce que ce livre pourrait aider à faire.

À cette réponse, chacune m'a dit que je ne pouvais pas ne pas donner la parole à un auteur. Mais pas n'importe lequel. Connaître l'état d'esprit d'un homme qui a tué maladroitement les intéressait. Elles m'ont alors demandé de raconter un dossier dans lequel l'auteur n'avait ni bu, ni consommé des stupéfiants, ni roulé trop vite. Certaines m'ont même précisé qu'« *eux aussi étaient victimes d'une certaine manière* ». Je suis subjugué d'entendre cela. Je suis admiratif. Colérique et rempli de passions que je suis, je n'en crois pas mes oreilles devant tant de sagesse.

Alors j'ai repensé à ce dossier de 2017. Samuel est pompier. Qui n'aime pas ces soldats du feu ? Qui n'admire pas leur courage et leur intégrité ? Qui pourrait penser qu'un de ces héros puisse retirer la vie après en avoir sauvé autant ?

Juillet 2017, Samuel se rend au travail. Il connaît parfaitement le trajet. Il sait qu'il devra adapter sa vitesse près de la gare, lieu hautement fréquenté. Évidemment, Samuel n'est pas alcoolisé. Il n'a pas consommé de stupéfiants. Il ne roule pas à une vitesse folle. À proximité de la gare se trouvent des parkings et des travailleurs, inquiets de louper leur train. Le lieu est compliqué. À l'approche du passage piéton, Samuel ralentit et adapte sa vitesse. Il regarde devant. À droite. À gauche. Derrière. À côté. Des piétons traversent devant son véhicule. Il s'arrête et laisse passer. Quelques mètres après avoir redémarré, il renverse un piéton. D'où venait-il ? Comment ne l'a-t-il pas vu ? Cette jeune femme d'une trentaine d'années se rendait au travail. Elle ne reviendra jamais chez elle. Angélique (le prénom a été changé) est percutée. Elle n'est pas projetée. Son corps passe sous la voiture. Samuel s'arrête quelques mètres après. Il tente de lui porter secours, fidèle à son serment. Il prévient immédiatement les pompiers et le SAMU. Malheureusement, rien n'y fait. Il vient de tuer une femme.

L'enquête ne permet pas de savoir si Samuel a percuté la victime sur le passage piéton, ou après. Les vidéos ne montrent pas le choc. Il n'existe pas de traces de freinage probantes, ce qui peut trouver deux explications. Soit Samuel n'a pas eu le temps de freiner brutalement – il faut une seconde au cerveau pour traiter l'information et transmettre au pied le message d'appuyer. Soit sa vitesse était quasi nulle. Il n'a pas été trouvé de témoins directs. Samuel est placé en garde à vue. Il exprime immédiatement de nombreux regrets, et pensées pour la famille de la victime. Il ne cherche pas à se déresponsabiliser. Cependant, il n'arrive pas à expliquer comment se sont déroulés les faits. Il ne comprend pas pourquoi il n'a pas vu la victime. Les gendarmes lui soumettent plusieurs hypothèses. Il tente d'y répondre avec ses souvenirs, et se montre coopérant. Il finit par être relâché et convoqué devant le tribunal correctionnel.

À quelques jours de l'audience, je reçois ce monsieur. Je vois un homme profondément peiné. Sa première réflexion tend à savoir s'il est possible, avant même l'audience, de présenter des excuses à la famille. Je lui réponds que c'est une bonne idée mais que, pour défendre nombre de victimes, la réception d'un courrier ou d'une attention peut être très mal reçue. Il comprend. Cependant, je prends contact avec le conseil adverse pour lui faire part de ce sentiment et de cette volonté, histoire de voir comment pourrait être prise une attention sincère, mais potentiellement maladroite. La famille n'a pas souhaité donner suite. Il respecte cette décision, évidemment. Je lui explique que le dossier contient beaucoup de failles, à commencer par l'absence d'expertise automobile. Lui, les carences procédurales, il s'en moque. Il ne pense pas une seconde plaider une relaxe. Ce qu'il veut, c'est exprimer à la famille tous les sentiments de honte et de culpabilité qu'il a sur le cœur. Certes, il ne comprend pas comment l'accident a pu se passer. Mais il lui est impossible d'adopter une autre position que celle de la culpabilité. Il aurait dû voir la victime. Même si c'était impossible, il rumine cela : «*J'aurais dû la voir.*» Comme si cela pouvait changer la donne. Comme s'il pouvait rendre cette jeune femme à sa famille. Il voudrait pouvoir les consoler, comme il a pu le faire tant de fois comme pompier. Mais c'est impossible. Pour la famille, il reste celui qui a tué leur fille, leur sœur, leur amoureuse.

Le jour de l'audience, coup de théâtre. Le procureur de la République demande un renvoi. Reporter le dossier à quelques mois est inaudible pour les victimes. C'est difficile aussi pour nous. Le parquet bat sa coulpe, indiquant que le dossier ne pouvait pas être jugé sans qu'une expertise automobile soit faite, notamment pour tenter de connaître la vitesse du véhicule. Le parquet savait que j'exploiterai cette faille. Il est dommageable que cette demande n'ait pas été faite plus tôt.

Plusieurs mois plus tard, délai d'attente inacceptable pour les victimes, l'expertise est réalisée. Elle conclut à une vitesse faible, moins de 40 km/h. Les dégâts sur le véhicule accréditent la thèse selon laquelle la victime a roulé sur le capot avant de passer sous la voiture qui s'est très vite arrêtée.

Le jour du procès, Samuel exprime ses regrets les plus profonds. Il indique qu'il lui est insupportable d'infliger cette souffrance à cette famille. Avoir retiré la vie, lui qui s'évertue à en sauver chaque jour, est une épreuve. Il ne le dit pas pour avoir une peine moindre. Sa sincérité transpire. Il fait tout pour expliquer ce qui s'est passé. Malheureusement, il ne peut toujours pas répondre à la question que tout le monde lui pose: «*Pourquoi ne l'avez-vous pas vue?*» Je crois sincèrement qu'il ne l'a pas vue. Évidemment. Sinon, il aurait freiné. Mais pourquoi ne l'a-t-il pas vue? Que faisait-il pour que son attention ne l'alerte pas suffisamment? Pas d'alcool. Pas de stupéfiants. Pas de vitesse. Pas de téléphone. Pas d'endormissement. Il aurait dû la voir, mais le pouvait-il? Cache-t-il une information? Je ne crois pas. Une inattention peut lui être reprochée. Mais comment fait-on, avec deux yeux qui vont dans le même sens, pour voir à cent quatre-vingts degrés? Quand on regarde à gauche, on ne regarde pas à droite. Et réciproquement. Une fois le passage piéton franchi, son attention a-t-elle baissé? Peut-être. En tout cas, c'est ce que retient le tribunal dans le jugement qui le condamne. L'hypothèse d'un choc sur le passage piéton n'est pas retenue. Est finalement reproché à Samuel le fait de n'avoir pas été suffisamment attentif. Les juges considèrent qu'il aurait dû continuer à être hyper vigilant eu égard à la localisation des faits. Deux ans de prison avec sursis sont prononcés.

Oui, une peine d'avertissement contre la détresse émotionnelle causée par la mort d'un proche semble injuste. Rien ne ramène les défunts. Rien ne panse les plaies immenses creusées par l'absence. Quand je défends des familles de victimes, je prends toujours soin de leur expliquer qu'il ne faut rien attendre de la justice pénale. Parce qu'elle est insaisissable. Parce qu'elle est toujours tournée vers l'auteur. C'est le principe du procès répressif. La justice doit apprécier la gravité de la faute originelle. C'est l'effet papillon. Petite cause, grande conséquence. Presque 20% des accidents mortels ne seraient pas en lien avec la vitesse, le téléphone, l'alcool ou les stupéfiants. Concernant ces accidents-là, et surtout lorsque le casier judiciaire ne contient aucun élément, les tribunaux n'envoient pas les gens derrière les barreaux. Je sais, pour vivre ce sentiment avec elles, que les victimes prennent ces peines comme une absence de reconnaissance de leurs souffrances. Je lutte, à chaque fois, pour leur dire que je ne partage pas cette analyse. Quel juge pénal, généralement bien plus sensible aux victimes qu'aux auteurs, pourrait-il nier ces douleurs ? Aucun, selon moi. Trop souvent, les victimes attendent de la justice pénale qu'elle les venge. Ce n'est pas son rôle. Préparer les victimes à cela, c'est tenter d'apaiser le sentiment d'injustice qu'elles ressentiront : celui d'être victime une seconde fois.

Entretien avec Samuel

Vous avez beaucoup hésité avant de parler de votre condamnation dans ce livre.

Oui. Je crois que c'est normal. Je ne suis pas une victime. Je suis un auteur. J'avais terriblement peur que vos lecteurs puissent croire que je me positionnais en victime également, ce que je ne pense pas une seconde.

Je craignais également de ne pas être à ma place. Vous m'avez alors dit qu'il serait intéressant de connaître le sentiment de celui qui retire la vie, même involontairement. Mais, à titre personnel, parler de moi ou de ce que je pouvais ressentir importe peu. Je ne vais pas me plaindre et me complaire alors que les souffrances de la famille de cette jeune femme sont perpétuelles.

Et puis, j'ai compris que ce témoignage était une demande des victimes que vous avez interrogées. J'ai alors accepté. Je ferai toujours tout mon possible pour les servir.

Comment, l'homme que vous êtes, sans parler de votre profession, vit avec la mémoire de ce drame ?

Je ne sais comment vous répondre sans laisser l'impression que je tirerais la couverture à moi. Je vis avec un sentiment de culpabilité intense. Même si je sais, évidemment, que je n'ai pas voulu donner la mort, je ne me le pardonne pas.

Qu'est-ce que vous ne vous pardonnez pas ?

D'avoir ôté la vie à cette jeune femme et de causer d'infinies souffrances à ses proches. Je ne me pardonne pas, non plus, de n'avoir pas évité l'accident.

Mais c'était involontaire.

Oui. Évidemment. Même si je n'ai pas souhaité cet accident, le résultat est que cette femme n'existe plus et que sa famille est endeuillée à vie.

Le tribunal vous a condamné pour avoir manqué d'attention. Le comprenez-vous ?

Oui. Ce qui me déchire, c'est que, avant le passage piéton, j'ai bien fait attention à regarder partout, à réduire ma vitesse, jusqu'à m'arrêter. J'étais complètement *focus* sur ce passage protégé. Lorsque j'en suis reparti, j'ai regardé. Une fois. Deux fois. J'ai accéléré pour dégager le passage. Et là… *[pleurs]*

Vous y repensez souvent ?

Tous les jours. Je passe souvent à cet endroit. Une boule d'angoisse me prend à chaque fois. J'y pense aussi quand je pars sur un accident de la voie publique.

Vous êtes pompier. Vous intervenez souvent sur des accidents de la route très graves, voire mortels. Comment gérez-vous cela ?

Pendant plusieurs mois après l'accident, c'était impossible. Je me souviens de deux interventions faites avant même que je ne sois jugé. En arrivant, mes jambes ne me portaient plus. Elles tremblaient. J'étais sans force. Je ressentais comme une force extérieure qui m'empêchait d'avancer. Il était impossible que je sois confronté à ces images. Avec le recul, je crois aussi que j'avais peur de ne pas réussir à « sauver » les victimes. Comme si je craignais, ne les sauvant pas, d'avoir une responsabilité dans leur décès.

Vous aviez peur, sans le vouloir, d'être responsable à nouveau d'un décès ?

Oui. Le jour de l'accident, j'étais persuadé d'avoir été hyper vigilant. J'étais sûr d'avoir fait tout ce qui était en mon pouvoir pour ne pas que cela arrive. Cela s'est pourtant produit. Pendant de longues semaines, j'ai eu un sentiment d'injustice. Pourquoi moi ? Qu'avais-je fait ? Puis j'ai rapidement compris que la bonne question était : « *Qu'est-ce que je n'ai pas suffisamment bien fait* ? »

Vous vous remettez donc en question rapidement ?

J'aurais dû le faire plus vite. Je crois, avec le recul, que j'ai préféré penser que j'avais fait le maximum. Cela ne veut pas dire que j'accusais la victime. Cette déculpabilisation me protégeait de l'idée selon laquelle j'avais ôté la vie. Moi qui ai toujours voulu être pompier pour aider les gens ou les « sauver », je venais de condamner une femme et une famille. L'idée m'est insupportable. Pour vivre avec, je me disais donc que je n'avais rien à me reprocher. Que le destin avait frappé ce jour-là. Et puis, avec le temps, et même si cela faisait mal de l'admettre, j'ai assumé d'avoir une responsabilité.

Comment se sentir responsable alors que vous sembliez avoir fait tout ce qui était en votre pouvoir ?

Comment voudriez-vous ne pas vous sentir responsable ? C'est moi qui tenais le volant. C'est moi qui ne l'ai pas vue.

Mais pouviez-vous la voir ?

[silence] Je ne l'ai pas vue. J'ai été condamné. C'est donc que le tribunal a considéré que j'aurais pu la voir. Que j'aurais dû la voir.

Ou que vous auriez pu être encore plus vigilant.

Quand j'y repense, c'est vrai que j'ai le souvenir d'avoir fait le maximum de ce que je pouvais faire.

Mais nous sommes humains. Vous n'étiez pas alcoolisé ni drogué. Vous ne rouliez pas vite. Vous n'aviez pas votre téléphone. Vous aviez les deux mains sur le volant. Vous regardiez partout, etc. L'erreur humaine n'est-elle pas compréhensible ?

Je comprends votre raisonnement. Je pars désormais du principe que, même si je n'ai que deux yeux qui vont dans le même sens, j'aurais dû être encore plus vigilant.

Qu'auriez-vous pu faire de mieux ?

Freiner.

Vous savez que le temps de réaction normal d'un humain est d'une seconde. Pas moins.

J'aurais alors dû la voir plus tôt.

La victime est arrivée de la gauche. Vous avez toujours prétendu qu'elle n'avait pas traversé sur le passage piéton, ce que le jugement n'a pas infirmé. Vous faisiez quoi ?

C'est très dur de vous dire ce que j'ai fait seconde par seconde. Le tribunal m'a reproché de ne pas restituer, au dixième de seconde près, ce qui s'était passé. Quand vous ne savez pas que vous allez avoir un accident, votre cerveau ne conserve pas de souvenirs particulièrement précis des secondes qui le précèdent. Ce n'est qu'une fois le traumatisme arrivé que vous êtes capable de vous remémorer les secondes d'après. Mes souvenirs sont donc incertains. Je sais que j'ai laissé passer plusieurs piétons sur le passage. J'ai redémarré. Je pense avoir regardé devant, évidemment. Ai-je regardé à droite et à gauche ? Je ne sais plus. Je crois que, une fois le passage piéton passé, je n'ai pas imaginé qu'un piéton pourrait traverser.

C'est exactement ce que le tribunal vous a reproché. Les juges ont considéré que, bien qu'ayant passé le passage piéton, vous auriez dû être hyper vigilant

puisque vous traversiez une zone dangereuse, avec beaucoup de piétons pouvant être pressés, etc.

C'est pour cela que je vous dis que j'aurais dû faire mieux.

Certains auteurs disent qu'ils sont aussi victimes d'un tel accident. Victime de la fatalité notamment. Pas vous ?

J'aurais préféré que cela n'arrive pas. Je ne peux pas dire que je suis victime. Ce terme est réservé à Angélique et sa famille.

Diriez-vous que vous êtes un « assassin de la route » ?

Je n'ai rien prémédité. Le terme d'« assassin » me fait mal. Après, s'il plaît à ceux que j'ai fait souffrir, j'en accepte le sens.

Trouvez-vous que la peine prononcée à votre encontre soit sévère ?

Assurément non. Elle ne l'est pas. Cependant, j'ai bien compris. Quand je dis qu'elle n'est pas sévère, je veux dire par là que je risquais d'aller en prison. Je ne peux être qu'heureux d'y échapper. Naturellement, je pense que toute personne accusée dans ces circonstances est soulagée de rester libre. Enfin, libre… Je ne serai jamais vraiment libre dans ma tête. Je serai toujours coupable.

IX

Laurine

Avril 2022. Pas-de-Calais. Sortie de boîte de nuit. Route peu éclairée. Pluie battante. Derrière elle, une voiture conduite par une personne déjà condamnée pour alcool au volant quelques mois auparavant. Il est 6h32. Laurine est percutée par-derrière à une vitesse proche de 70 km/h. Son scooter ressemble à une compression de César. Son tibia est éclaté en plusieurs morceaux. Les ligaments croisés de son genou lâchent. Sa mâchoire est sévèrement touchée. Sa tête, bien que casquée, subit un traumatisme.

La conductrice s'enfuit, mais sa passagère, son amie depuis plusieurs années, la force à immobiliser le véhicule. Cette dernière se précipite en courant vers Laurine qui est allongée au milieu de la route, éclairée par les phares d'un camion qui s'est arrêté quelques mètres plus haut. Les secours sont appelés. Pas le temps de constater leur présence que la conductrice décide de remonter dans son véhicule et de fuir. Elle rentre chez elle et cache sa voiture non assurée dans un garage fermé à clé. Sur la route, Laurine a perdu connaissance. Nul ne sait, à cet instant, si elle n'est pas morte. La classe…

Laurine est emmenée à l'hôpital. Elle y restera plusieurs jours après avoir été opérée. Le lendemain, la presse fait écho de son accident. Les réseaux sociaux sont en alerte. La conductrice qui sent l'étau se resserrer autour d'elle, appelle sa mère et sa sœur pour savoir quoi dire et quoi faire. Elle ne veut pas se rendre. En tout cas, pas sans avoir consulté un avocat. La meilleure amie de la conductrice appelle le commissariat. Apprenant que sa copine ne s'y est pas rendue, elle décide de tout raconter. Il lui est impossible de garder ce qu'elle sait pour elle. Tant pis pour cette amitié. Le procureur donne instruction d'aller interpeller la conductrice à son domicile. Plus de soixante-douze heures se sont écoulées depuis les faits. Le dépistage d'alcoolémie est négatif. Logique après autant d'heures à boire de l'eau. Le dépistage de stupéfiants, lui, est positif au cannabis, aux opiacés et aux amphétamines. Pour une raison inconnue, l'analyse qui succédera reviendra négative. En tout état de cause, la conductrice aurait certainement dit qu'elle avait consommé après l'accident, bien conseillé en cela par son avocat. Placée en garde à vue, elle explique qu'elle n'a pas consommé de stupéfiants ni d'alcool. Elle ne comprend pas comment elle n'a pas pu voir Laurine. Elle accuse même sa victime de n'avoir pas eu de gilet jaune (non obligatoire au demeurant). Sur la fuite, elle explique qu'elle a paniqué. Pourquoi ? Son véhicule n'est pas assuré. Et elle sait qu'elle devra payer tous les dommages et intérêts liés à l'accident. La meilleure amie est entendue. Son témoignage apporte bien plus d'éléments. La vérité est en approche. La conductrice aurait bu de l'alcool ce soir-là. Jusque dans la voiture. Un « snap » la montre, dans le véhicule, en train de boire un liquide incolore dans un verre servant usuellement à accueillir de l'alcool fort. Elle n'aurait pas consommé de stupéfiants ; mais se serait amusée à conduire de manière incohérente. Faible vitesse. Forte accélération, etc. Et surtout, elle aurait manipulé son téléphone au moment de l'accident. L'explication de l'accident réside ici. Information bien cachée par la conductrice. Confrontée à ces éléments, cette dernière répond aux policiers qu'elle n'a pas le souvenir d'avoir utilisé son téléphone à ce moment-là et explique que la boisson bue dans la voiture était de la citronnade. Le tribunal appréciera. Chose rare, prix de sa ligne de défense et de sa fuite, la conductrice est présentée à un juge d'instruction. Le ministère public a fait le choix de saisir un magistrat instructeur. Pour faire la lumière. Pour requérir la détention provisoire également, ce qu'il fait. Bien que jeune maman et insérée, la conductrice part en détention provisoire. Cette décision est rare. Très peu de dossiers de blessures involontaires font l'objet d'une telle mesure. Sa fuite, son casier judiciaire, sa ligne de défense, ces deux circonstances aggravantes retenues expliquent certainement ce choix. Quelques jours après son entrée en prison, la conductrice – qui a changé d'avocat et en a saisi un bien plus expérimenté – écrit un courrier à Laurine pour lui demander pardon. La démarche est appréciable bien que la plume semble guidée. Cependant, cette lettre perd tout son sens quand la détenue écrit, le jour même, au juge d'instruction pour solliciter sa remise en liberté, arguant notamment de sa missive à la victime. Je ne sais pas quelle était la réelle volonté de la prévenue. Pas certain que cela fasse meilleur effet. Mieux vaut ne pas s'excuser ? Ou faire semblant ? Deux mois et demi plus tard, la juge d'instruction décide de sortir la conductrice de prison pour la placer sous un contrôle judiciaire strict. Nous sommes en juin 2022. Plusieurs mois plus tard, lorsque Laurine me désigne, je demande la copie du dossier. Deux juges d'instruction se sont succédés. L'enquête n'a pas beaucoup avancé. Les policiers ont entendu des proches de la victime. Pour savoir quoi ? On ne sait pas bien. L'entourage de la prévenue a été entendu. Pour savoir si elle buvait ou se droguait. Cela ne change pas grand-chose dès lors qu'il est impossible de prouver qu'elle avait consommé le jour de l'accident. Les vidéos de la boîte de nuit sont inaccessibles. Les serveurs n'ont pas été entendus. Les comptes bancaires de la prévenue n'ont pas, non plus, été exploités pour savoir ce qu'elle aurait pu payer. Nous sommes en octobre 2022. L'expertise des véhicules n'a pas été demandée. Il aurait été appréciable de savoir à quelle vitesse roulait la voiture. Le juge d'instruction décide de rendre son avis de fin d'instruction et transmettre le dossier au parquet pour connaître ses intentions (renvoi devant le tribunal correctionnel ou non-lieu). Mars 2023, toujours aucune réponse. Voilà cinq mois que la victime attend de connaître la position de celui qui doit être son premier défenseur. Et rien. Côté indemnisation, j'ai saisi le fonds de garantie depuis plusieurs semaines. C'est lui qui fera office d'assureur de la conductrice non assurée. Une fois les fonds versés à la victime, il se retournera contre l'auteur pour réclamer chaque centime versé. Il lui demandera également une majoration. Un an après l'accident, Laurine n'a pas repris le travail. Elle sait qu'elle n'est pas inapte à toute profession, mais son poste lui impose de s'accroupir et de porter des charges lourdes. Ses plaques dans le tibia la font souffrir. Son genou présente une instabilité qui nécessiterait d'être opéré des ligaments croisés. Mais elle n'en peut plus, de ces visites à la clinique. Elle n'a pas envie de souffrir pendant six mois. Elle ne veut pas partir en centre de rééducation. Se faire opérer ? Pour mieux reprendre le travail et la randonnée ? Ne pas se faire opérer ? Et prendre le risque que le genou se dérobe. Elle doute, Laurine. Elle en marre de ses questions sans réponse. Laurine, ce qu'elle veut, c'est aller au procès de celle qui lui gâche la vie depuis un an. De celle qui a tout fait pour échapper à ses responsabilités et qui n'a demandé pardon que pour sortir de prison. Je lui explique que l'audience correctionnelle est ainsi faite que les victimes sont souvent frustrées. Le procès n'est pas le leur, mais celui de la société contre l'auteur. Pour autant, je lui promets qu'elle pourra tout dire. Tout faire. Que si elle souhaite parler pendant vingt minutes, je me battrai contre celle ou celui qui l'interromprait. Si elle veut déverser sa colère, je serai là pour que tout le monde la respecte et l'entende. Quant à la prévenue, j'espère qu'elle changera de positionnement. Parce que je l'attends de pied ferme. Son avocat me connaît. Il sait combien je peux être féroce avec ceux qui ajoutent le mépris et le mensonge aux souffrances de mes clients. Je ne jouerai pas au procureur. Je ne demanderai pas de peine. Ce n'est pas mon rôle. Mais, par mes questions et mes observations, je peux révéler une image d'elle-même que le tribunal n'aimera pas. Par ailleurs, j'ai rappelé à Laurine qu'il était très rare que de telles affaires se terminent par des peines de prison s'exécutant derrière les barreaux. Je tente de la préparer à cette déception, elle qui réclame que son adversaire goûte à nouveau à la vie carcérale. Ce n'est pas une méchante, Laurine. Mais elle souffre. Dans sa tête. Dans son corps. Elle souhaiterait que son bourreau souffre autant qu'elle. Que cela passe par une peine de prison ou les indemnités mises à sa charge, elle doit payer ses dettes. Et pas seulement à la société.

Entretien avec Laurine

Quels souvenirs gardez-vous de l'accident ?

Aucun. C'est le trou noir total. Je ne me souviens de rien jusqu'à sept jours après les faits. Les premiers souvenirs que j'ai datent de mon septième jour d'hospitalisation, le 9 avril 2022, date anniversaire de mon frère.

Vous étiez dans le coma ?

Non. Pendant sept jours j'étais réveillée, mais je n'ai aucun souvenir. En revanche, j'ai des sensations. Comme des souvenirs corporels. Durant une semaine, je me sentais ivre, comme droguée. L'impression d'être en « bad trip » permanent. Mais je n'ai aucun souvenir conscient.

Vous étiez donc réveillée, mais vous n'avez aucun souvenir précis ?

C'est cela. Depuis, mes proches m'ont raconté cette semaine. Je ne sais pas si je dois en rire ou en pleurer, mais je leur ai fait peur. Il paraît que j'ai passé sept jours à insulter tout le monde. Famille, médecins, infirmières. Tous y sont passés. Un jour, j'ai même dû être attachée à mon lit. Je refusais les soins. J'ai aussi harcelé le commissariat *[rires]*. J'ai beaucoup pleuré également. Ce n'est pas dans ma personnalité. Cette attitude pourrait provenir du traumatisme crânien ou d'un stress post-traumatique.

Que se passe-t-il quand vous reprenez conscience ?

Ma compagne m'informe que j'ai eu un accident. J'apprends que j'ai été opérée, que j'ai douze vis dans le tibia qui était cassé en trois morceaux. Je constate aussi que j'ai subi une intervention de la mâchoire qui était fracturée. J'ai des élastiques dans la bouche que je ne peux presque pas ouvrir. Je suis dans l'impossibilité de parler. Et je ne peux me nourrir qu'avec des aliments liquides. Après un régime de soupes, de yoghourts liquides et d'eau, j'ai rapidement perdu treize kilos, n'en pesant plus que quarante-six. Aujourd'hui, quand j'entends les candidats de Koh-Lanta se plaindre de n'avoir que trente grammes de poissons, cela m'énerve *[rires]*. Pouvoir manger solide, c'est un luxe.

Quel est le moral à ce moment-là ?

Bien sûr, le fait de ne pas pouvoir parler, marcher et manger est un coup dur. Mais c'est l'optimisme qui règne, en fait. Je suis heureuse d'être en vie. Je me réjouis du moindre rayon de soleil. Du moindre sourire. Au bout de quelques jours, je me délecte du moindre aliment solide. Je redécouvre le bonheur de pouvoir bâiller ou éternuer. Je me rends compte du nombre de choses que nous faisons machinalement et qui sont tellement importantes.

Quelles sont les suites médicales ?

Je reste dix-sept jours à l'hôpital. Puis je pars dans un centre de rééducation. Je suis reconnaissante envers tous ses membres. Cependant, pour moi, c'est la prison. Je suis prisonnière de mon corps. Je suis privée de toute liberté. Plus les jours avancent, plus je veux en partir. Je ressens une colère qui me brûle petit à petit. Il faut que je parte. Je finis par me réfugier chez ma sœur. Je dors sur le canapé pendant deux semaines. Je ne peux pas retourner chez moi, deux étages me privant de mon appartement. Finalement, je pars m'installer dans le Sud de la France, avec ma compagne. Il était temps de couper les ponts avec ma mère. Les relations se sont tendues depuis l'accident.

Elle me reproche beaucoup mon nouveau comportement. Je suis très en colère. Je suis à fleur de peau. Trop pour elle.

Justement, quel accompagnement psychologique avez-vous eu ?

À l'hôpital, j'ai vu le psychologue, un peu. J'ai surtout consulté le psychiatre *[rires]*. Il m'a mise sous traitement que j'ai rapidement arrêté. Pour ce qui est de la libération de la parole, de mon stress ou de ma colère, je n'ai pas eu grand monde. Une fois sortie de cette prison médicale, je n'ai pas consulté en libéral. Je n'ai pas eu ce courage ou cette envie. Je n'ai pas passé le cap de dire « j'ai besoin d'aide ». Avec le recul, je le regrette. Je pense que si j'avais pu consulter gratuitement, je l'aurais fait. Quand on y réfléchit, il n'y a rien pour nous, les victimes de la route. Nous sommes complètement livrées à nous-mêmes. Personne ne reçoit notre colère.

Cela fait plusieurs fois que vous invoquez ce sentiment. Qu'est-ce qui vous met tant en colère ?

Celle qui m'a renversée est la première raison de ma haine. De ma colère. Comment a-t-elle pu ne pas me voir ? Comment est-il possible qu'elle ait repris le volant après avoir consommé de l'alcool ? Comment a-t-elle osé partir en me laissant pour morte ? Je suis certain que c'est cette colère, et ma soif de justice ou de vengeance, qui m'ont fait tenir, et ne pas mourir. Je sais la dangerosité de la route. Je comprends qu'il soit possible d'avoir un accident par maladresse ou inattention. Mais là, elle aurait pu m'éviter. Elle aurait dû me voir. Elle a pensé qu'elle était au-dessus des autres. Au-dessus de la loi même. Pourquoi fuir si elle n'avait pas consommé d'alcool ni de stupéfiants ? Pire, comment vivre avec ce secret pendant plusieurs jours ? Quelle femme ou homme ne se sent pas contraint par les remords ou la peur ? Le fait qu'elle soit partie, qu'aucun taux d'alcool n'ait été retenu me rend dingue. Je suis certaine qu'elle était ivre. Ce n'est pas possible autrement.

La justice est une autre source de ma colère actuelle. Depuis un an que j'ai eu mon accident, je n'ai jamais été entendue. Au départ, ma mère a déposé plainte pour moi. Vous avez demandé au juge d'instruction de m'entendre. Rien. À part ma famille et vous, qui entend ma souffrance ? C'est pour cela que je suis heureuse de témoigner aujourd'hui.

Cette justice a quand même incarcéré l'auteure de l'accident pendant deux mois et demi de manière préventive.

Mais deux mois et demi, ce n'est rien. Cette femme a ruiné mon corps. J'ai des séquelles orthopédiques. Je vais certainement devoir changer de carrière et de vie. J'ai des séquelles neurologiques non négligeables à cause de mon traumatisme crânien. Moi, je prends « perpète ». Elle, elle a passé deux mois en détention. Quand elle était en prison, j'ai reçu un message de sa part, via les réseaux sociaux de sa sœur. Elle m'a dit qu'elle préférerait être à ma place qu'à la sienne. Moi, je vous le dis, je préfère cent fois faire deux mois et demi de détention et être en pleine forme, que l'inverse. En tout état de cause, elle n'a jamais regretté que l'accident soit arrivé.

Qu'avez-vous ressenti quand vous avez appris qu'elle avait été libérée ?

Je ne l'ai pas su tout de suite. Je présumais qu'elle ne resterait pas longtemps. C'est vous qui me l'avez appris au mois de mars 2023 quand vous avez eu la copie du dossier alors qu'elle était sortie en juin 2022. Vous rendez-vous compte ? Personne ne m'a avertie qu'elle était sortie ? Personne. Tout le monde connaît le dossier sauf moi. C'est dire à quel point je suis invisible. Je suis vivante. Mais, pour la justice, c'est comme si j'étais morte.

Heureusement que je n'ai pas son adresse. Vous avez refusé de me la donner. Vous avez raison. Je serais capable de dégoupiller. Elle a un casier judiciaire. Elle a fui. Elle conduisait sans assurance. Elle m'a laissée pour morte. Mais elle sort. Au nom de quoi ? Parce qu'elle a un enfant de six mois ? Mais il n'était pas en danger, cet enfant. Il était bien avec sa mère et sa sœur. Enfin, il était bien... Être éduqué par une tante et une grand-mère qui ont couvert la fuite et la lâcheté... Je suis dure. Méchante même. Pourtant, il m'arrive de culpabiliser que cet enfant ait été privé de sa mère pendant quelques semaines.

Vous n'êtes pas la première victime à me parler d'un sentiment de culpabilité. Expliquez-moi.

Je me suis tout reproché. Je me suis demandé si j'avais bien mis mon gilet jaune ou mes lumières. Je me suis reproché de n'avoir pas fumé une cigarette de plus avant de partir. De n'avoir pas roulé moins vite ou plus rapidement. Je m'en veux de ne pas l'avoir évitée alors que j'étais devant elle. J'aurais dû me douter que, en sortie de boîte de nuit, la route serait plus dangereuse. Et puis, comble du comble, j'ai culpabilisé de l'avoir « envoyée en prison ». Comme si j'étais responsable de son malheur, du mien ou de celui de son gamin.

Qu'attendez-vous du procès ? Et de la justice ?

Je suis déjà déçue puisqu'elle est sortie de détention. Elle n'est même pas placée sous bracelet. Je sais qu'il n'y a quasiment aucune chance qu'elle retourne derrière les barreaux. J'ai bien compris que, même si elle devait avoir une peine d'emprisonnement, sa peine serait aménagée en bracelet.

J'essaie de me forcer à ne rien attendre d'elle non plus. Si elle s'excuse, elle ne sera pas sincère. Je dois dire que, lorsque je pense au jour du procès, j'ai peur. De moi-même. Si vous saviez combien je la hais. Au début, je vous aurais dit que je souhaitais qu'elle prenne cinq ans de prison. Aujourd'hui, je serais déçue qu'elle prenne moins de deux ans de vraie détention. Il faut aussi qu'elle soit privée de son permis de conduire pendant cinq ans. Il est indispensable qu'elle sente ce manque de liberté que j'ai connu, et subis encore. Je veux qu'elle sache combien il est bon de marcher, moi qui en suis encore incapable parfois.

Enfin, ce que j'attends de la justice en général, c'est qu'elle puisse m'accorder l'indemnisation maximale. Pas pour moi. Pas pour que je dispose d'une somme. Mais pour qu'elle soit ruinée le plus possible. En effet, comme elle n'était pas assurée, c'est le fonds de garantie qui m'indemnisera. Mais contrairement aux assurances, le fonds, lui, ira chercher le remboursement des sommes avancées. Avec une majoration. Plus la somme que j'obtiendrai sera grande, plus elle sera ruinée. Ça, j'aime. Elle m'a privée de mes rêves. De mes désirs. Elle m'a cassée. Je suis ruinée du corps. Je veux qu'elle ne puisse jamais s'offrir ce dont elle rêve.

Vous avez entendu parler de la loi sur l'homicide routier et les blessures routières. Cela vous concerne puisque vous êtes victime d'un accident causé par une personne présumée ivre. Ce texte vous inspire - t - il quelque chose?

Moi, ce que veux, c'est la prison pour ces personnes-là. Pas le bracelet. Pas la prison à domicile. La prison derrière les barreaux. La loi change - t - elle cela ? Non. J'ai beaucoup entendu les porteurs de cette loi dire que, désormais, les juges auront la possibilité d'être beaucoup plus sévère. Pardon, mais en quoi ? Les peines de prison n'ont pas été augmentées, et rien ne permet de contraindre les juges d'être plus sévères. Mais quelle mouche les a piqués ?

Vous avez repris le travail ?

Non. Pas encore. Et je ne pourrai pas. Mes blessures au genou et au tibia m'empêcheront de porter des charges lourdes. J'étais préparatrice de commandes. Je ne pourrai plus exercer. J'ai un bac logistique. Il va être compliqué de trouver du travail qualifiant. Avant l'accident, j'avais des ambitions d'évolution. Cela sera quasiment impossible. Je suis jeune. J'ai encore quarante ans à travailler dans une profession que je n'aurai pas choisie et dans laquelle je ne m'épanouirai pas forcément.

Que voulez-vous que l'on retienne après un an ?

Je me demande souvent ce qu'aurait été ma vie sans cet accident. À cause de cette femme, j'ai pris des chemins que je n'aurais jamais imaginés. Cette personne a orienté mon destin. C'est étrange de se dire qu'une inconnue irresponsable et lâche aura conditionné ma vie. Parfois, j'ai le sentiment de subir ma propre destinée. Si mon avenir n'est pas beau, ce sera de sa faute. Ce n'était pas à elle de décider de ma vie.

Moi qui vous connais un peu désormais, je sais que vous êtes assez positive, malgré tout.

C'est vrai. J'essaie de ne pas oublier que, il y a un an, je me réjouissais d'un rayon de soleil, d'un sourire, d'un bonbon ou d'un pas en avant.

Dans mes bons jours, je me dis que, quoi qu'il nous arrive, quels que soient les chemins que la vie nous impose, il nous faut profiter de la découverte de cette route que nous n'aurions jamais explorée seul. Alors, je vais tout faire pour prendre ce que cette histoire m'offre de positif.

X

Entretien avec Philippe, président de l'association Sixteen

J'ai souhaité, dans le cadre de ce livre, interroger une association. Beaucoup sont tournées vers l'information et l'accompagnement des victimes. La vôtre a un profil particulier. Pouvez-vous nous expliquer ce qui vous a conduit à la fonder ?

Un vendredi matin, mes enfants partent à l'école à pied. En fin de matinée, je reçois un appel pour me dire qu'un accident a eu lieu devant l'établissement scolaire situé dans le seizième arrondissement de Paris. Un camion a renversé une petite fille, Sixtine, alors que le bonhomme du passage piéton était vert pour elle. Elle est morte sur le coup. Ce carrefour est particulier. Le feu est vert pour certains véhicules alors que le bonhomme l'est également. Le chauffeur n'a donc pas grillé de feu rouge. Il aurait suffi que le feu vert soit décalé de quelques secondes pour que la vie de cette petite soit sauvée. Pendant quelques instants, je ne peux m'empêcher de penser qu'il s'agit de mon enfant. J'apprends vite qu'il n'en est rien. Évidemment, je suis soulagé, égoïstement. Cependant, je réalise que cela aurait pu me concerner directement. Je suis souvent piéton. Échapper à une collision avec un véhicule est un quotidien auquel je m'étais habitué. C'était presque devenu normal. Je lâchais une injure. Je me faisais peur sur le coup et je passais à autre chose. Le jour de la mort de Sixtine, j'ai compris que le piéton était comme un chien dans un jeu de quilles. Cet accident a été un électrochoc. Mon ambition était donc simple : il fallait que cela ne se reproduise jamais.

Il y a quelques années, j'ai bénéficié d'une greffe du foie. Je ne sais pas qui est le donneur. En tout état de cause, la générosité de cette personne m'a sauvé la vie alors qu'elle ne me connaissait pas. J'ai eu envie de faire la même chose. Je me mets donc en relation avec la mairie du seizième arrondissement pour alerter. Je demande ce qui est prévu pour le lundi suivant. Des policiers ? Des agents privés ? Qui pour réguler la circulation au moment de l'entrée à l'école ? On me raccroche au nez, me gratifiant d'un *« ce n'est pas à vous de vous en occuper »*. Dans le week-end, j'apprends que des accidents s'étaient déjà produits à cet endroit, avec des conséquences dramatiques. La maman d'un petit garçon grièvement blessé me contacte en me disant : *« Si j'avais fait quelque chose, Sixtine ne serait pas morte. »* La culpabilité de cette femme était insupportable à entendre. Ce n'est pas de sa faute, à elle, si les pouvoirs publics n'ont rien fait. Cependant, j'entends son message. Je relance la mairie. Je propose de mettre un gilet réfléchissant et de faire traverser les gamins pendant plusieurs jours, le temps de trouver une solution. On me dit que je n'ai pas à faire cela, ajoutant que je *« ferais mieux de me mêler de mes affaires »*. Cela me pique. J'achète un gilet. Pendant plusieurs jours, je fais la circulation. Des parents viennent me voir. Nous créons un groupe WhatsApp qui grandit rapidement. Près de cent cinquante familles le rejoignent en quelques heures. Un père prend contact avec moi et me propose de créer un site Internet pour alerter et expliquer qu'il nous faut des bénévoles. Non pour remplacer les pouvoirs publics démissionnaires ou incompétents, mais pour les aider. Je pense encore, à ce moment-là, que la mairie va prendre le problème à bras-le-corps. Cependant, j'apprends, au bout d'un énième coup de téléphone, que la sécurisation des passages piétons près des écoles ne dépend pas de la ville mais de la préfecture de Paris auprès de laquelle j'arrive à obtenir audience. J'explique que nous ne pouvons pas nous rendre complices, par omission et inaction, d'un prochain drame. Je vois des agents dans les autres arrondissements, mais pas dans le mien. Je propose de les faire tourner. Impossible. La réponse de la préfecture est un affront : « *Distribuez des flyers.* » Mon sang ne fait qu'un tour. À force de rencontres, une femme me propose de monter une association. Elle m'explique que nous ne pouvons attendre un retour des pouvoirs publics, locaux ou nationaux, que si nous les « *emmerdons* ». La méthode douce ne fonctionne pas. Il faut donc être un poil à gratter. Il faut faire du buzz. Alors, nous avons acheté des cinémomètres, des appareils photos, etc. Et nous avons commencé à publier de nombreuses photos sur les réseaux sociaux. Photos, notamment, de véhicules garés sur les passages piétons et de véhicules obligeant les piétons à marcher sur la chaussée. Puis, des vidéos d'irresponsables qui arrivent à toute vitesse devant l'école. Ou encore de meurtriers en puissance qui dépassent, sans aucune visibilité, un véhicule laissant passer des piétons sur un passage dédié. De fil en aiguille, la presse s'intéresse à nos activités devant les écoles. *Le Parisien, France 2,* etc. En quelques heures, la mairie de Paris nous contacte. Je dresse une liste des carrefours dangereux. Je demande l'assistance d'un expert en accidentologie qui explique – concernant l'école de mes enfants – qu'il faut agrandir tel trottoir pour que la manœuvre des véhicules soit si lente qu'un piéton puisse être évité, quand bien même les feux seraient mal synchronisés. Nous montrons le reportage du *Parisien* dans lequel la journaliste avait carrément fait une reconstitution des faits ayant coûté la vie à Sixtine. Sa conclusion était édifiante : il était impossible que d'autres accidents similaires n'arrivent pas. J'avance enfin le fait que je représente plus de sept cents familles. La mairie m'indique qu'elle va faire « *fi des clivages politiques* » et refaire le carrefour. Je comprends donc que les travaux n'avaient pas été engagés à cause de guerres politiques internes à la ville de Paris. Je constaterai par la suite que la promesse n'est pas tenue. Au final, la mairie a mis un coup de peinture. Mais rien de suffisant pour qu'un accident soit évité. Je décide alors de monter l'association pour dénoncer, prévenir et agir. J'indique au *Parisien* que l'on s'est moqué de nous. En quelques jours, cent cinquante mille euros sont dégagés pour refaire le carrefour. C'est beaucoup mieux. À partir de ce jour-là, j'ai reçu nombre de demandes pour porter la voix de parents stupéfaits par la dangerosité de carrefours près de l'école de leurs enfants.

Quelles solutions pratiques proposez-vous pour éviter les accidents près des écoles, et plus généralement près des passages piétons ?

Mon ambition est de protéger les piétons qui sont plus exposés que n'importe qui. Parmi eux, les enfants, évidemment. J'ai bien compris que nous ne pouvions plus compter sur la responsabilité individuelle des gens. Chaque matin que nous montons des opérations, je constate combien les gens se moquent de se garer sur un passage piéton ou de mettre en danger les autres. Tant que ce n'est pas leur gamin, ils s'en moquent.

Aussi, puisqu'il est impossible de compter sur le civisme, la protection des piétons doit-elle passer par deux axes très originaux : la prévention et la répression.

Alors, que fait-on pour la prévention ?

Il faut penser in-fra-struc-tures. Si vous aménagez l'environnement, il ne peut plus y avoir d'incivisme. Et vous évitez les accidents, comme nous l'avons fait avec après Sixtine. Je pense à quatre exemples qui ont fait leur preuve à l'étranger.

Le premier, c'est réduire la largeur de la route quelques mètres avant le passage piéton critique. Cela évite le dépassement d'un véhicule qui s'arrête près du passage piéton, ou dessus, pour déposer l'enfant. Cette situation est d'une dangerosité folle. Le véhicule, qui déboîte pour dépasser, n'a aucune visibilité sur la moitié du passage piéton puisque sa vue est complètement bouchée par le véhicule arrêté. Nous évitons ainsi tous ces accidents dramatiques.

Le deuxième, c'est surélever de quelques centimètres le passage piéton. Cela existe aux Pays-Bas. Si vous faites cela, le conducteur est obligé de ralentir, coûte que coûte, pour passer sans abîmer son véhicule. Il est contraint de freiner, même en cas de faible affluence. Il peut donc mieux regarder. Cela ne représente pas un grand investissement. On coule quelques centimètres de béton. On refait la peinture. Et c'est bon.

Le troisième, c'est empêcher les véhicules de se garer sur le passage, ou à côté, en disposant des « blocs » empêchant d'y accéder. Je pense à ces installations que l'on a placées à certains endroits après l'attentat de Nice. Je préfère aller me garer sur le bateau d'un immeuble et gêner un ou deux automobilistes pendant quelques minutes, que de mettre des gamins en danger de mort.

Le quatrième, c'est multiplier les coussins berlinois[3] qui obligent à ralentir.

Bref, il faut sacraliser le passage piéton.

Et, sur le plan humain, peut-on progresser sur la prévention ?

Nous ne pouvons pas mettre des policiers à chaque passage piéton. C'est pourquoi je suis tant attaché aux questions infrastructurelles.

Cependant, devant les écoles primaires, nous ne pouvons pas nous passer d'une protection humaine. Nous parlons de gamins qui n'ont pas encore les bons réflexes. Vous avez déjà vu des vidéos d'accidents d'enfants ? Vous ne dormez pas pendant plusieurs nuits après avoir vu cela. Vous aussi, vous auriez envie de mettre un gilet et de faire la circulation le matin.

Sur le plan humain, les choses sont claires. Aux heures d'entrée et de sortie des écoles, il faut une personne au moins pour faire traverser

3. Dispositif rectangulaire destiné à ralentir la vitesse des automobiles sans gêner les autres usagers de la chaussée, moto ou vélo.

les enfants. Devant chaque école de la République, une personne. Cela peut être un policier national, un policier municipal ou un agent de sécurité payé par la ville. Par l'école même, s'il le faut. Pourquoi pas des bénévoles ? Des emplois jeunes ? Pourquoi pas des personnes âgées qui voudraient un complément de retraite ? Ce serait un beau message. Les anciens qui protègent les plus petits. Moi, cela me plaît. Bref, on peut largement trouver. Et à ceux qui me disent que cela ne fait pas partie de la mission de la police de faire cela, je réponds que c'est le contraire. La police a une mission de protection avant de rechercher les délinquants et les criminels.

L'autre pilier, c'est la répression.

Il n'y a pas de bonne prévention si la répression n'existe pas. Et la répression est le meilleur moyen de prévenir. Plusieurs idées peuvent être développées.

Première idée : vitesse limitée à 15 km/h deux cents mètres avant et après une école. Alors, oui, cela fera râler les personnes prises par le temps. Mais les gamins, eux, ne sont pas pressés de mourir ou de devenir paraplégiques.

Deuxième idée : on place des radars près des écoles. Il me semble bien plus opportun et important d'implanter un radar près d'un groupe scolaire plutôt qu'à la sortie d'une longue descente sur l'autoroute. Forcément, cela sera moins rentable pour les caisses de l'État. Mais, en termes d'efficacité, un bon radar qui prend de face, ça va vite calmer. Je trouve cela incroyable que le ministre de l'Intérieur ait annoncé l'annulation de la perte d'un point pour un petit excès de vitesse, même en ville… C'est désespérant.

Troisième idée : on verbalise tous les stationnements ou arrêts à proximité des passages piétons, et dessus. Cela peut vous paraître idiot. Mais si des policiers verbalisent tous les jours, cela va vite se savoir. Et ceux qui n'ont pas compris que l'on pouvait se garer ailleurs, ou emmener ses enfants à l'école à pied ou à vélo, assimileront vite. La police municipale a le droit de verbaliser. Les missions de police judiciaire de ces femmes et hommes sont limitées. Ces fonctionnaires, qui nous aident beaucoup depuis plusieurs mois, peuvent donc bien prendre une heure trente par jour pour se montrer, dissuader et réprimer.

Quatrième idée : on verbalise de sanctions importantes tous ceux qui utilisent le trottoir autrement qu'en marchant. Les vélos, les rollers, les trottinettes n'y ont pas leur place.

Les amendes de stationnement gênant ne font pas peur à grand monde. Il n'y a pas de perte de points par exemple.

Si vous prenez un PV tous les jours, vous allez voir si cela ne fait pas peur. Pour ce qui est des points, vous avez raison. Mais si les forces de l'ordre verbalisent pour un stationnement dangereux, il y a une perte de trois points. Stationner sur un passage piéton ou à proximité, sur un trottoir, obligeant les piétons à aller sur la chaussée, c'est dangereux. Si nous appliquions la loi comme promis par les autorités, ce genre d'attitude n'existerait plus.

Si nous voulons aller plus loin, je propose que de tels stationnements soient sanctionnés de la perte de six points. Depuis plusieurs années, ne pas laisser la priorité à un piéton engagé dans un passage protégé, c'est six points perdus. C'est normal. Nous protégeons les piétons parce qu'ils sont fragiles. Qui est encore plus vulnérable qu'un piéton ? Un enfant. Donc, à deux cents mètres d'une école, tout stationnement tel que décrit, c'est six points.

Quittons les propositions. De manière plus générale, et même si vous mettez en avant l'action et la prévention, vous accompagnez quelques familles endeuillées ou blessées. Quels retours ces personnes vous font-elles sur l'après-accident ?

C'est vrai que nous sommes très axés sur la prévention. Cependant, quelques familles nous ont fait des retours.

La lenteur des procédures et très souvent évoquée.

La faiblesse des indemnisations, notamment pour le préjudice moral découlant d'un décès, est mal vécue également. Aucune somme ne remplace le défunt. Il n'y a pas de débat sur ce point. Cependant, lorsque le décès de votre gamin est indemnisé trente mille euros, il y a de quoi se pendre. Trente mille euros. Ce n'est même pas le prix d'une voiture moderne. La vie d'un enfant vaut moins que la voiture qui l'a écrasé! Je sais qu'il est tabou de parler d'argent, mais je connais beaucoup de familles endeuillées qui aimeraient que les indemnisations soient plus importantes, non pour s'enrichir mais pouvoir financer des projets comme ceux que nous avons évoqués, ou encore faire bouger les lignes plus vite. Vous n'imaginez pas le nombre d'adhérents qui voudraient faire mieux, plus vite. Mais nous sommes souvent confrontés à la question budgétaire.

Par ailleurs, l'absence d'accompagnement psychologique doit être critiquée avec beaucoup de virulence. Les victimes et leur famille sont livrées à elles-mêmes. Voilà l'exemple même de ce que des familles endeuillées voudraient faire d'une indemnisation plus grande. Les personnes qui ont connu cette situation voudraient pouvoir offrir des séances de psychologue ou sophrologue. Je pense aussi à l'absence totale de soutien des enfants d'une école qui perdraient un camarade ou qui assisteraient à accident. J'ai souvenir d'un drame survenu devant une école. Tous les enfants étaient en pleurs devant la mare de sang résultant de l'accident. Pensez-vous qu'un accompagnement psychologique ait été mis en place ou proposé?

Enfin, le sentiment général qui se dégage, c'est le manque de considération pour les victimes. Elles ont le sentiment de n'intéresser personne. Assurance, pouvoirs publics ou justice, elles se sentent délaissées.

Vous avez suivi la création de la loi sur l'homicide routier. Ce texte vous inspire-t-il quelque chose?

Franchement... En quoi cette loi va-t-elle sauver des vies ? Qu'attend-on du législateur quand il pense à la sécurité routière ? Du concret. Du concret. Du concret. Nous n'avons pas besoin de grand-chose.

Quelques radars, quelques policiers en plus, quelques litres de béton et un peu de peinture. Mais non... Il faut changer les mots. C'est important les mots. Mais sauver des vies, c'est mieux, non ?

Le monde associatif est vaste et complexe. Qu'est-ce qui vous différencie des grandes associations d'aide aux victimes ?

Plusieurs choses nous différencient sans que l'on puisse dire que nous sommes meilleurs ou pires.

D'abord, nous avons fait le choix de l'association locale. Plus votre périmètre d'action est restreint, plus vous pouvez être efficace. J'adorerais pouvoir aider des Marseillais ou des Lyonnais. Mais je suis efficace parce que je suis sur le terrain. Plus votre champ d'action est large, moins vous êtes au contact du réel. C'est une première différence avec les associations nationales.

Ensuite, je crois que nous ne faisons pas le même travail. L'activité des grandes associations est beaucoup tournée vers l'accompagnement indemnitaire. Très souvent, elles travaillent avec des avocats spécialisés en préjudice corporel. Elles donnent les premiers conseils. Elles tendent la main et prêtent l'oreille. Au final, elles renvoient les victimes vers leurs avocats. C'est tout à fait respectable. Nous, notre activité est davantage basée sur la prévention. Sur le terrain. Sur le concret. Nous ne sommes pas là pour envoyer vers un avocat. Notre volonté, c'est qu'il n'y ait plus d'accidents.

Un mot de conclusion ?

Avec un peu plus de civisme et de « vivre ensemble » aux abords des écoles, nous pourrions éviter des centaines d'accidents. Quel parent n'a pas hurlé de peur en voyant son jeune enfant traverser la route sans regarder ? Nous avons tous un souvenir glaçant de ce genre de situation. Au lieu d'en vouloir à nos mômes, qui ont l'innocence de leur âge, on devrait s'en prendre aux adultes qui n'ont rien fait pour les éviter, ou à ceux qui ont créé les conditions de ces drames.

Entretien avec maître Antoine Régley

Parler de moi, personne physique, ne m'intéresse pas. Parler de ma robe, en revanche, me passionne. J'aime évoquer le culte et la passion que je lui voue. J'aime rappeler la beauté de ma profession, mais aussi sa difficulté.

Quand l'idée de ce livre m'est venue, et alors que le dossier *Palmade* n'existait pas encore, me livrer n'était pas prévu. Ce n'était pas mon souhait. Je ne voulais pas que l'on puisse m'accuser de me mettre en avant alors que ce sont les victimes que je souhaitais honorer. Finalement, je me suis laissé convaincre. Mon éditeur a ses raisons, j'ai les miennes. J'ai trouvé intéressant de pouvoir expliquer comment et pourquoi je suis devenu avocat. Comment et pourquoi il est possible de défendre, avec la même ferveur, les victimes et les auteurs. Comment et pourquoi avoir cette double casquette est un avantage. J'ai également accepté de replonger dans ma jeunesse, espérant être mieux compris. Mon impulsivité, mon insolence, ma susceptibilité face aux injustices et à l'autorité sont autant de défauts que je tente de gommer, mais que j'ai voulu expliquer. De manière secrète, j'espère que des magistrats qui me connaissent pourront lire les raisons de mes colères. Ils pourront également se délecter de mon *mea culpa*. Enfin, revenir sur quelques moments de mon parcours me permet de rendre hommage à ceux qui m'ont accompagné et de faire passer quelques messages aux personnes qui, comme moi, ne sont pas bons élèves et présentent une personnalité… différente.

Dans un second temps, j'aborderai les pistes de réforme de la loi Badinter pour répondre aux attentes des victimes qui ont, toutes, exprimé des critiques sur la justice actuelle et leur volonté de faire bouger les lignes.

Pour me confier, sans pudeur et avec confiance, je n'ai pas voulu de professionnel. J'ai demandé que l'entretien se fasse avec une amie proche. Pour des raisons de confidentialité professionnelle, elle n'a pas voulu cosigner le livre. Je la remercie pour sa patience, pour son talent, pour son intérêt et pour sa bienveillance. Elle a consacré des heures à ce livre. Sans elle, il n'existerait pas.

Vous avez souhaité donner la parole à des victimes de la route que vous avez accompagnées. Elles expliquent, notamment, les difficultés qu'elles ont rencontrées dans le cadre de la procédure d'indemnisation. Plusieurs insistent sur la nécessité de prendre un avocat, malgré les efforts déployés par les assurances pour les convaincre de ne pas le faire. Parmi ces victimes, certaines abordent votre « double casquette ». Vous défendez aussi bien les victimes de la route que les personnes rencontrant des problèmes avec leur permis de conduire. Cela peut étonner et interroger certains. Par ailleurs, vous êtes réputé pour ne pas avoir votre langue dans votre poche et être particulièrement vindicatif face aux injustices. Nombre de personnes avec qui nous avons pu parler nous décrivent un « avocat engagé et différent ». Aussi, pour répondre à ces interrogations, mais également pour permettre à chacun de comprendre ce qui peut vous guider ou vous révolter, souhaiterions-nous mieux connaître votre personnalité et votre parcours.
La première question est simple : pourquoi êtes-vous devenu avocat ?

Je ne suis pas né avocat. Je le suis devenu au fil des années, au gré de quelques expériences positives ou négatives. Être confronté à certaines injustices a également été une source inspirante. Si je devais trouver une motivation à ma vocation, c'est celle-là : lutter contre l'injustice. Quelle qu'elle soit. D'où qu'elle vienne. Je souhaitais apporter une réponse au slogan « *police partout, justice nulle part* ».

À quel âge avez-vous souhaité devenir avocat ?

Jusqu'à l'âge de quinze ans, je désirais être journaliste. Je voulais dénoncer et pouvoir dire ce que bon me semble sans que personne ne puisse m'en empêcher. Après quelques stages, j'ai compris que ce désir de liberté serait trop dur à assouvir.

À l'adolescence, je m'intéressais beaucoup à l'actualité. Tous les jours, dans le bus qui m'emmenait au lycée, je lisais les journaux. La politique m'attirait, mais ce sont les faits divers qui captaient mon attention. En soi, je ne suis pas particulièrement intéressé par les délits ou les crimes. Ce qui attise ma curiosité, c'est la manière dont les avocats peuvent défendre ceux qui les ont commis… ou pas. Au lycée, dès que j'ai un peu de temps libre – j'en ai beaucoup parce que je travaille peu en dehors de cours –, j'assiste à des audiences de comparutions immédiates au palais de justice de Paris. Je prends place sur les bancs en bois de la fameuse 23e chambre correctionnelle. Je suis au spectacle. J'ai les yeux qui brillent lorsque l'avocat de la défense fait rempart devant son client. Je me rends compte, au fil des audiences, qu'il est possible de plaider des relaxes bien que peu soient prononcées. Les questions posées par le tribunal m'interrogent, et j'ai l'impression que les magistrats se sont souvent déjà fait une idée du dossier, toujours dans le sens de la culpabilité. Je découvre aussi, et avec stupéfaction, que le doute profite plus à l'accusation qu'au prévenu. L'injustice viendrait donc des juges, et non des policiers ? C'est déstabilisant. C'est déroutant.

Je suis admiratif du travail des avocats. Leur liberté de ton affirmée me fascine. Ils peuvent tout dire. Ils expriment surtout ce que les autres n'ont pas envie d'entendre. Ils voient ce que les autres parties ne voient pas ou ne veulent pas regarder. Ils critiquent et dénoncent. L'idée que l'homme qu'ils défendent puisse être condamné à tort, ou emmené en prison le soir même, semble les révolter comme s'il s'agissait de leur frère. C'est bouleversant. C'est profondément inspirant.

Malgré ces robes noires talentueuses, je sors déçu de ces audiences. Je suis révolté par l'injustice de certaines décisions. Je rentre chez moi avec le sentiment que, au-delà du talent de l'avocat, tout était déjà décidé.

Plusieurs fois, je m'arme de courage pour aller parler quelques minutes à ces figures d'indépendance et de liberté. J'ai de la chance. Je tombe sur des « baveux » patients. Ils m'expliquent alors qu'ils ne défendent pas le délit, la faute commise, mais la femme ou l'homme qui a soif de justice.

Quels conseils vous donnent-ils ? Quelles réflexions vous livrent-ils ?

Le premier conseil de ces avocats est de m'intéresser à la procédure. Elle est « *la sœur jumelle de la liberté* ». Je comprends que, quelle que soit la culpabilité du prévenu, celui-ci a des droits garantis par le Code de procédure pénale. Que ceux-ci sont essentiels dans une démocratie et dans un État de droit. Que le procès doit être équitable. Que l'on ne peut pas tolérer que la culpabilité d'un homme repose sur une pièce versée en violation de la procédure pénale. Le message est clair : ceux qui reprochent à nos clients d'avoir ignoré la loi ne doivent pas l'avoir, eux-mêmes, détournée ou violée. Je trouve, en ce message, ce que j'attends de la justice : de l'exemplarité. Celui qui accuse ne doit pas pouvoir être accusé. Celui qui poursuit doit le faire dans des conditions justes. Celui qui a la force républicaine ne doit pas en abuser. J'entends, dans l'expression « procès équitable », un principe qui résonnera en moi. Qu'une personne soit punie, oui. Mais à condition qu'elle ait pu se défendre à armes égales. À ce jour, on considère que le procès pénal est équitable. Pourtant, la défense n'a pas les mêmes moyens que la police et la partie poursuivante. Imposer l'équité est intéressant. Imposer l'égalité me semble plus important.

La deuxième chose que ces avocats m'expliquent est que la justice est faillible. Les procédures présentent très souvent des failles, qui permettent de plaider des relaxes. On parle ici des éléments de preuves. Condamner un homme, ou une femme, exige des éléments solides. Cela semble évident de le dire ainsi, mais trop souvent, la justice condamne sur un « faisceau d'indices ». Ce n'est pas satisfaisant.

Quand le prévenu conteste les faits, l'État de droit doit exiger de la justice qu'elle lui oppose des preuves incontestables, ne laissant aucune place au doute. Ce dernier doit profiter à l'accusé ou au prévenu. C'est dans notre droit. Si ce corollaire de la présomption d'innocence devait être appliqué à la lettre, bien moins de personnes seraient condamnées. Dans la pratique, la présomption d'innocence n'existe pas, ou si peu. Les détenus provisoires sont toujours plus nombreux. La défense doit, de plus en plus, démontrer son innocence, ce qu'elle ne devrait pas avoir à faire. Le doute ne profite que très rarement à l'accusé.

Cela doit parler à chacun d'entre nous. À notre échelle, lorsque nous sommes accusés de quelque chose, nous exigeons de l'accusateur qu'il fournisse des preuves solides. C'est la même chose. Toute coupable soit-elle, la personne qui est accusée ne peut pas être condamnée sans preuve certaine. Chaque plaidoirie faite en ce sens participe à un combat plus large pour une vie plus juste. Chaque plaidoirie qui met en exergue l'absence de preuve contribue à une meilleure justice. Chaque plaidoirie fondée sur le doute doit rappeler à l'institution qu'elle doit être la représentation ultime d'un idéal de justice. Il y a quelques mois, dans un très bon reportage fait par *France 2,* dédié aux magistrats, l'une d'eux, présidente de chambre correctionnelle au tribunal judiciaire de Paris, rappelait qu'elle faisait tout pour juger comme elle aimerait être jugée si elle était de l'autre côté de la barre. J'aime ce discours. Cette magistrate, remarquable d'intelligence – comme beaucoup d'autres au demeurant –, avait tout dit.

Il faut que chacun comprenne qu'il peut être confronté à la justice dans sa vie. Que ce soit pour un conflit de voisinage, la contestation d'une contravention au Code de la route, un divorce ou un licenciement. Toute personne qui perdrait son procès sans avoir eu la preuve certaine qu'elle n'était pas en droit de le gagner le vit comme une injustice. Et elle a raison.

La troisième chose qu'ils m'expliquent est que le droit pénal est un vrai droit. Là où certains pensent que l'avocat pénaliste est celui qui fait des effets de manche ou raconte une histoire, je comprends qu'être l'un d'eux exige surtout de grandes qualités juridiques. On condamne avec des preuves, mais on innocente avec le droit. Cela veut dire que, indépendamment des preuves rapportées, il est nécessaire que ces dernières répondent à une infraction pénale précise. L'un des grands principes du droit pénal est celui de l'interprétation stricte de la loi. Tout ce qui est prévu par le texte peut être réprimé. Ce qui ne l'est pas ne peut pas faire objet d'une condamnation.

La quatrième chose est la défense du client coupable. Le rôle de l'avocat est indispensable pour porter la voix de cette femme ou de cet homme. Une personne qui arrive au tribunal après quarante-huit heures de garde à vue, dans un box souvent fermé, face à trois juges et une salle pleine, est-elle dans les meilleures conditions pour apporter les explications que la justice lui demande ? Assurément non. L'avocat est là pour cela. Et puis, quand une peine est requise contre le prévenu, en quoi est-il scandaleux que la personne qui risque la prison puisse être défendue par un professionnel ? En quoi est-il ignoble d'expliquer que la prison ne règle pas les soucis de délinquance ? Depuis quand est-il démontré que la prison règle les soucis de la société ? Je ne dis pas qu'elle n'est pas nécessaire dans des cas bien précis, évidemment. Et au-delà de l'enfermement, n'est-il pas normal que toute personne ait le droit d'être défendue ou assistée ? Qui, parmi vous, ne souhaiterait pas être accompagné, ne serait-ce que sur un plan humain, dans de telles situations ?

Comment conjuguez-vous morale et justice dans votre vie d'avocat ?

Je ne conjugue pas. Je ne compose pas. Sur un plan moral, celui qui a fauté doit être puni. Cependant, la justice pénale est laïque. Si nos robes peuvent être assimilées au clergé, il n'en est rien de nos principes. Le droit a-t-il été violé ? Oui ou non. Tout le droit, mais rien que le droit. L'un de mes premiers cours à la faculté consistait à apprendre la différence entre la morale et le droit. Bien souvent, ces deux concepts se retrouvent. On ne tue pas. On ne vole pas. On ne viole pas, etc. Mais ce qui n'est pas réprimé par la loi de la République ne peut pas être puni parce que la morale l'exigerait. C'est le fondement d'une justice digne de ce nom. Et si les mœurs et les mentalités évoluent, il appartient alors au législateur, et à lui seul, de changer la loi afin qu'elle puisse être appliquée par les juges.

Enfin, je rappelle que l'avocat ne fait que défendre. Il ne prend pas la décision. Dès lors, le procès tendant à dire que ces professionnels permettent aux délinquants et aux criminels d'être impunis ou de recommencer me semble injuste. Fait-on le même procès au législateur qui prend des lois contenant des failles ? Fait-on le même procès aux policiers qui transmettent une procédure pleine de trous ? Fait-on le même procès aux juges qui relaxent ou libèrent ? Non. Et c'est tant mieux. Je ne suis pas de ceux qui cherchent des coupables à tous les maux. Je préfère être celui qui manie les mots pour révéler des innocents. On fait ce procès à l'avocat parce que c'est lui qui pointe les failles de la procédure. Parce que c'est lui qui va à contre-courant. Parce que c'est lui qui réclame, plus que quiconque, l'application des droits dont dispose chaque citoyen.

Je souhaite, enfin, que les gens comprennent que, derrière une plaidoirie pour une femme ou un homme, un avocat défend des principes que chaque citoyen est en droit de réclamer de la France.

Malgré tout, vous ne défendez presque que des coupables ?

Depuis plusieurs années, non. Je défends de nombreuses victimes. Et je ne compte pas les innocents.

Pour ceux qui ont « fait du mal », je veux rappeler que je ne défends pas « le mal », mais la personne qui aurait fauté. Je ne défends pas le crime ou le délit, pas d'avantage que le droit de recommencer. Je défends la personne, et sa situation. Quand je prends sa défense, je n'attaque personne. Ou alors mon adversaire qui a un amour de l'enfermement, car cela décuple ma soif de liberté. Le mot « défendre » est très intéressant. Il révèle bien la position dans laquelle l'accusé se trouve. Si nous nous appelons « défense », c'est bien que nous sommes attaqués. D'ailleurs, vous aurez noté que la partie qui réclame, requiert ou demande ne se nomme pas « l'attaque » ? Pourtant, quiconque est traduit en justice se sent attaqué. Parfois agressé. Au nom de quoi n'aurions-nous pas le droit de nous défendre? Et si le mot « défendre » choque, heurte ou blesse, considérons alors que nous assistons. L'avocat assiste. C'est plus neutre. Cela ne laisse pas penser que l'avocat épouserait la cause de son client. Moi, je n'aime pas ce terme. Je ne suis pas devenu avocat pour assister – je ne suis pas au spectacle encore que l'on pourrait parfois se croire au cirque romain –, mais pour défendre, voire pour contre-attaquer.

Au demeurant, si je ne demande pas l'application du droit, je ne fais que réclamer de l'humanité. La justice demande au prévenu de s'expliquer. Elle attend de lui qu'il donne des explications sur le « pourquoi », sur le « comment ». Pourquoi me reprocher de participer à cela? Sans les avocats, peut-être des prévenus n'auraient-ils jamais présenté d'excuses à la victime. Être avocat, c'est aussi conseiller. Les dossiers dans lesquels un confrère en défense a aidé son client à accoucher d'une vérité qu'il cachait jusque-là existent comme dans l'affaire Daval. Nous ne défendons pas les crimes. Nous ne justifions pas les délits. Nous assistons des femmes et des hommes qui, quoi qu'ils aient fait, ont le droit d'être accompagnés sur un plan humain et juridique. Et puis, si toutes les personnes poursuivies étaient coupables, il n'existerait que des condamnations. Personne ne serait jamais innocenté. Or, tous les jours, et partout en France, les juges prononcent des relaxes. Il n'y a pas de meilleur exemple pour prouver que tous les prévenus ne sont pas coupables, vérité à laquelle participe l'avocat au premier rang. Chaque relaxe – hormis celles prononcées pour vice de forme peut-être – démontre qu'un innocent était à quelques minutes d'être condamné. Ne faut-il pas retenir que nous avons participé à l'œuvre de justice? Notre point de vue, nos yeux critiques, nos convictions, notre amour du droit et notre conception d'une justice idéale ont fait que des gens intelligents, diplômés et intègres ont rendu son statut d'innocent à une personne présentée comme coupable. N'est-ce pas là quelque chose de merveilleux? Nous sommes tous apeurés par les erreurs judiciaires. Certains adorent dire qu'il n'en existe quasiment pas, ou plus, en pensant aux grands procès d'assises. Chaque jour, en France, des personnes qui auraient pu être déclarées innocentes sont condamnées. Lutter contre cela est une raison de vivre. Et j'avoue ne pas comprendre ceux qui ne s'en réjouissent pas.

Venons-en à votre parcours personnel. Vous disiez, en début d'entretien, que des étapes de votre vie avaient nourri votre envie de devenir avocat. Pouvez-vous en dire davantage ?

Avec le recul de trente-huit années de vie, douze ans de barreau et quelques séances de psychanalyse, je me rends compte que certains évènements personnels ont certainement nourri ma vocation.

Le divorce très conflictuel de mes parents est une source profonde, et quasi inépuisable, d'injustice. Quand j'ai trois ans, mon père fait le choix de quitter ma mère pour vivre une histoire avec une autre femme. Je n'ai pas de souvenir de vie avec lui avant la séparation.

J'imagine que l'enfant que j'étais a vécu ce départ comme une injustice. Injustice de voir ma mère beaucoup souffrir. Beaucoup pleurer. Injustice d'être privé d'un père même si je le vois un week-end sur deux et la moitié des vacances scolaires. Injustice confirmée lorsqu'il demandera ma garde exclusive. J'apprendrai plus tard qu'il n'en était rien. Mais ma mère, elle, s'était convaincue de l'inverse. Toujours est-il que, à sept ans, penser que mon père veut me retirer des bras fusionnels de ma mère est effrayant. Injustice de ne pouvoir parler à mon père lorsqu'il appelle tous les mercredis soir, ma mère lui ayant raccroché au nez après une nouvelle dispute. Injustice qu'il ne rappelle pas. Injustice qu'il ne comprenne pas, lorsque j'ai dix ans, et alors que je viens d'avoir un accident m'immobilisant, que je souhaite rester chez ma mère. C'est « son tour » de m'avoir. Je lui en voudrais de nombreuses années. Aujourd'hui, je comprends combien il est douloureux de ne voir son fils que quelques jours par mois. Injustice également de subir une décision de justice – aller chez mon père alors que je n'en avais pas envie – sans pouvoir m'expliquer devant un juge.

Au nom de quoi la justice pouvait-elle décider de ma vie, alors que j'avais dix ans et que j'étais doué d'une intelligence suffisante pour m'exprimer ?

Mon poids est une autre source d'injustice. Dès mon plus jeune âge, je rencontre quelques soucis de balance. Rien de bien grave lorsque je suis en encore dans la courbe de mon carnet de santé. Un peu plus important par la suite, la prise de poids étant plus rapide. Être gros, à l'école comme dans la société, c'est être différent. Certaines différences sont une chance. Être plus intelligent, être beau, être drôle, etc. Être gros n'en est pas une. Pour moi, c'est subir les moqueries, les insultes et les quolibets. Être gros, à l'école, c'est subir le regard des copains et aussi celui des profs. C'est partir le premier au test d'endurance. C'est être le dernier à être choisi dans l'équipe de foot. Au moins, pour cela, ai-je trouvé une parade. Puisque je suis plus gros que les autres, je prends plus de place dans le but. Il devient alors évident pour tous que je dois être gardien de but pour arrêter les frappes adverses. Je rencontre un certain succès.

Au collège, être gros est encore plus compliqué à l'heure des premiers émois, des premiers coups de cœur. Il existe alors un sentiment de rejet. Le sentiment que, quelle que soit ma qualité de cœur ou intellectuelle, ma carapace, celle que je me suis inconsciemment forgée, m'est toujours opposée de manière négative. Il y a une impression de stigmatisation, d'ostracisation. Une forme de racisme même. Cette mise à l'écart a été fondamentale dans ma volonté de défendre ceux qui sont montrés du doigt, vilipendés, discriminés ou stigmatisés. À ce sentiment d'injustice s'ajoute celui de la culpabilité. Le monde qui m'entoure me fait comprendre que je suis coupable d'être gros. Qu'il suffirait que je me «*prenne en main*». Avec le recul, évidemment, je sais qu'être gros n'est pas une fatalité et que, ne présentant pas de maladie, une féroce volonté pourrait me venir en aide. Mais, je n'ai pas trouvé cette force en moi.

Enfin, la maladie de ma mère est un puissant vecteur d'injustice. À l'âge de vingt-neuf ans, une sclérose en plaques lui a été diagnostiquée. Je n'existais pas encore. Enfant, je la vois, plusieurs fois par an, être emmenée à l'hôpital, pendant trois ou quatre jours, afin de subir un traitement mettant à mal une énième poussée. Surtout, je la sens inquiète. De ne plus voir. De ne plus avoir de sensibilité dans les jambes. Tous les soirs, elle se met des bouteilles d'eau froide sur les tibias pour se rassurer qu'elle n'a pas de pertes sensorielles. Qu'avait-elle fait à la vie pour que cette maladie lui tombe dessus ? Rien, évidemment. Pourquoi elle ? Pourquoi pas quelqu'un d'autre ? Le sentiment d'impuissance et d'injustice que créée la maladie d'un proche me préoccupe.

Voilà trois pans très importants de ma vie d'enfant qui, avec le recul, me permettent de dire qu'ils ont été le ciment de cette vocation. Lutter contre l'injustice. Contre la stigmatisation. Peut-être aussi contre la « normalité ». Contre le conformisme. Contre ceux qui veulent faire de moi un être normal. Contre ceux qui veulent décider pour moi. Défendre aussi. Ceux que l'on n'écoute pas. Ceux que l'on accuse de tous les maux, même ceux dont ils ne sont pas coupables ou responsables. Je veux être aux côtés de ceux qui vivent l'injustice. Je crois que je désire, encore plus, être contre ceux qui en sont responsables.

Quel genre d'élève étiez-vous ?

Mon parcours est un exemple… pour ceux qui veulent répondre à leurs parents qu'ils peuvent réussir sans être bons à l'école. (J'espère que mon fils ne lira jamais cette phrase !)

La primaire ne se passe pas mal du tout. J'aime découvrir. J'aime apprendre. Je lis vite et bien. Très rapidement, j'ai plus d'appétence pour le français. Très vite, les mathématiques deviennent un problème. Ce n'est pas un souci de logique. Je crois que je veux aller trop vite. Je fais les exercices avant d'apprendre la leçon.

Les années de collège se compliquent rapidement. Je résiste en maths dès lors qu'il y a des chiffres. Mais j'ai le cœur serré lorsque les lettres complètent l'équation. Je finis de vider mes yeux de toutes leurs larmes quand j'aperçois le mot « géométrie ». Voilà, pour moi, le pire mot de la langue française (avec injustice, évidemment). La chimie et la physique sont des heures de cours angoissantes. Je m'accroche au français et à l'histoire-géo. Cela me permet d'avoir un pauvre dix de moyenne générale. Je suis découragé. Je travaille peu. Je passe plus de temps à jouer au foot ou au tennis qu'à faire mes devoirs, ce qui ne me fait pas maigrir pour autant.

Deux de ces années sont aussi marquées par un professeur de maths tyrannique. Aller à ses cours me serre le cœur. Je suis terrorisé. Je ne comprends rien. Il ne m'épargne pas. Plusieurs fois, je me retrouve le nez sur le tableau. «*Et là, tu la vois la solution???*» me demande-t-il après que je lui ai dit que je ne la «*voyais pas*». Ce professeur a été source d'angoisse. J'aurais tellement aimé que, un jour, un camarade se lève pour dire qu'il était intolérable de traiter un élève comme cela. Qui aurait eu le courage de prendre ma défense, moi qui subissais sa colère. Personne ne l'a fait. Sauf ma mère qui, apprenant que j'aurai ce taré une année de plus, demandera un changement de classe. Il faut dire que j'avais menacé de me suicider si je devais le retrouver. Je suis toujours vivant. Avec le recul, ce professeur reste l'exemple de celui qui abuse d'une autorité qu'il ne détient que de par sa fonction. Nécessairement, je dois à ces souvenirs nombre de mes réactions impulsives ou insolentes devant celles et ceux qui, de par leur mission ou leur métier, peuvent présenter quelques poussées d'autoritarisme.

Mon année de seconde est chaotique. Presque catastrophique. Je plonge complètement en sciences (pas loin de cinq de moyenne). J'arrive à obtenir de bonnes notes aux devoirs à la maison avec la complicité de quelques camarades. Évidemment, les travaux sur table révèlent mon vrai niveau. Je m'accroche au français, même si je trouve cela de plus en plus compliqué. Je le majore quand même au troisième trimestre. Je suis noté sur une représentation théâtrale. Molière. *Les femmes savantes*. Le dix-huit obtenu sauve mon bulletin et mon année. Les mots me sauvent. L'oralité me sauve. Le théâtre me sauve. Les *femmes savantes* me sauvent. L'avenir me montrera qu'il n'y a pas de hasard.

Je change de lycée en première littéraire. J'en ai besoin. Je rencontre alors une proviseure que je n'oublierai jamais. Le jour de la rentrée, elle me convoque dans son bureau. C'est une femme d'un mètre soixante, pas plus. Blonde. Habillée d'un tailleur qui doit coûter le prix de plusieurs consoles de jeux. Une stature exceptionnelle. Un charisme à l'ancienne. Une main de fer, mais dans un gant de velours. Elle me dit que, dans son établissement, aucun élève ne franchit le portail la tête basse. Pas un étudiant ne doit trembler de venir en cours. Pas un de ses « enfants » ne doit craindre d'aller dans la cour de récréation. Pas un de ses « protégés » ne doit se sentir mal dans sa peau. Le discours de cette femme me subjugue. C'est comme si une nouvelle vie s'offrait à moi. Un quotidien dans lequel je serai déchargé de toutes mes peurs. En fait, sans même avoir été attaqué, je me sentais défendu. Je savais que j'aurais, en elle, un défenseur. Quoi qu'il arrive. Et si je devais fauter, elle saurait me le faire comprendre, avec rigueur mais entourée de douceur. Son discours résonne en moi comme aucune autre parole d'adulte ne l'avait fait. Je suis responsabilisé. Protégé. Défendu. Elle finit notre entretien en me disant : « *Je sais que tu iras loin. Je le sens. Des petits comme toi, j'en ai sorti plein. Ne me déçois pas.* » Je sors en pleurant. Cette femme savante a, en quelques minutes, effacé des dizaines de déceptions. Elle a, en quelques secondes, bouleversé mon présent. Elle a, en quelques heures, posé la première pierre d'un futur que j'espère digne d'elle. Madame Armelle Moreno, merci.

Mon année est marquée du sceau de la réussite. Je suis débarrassé de tout ce qui me polluait. Je travaille beaucoup, parce que je fais ce que j'aime. Les matières étudiées me plaisent. Du coup, je m'investis et commence à apprécier le goût de l'effort. Je comprends qu'il me faudra trouver un métier qui me plaira sans quoi mes années de labeur seront des années de galère. Cerise sur le gâteau, je suis élu délégué de classe. La défense de mes camarades de classe est, chaque fois que je dois endosser cette responsabilité, un plaisir immense. IMMENSE. À une toute petite échelle, prendre la défense d'un « collègue », quoi qu'il ait fait et quel que soit notre degré d'amitié ou d'inimitié, est un révélateur. Défendre doit devenir mon métier. Défendre pour accompagner. Défendre pour protéger. Défendre pour relancer.

Défendre pour contrarier. Défendre pour m'opposer à l'autorité. Défendre pour affronter toute sorte d'autoritarisme.

L'année de terminale se passe moins bien. Je passe plus de temps au bowling qu'en philosophie (merci Thibaut). Je n'y arrive pas. Je n'accroche pas. La sagesse des philosophes n'est pas faite pour moi. J'ai mon bac. Je suis sauvé par le jury avec un brillant 10,03 de moyenne. Je regarde mes notes de près. 15 en maths et 16 en sport. Joli pied de nez à mon prof tyrannique et à ceux qui pensaient que je ne me « *bougeais pas* ». Le 16 en sport est glané grâce à une excellente note en ping-pong et au volley. Mon meilleur ami Thibaut – le même qui me faisait louper les cours de Socrate – était dans mon équipe. Il était semi-professionnel. « *Tu me passes la balle et tu as ton bac* » était la consigne. Bien reçu. À quoi tient parfois une carrière ?

Comment se passent vos années universitaires ?

J'entre à l'université de Paris V en sachant comment je voulais en sortir. Je serai avocat pénaliste. Je veux être de ces procès dont tout le monde parle. Je veux être de ces robes que les jeunes lycéens viendront admirer en comparution immédiate. J'ai besoin d'être le super-héros des victimes d'injustices.

Avoir un objectif professionnel affirmé me permet de tenir quand la première année de droit ne répond pas à mes fantasmes, à mes attentes et à mes rêves. Les années de fac se passent. Les notes s'envolent. Je ne suis pas parmi les meilleurs. Mais je suis très fier de lire des appréciations que je n'avais jamais vues sur mes copies de collège et de lycée. Je profite de mes quatre années à Malakoff pour remporter trois concours de plaidoiries. Je découvre le plaisir de l'exercice. En fait, non, je découvre d'abord l'angoisse absolue de la page blanche. Que dire ? Qu'écrire ? Je ne suis pas de ceux qui, comme mon ami Kevin Trodoux, orateur hors pair de ces concours, emmènent leur auditoire grâce à leur culture générale ou à leur humour. Je découvre rapidement que le meilleur moyen de remplir la page est de faire du droit. C'est grâce à son application, conjuguée au talent de Kevin et des autres, que nous gagnons. Le plaisir de la plaidoirie s'offre donc à moi. Je rencontre aussi le bonheur de la joute oratoire. Voilà un exercice que j'apprécie mais qui me perdra plus tard. La joute oratoire des années 2000 ressemble plus à des « battles » impliquant le clash, le chaos et le K.-O. qu'à sa définition médiévale. Je présente quelques qualités dans ce domaine. Au fond de moi, aucune volonté de blesser. Juste un rôle à habiter pour remporter le jeu. Je prends conscience du pouvoir des mots. Ils désarment. Ils déstabilisent. Ils décontenancent. Ils perturbent. Les paroles deviennent plus qu'un bouclier, elles sont une arme qui tranche. J'entends les rires de mes camarades. Je deviens quelqu'un que l'on regarde pour un talent – en est-ce vraiment un ? Je ne suis plus cet étudiant rondouillard et studieux qui ne va pas en soirée.

Pendant mes quatre années à Paris V, je fais des stages très intéressants. L'un d'eux m'est offert par mon professeur de droit pénal, matière que j'adore.

Tous les jeudis, je siège à la cour d'appel de Paris, dans une chambre dédiée aux successions. Mon travail est de faire le rapport, soit la synthèse du dossier et les prétentions des parties. Cela exige des qualités de concision que je n'ai pas. Je ne m'y plais pas. Je n'aime pas ce droit et ne me sens pas à la hauteur de la tâche qui m'est confiée. Et, horreur suprême, je dois rédiger les arrêts. Certains après que la solution m'ait été donnée. D'autres, sans que ce travail intellectuel ne m'ait été mâché. J'étais nul. Cependant, je n'ai jamais senti la moindre impatience ou subi la moindre critique non constructive de la part de la présidente, Madame Kamara. Cette dernière me rappelle Armelle. Un regard bienveillant. Un ton chic. Un sourire choc. Je lui suis reconnaissant de n'avoir jamais cédé à une remarque désagréable. Je retiens plusieurs choses de ce stage. D'abord, je déteste certains droits. Mon choix du pénal est le bon. Ensuite, je me rends compte que le travail de juge est bien plus compliqué que ce que je pensais. Être avocat, c'est facile. On défend une thèse, on trouve les arguments et on est capable de faire exactement le même travail pour soutenir la position opposée. Juger, c'est différent. Quand il a fallu trouver la solution d'un litige, j'ai senti le poids du doute. Malgré mes recherches et les certitudes que j'avais acquises, ma plume tremblait au moment de donner raison à l'un, et tort à l'autre. Rendre la justice est bien plus compliqué que de la demander. C'est également s'exposer à la critique. À la remise en cause. Je suis content que vous me fassiez parler de ces souvenirs. Le professionnel que je suis a fini par oublier cette difficulté.

Mon second stage marquant est effectué chez maître Benoît David, avocat au barreau de Paris. Un printemps, je fais le tour des pénalistes dont le cabinet n'est pas loin de mon domicile pour tenter d'obtenir quelques semaines d'apprentissage. Je suis alors en troisième année de licence. Il me dit qu'il ne prend pas de stagiaire. Cependant, il accepte de me recevoir pour discuter de la profession. Sympa. Je lui demande s'il est possible d'aller le voir plaider. Il accepte. Nous discutons du dossier. Les vacances de Pâques m'ennuient. Roland-Garros n'a pas encore commencé. Je lui demande de me confier, à distance et sans être son stagiaire, une étude à faire. J'ai planché sur la Cour européenne des droits de l'Homme. Je lui rends mon travail. Il me corrige chaque ligne. De fil en aiguille, il accepte ma présence à quelques procès. J'aime beaucoup cet homme. Il adore le pénal. Il aime les gens. Il est président d'une association qui lutte pour les droits des détenus. Pour lui, la détention ne doit pas transformer les humains en animaux. Ces personnes ont des droits. Elles doivent être respectées, *a fortiori* parce qu'elles subissent la force répressive. C'est un humaniste, Benoît. En même temps, avec un tel prénom… Il est différent de beaucoup d'autres. Son humilité rend idiot celui qui se croit arrivé. J'ai le souvenir d'un dossier marquant. Il est trois heures du matin quand nous préparons, assis dans les couloirs du tribunal, l'audience devant décider de l'incarcération provisoire de notre client accusé de meurtre, qu'il nie. Au milieu de la nuit, décision est prise de l'incarcérer. Je suis dégoûté. J'écoute Benoît parler au client et lui donner les premiers conseils pour survivre. C'est la première fois que je suis confronté au regard de l'homme qui part en détention. Nous rentrons au cabinet. Au lieu d'aller nous coucher, nous rédigeons un référé-liberté – sorte d'appel express de la décision. Il est huit heures du matin quand nous terminons. Nous n'aurions pas fait un meilleur travail après du repos. L'injustice de la défaite que nous venions de subir était notre meilleure plume. Résultat : trois jours après, le client était placé sous contrôle judiciaire. Vous pouvez me donner tous les cours que vous voulez. Vous pouvez m'imposer de lire tout ce que vous voulez. Ce soir-là, à vingt et un ans, je sais ce que je veux faire. Et surtout, avec quel genre d'avocat je veux travailler.

Master 2 en droit pénal à Paris XI. Du pénal tous les jours pendant dix mois. Droit pénal de la presse. Droit pénal international. Procédure pénale. Droit pénal des affaires. Droit pénal des biens. Tout. Je partage cette année avec Jennifer Guinard, devenue bâtonnière au barreau de Bergerac. Nous sommes comme frère et sœur. Elle m'a beaucoup apporté sur un plan personnel. Enfin, que dire des professeurs ? Ils écrivent tous dans les plus grandes revues de droit pénal. Je suis admiratif devant leur amour de la matière et la passion avec laquelle ils la transmettent. Les Agathe Lepage, Jacques Francillon, Stéphane Detraz, Haritini Matsopoulou ou encore Emmanuel Dreyer, etc.

Aujourd'hui, c'est grâce à la transmission de leur savoir que j'obtiens bien des relaxes. Même devant la cour d'assises, c'est notre connaissance du droit qui me permet, avec maître Roger Darmanin et maître Angélique Gallucci, d'obtenir des acquittements.

Tout en préparant le barreau dans un Institut d'études judiciaires, je tente le certificat de sciences criminelles dans la prestigieuse Université Paris II Assas, que j'obtiens. Tout y passe : droit pénal, procédure pénale, police scientifique, etc. Passionnant. Une étude très approfondie du droit pénal et de la criminalité.

Vient enfin le « concours » d'entrée à l'école des avocats, le CRPFA[4]. C'est le moment crucial. Avoir cet examen d'entrée est la quasi-garantie

4. Centre Régional de Formation Professionnelle des Avocats.

de sortir diplômé, sauf accident. Je le travaille pendant l'été. Je ne suis pas un stakhanoviste. Je compte le nombre de pages à apprendre par jour quand la majorité de mes camarades s'enferme dans des prépas privées hors de prix pendant des dizaines d'heures par semaine.

Je passe l'écrit moyennement. Quelques oraux se succèdent. Langue, OK. Matières optionnelles, OK.

Depuis que je suis admissible, je n'ai qu'une date en tête, celle du grand oral au coefficient neuf. Le thème : les libertés publiques. Cela me parle évidemment. Liberté de la presse. Liberté d'aller et venir. Liberté par-ci, liberté par-là. Liberté chérie. Ce rendez-vous est fait pour moi. La liberté est au cœur de mes préoccupations. Elle est le corollaire de mon idéal de justice. À l'IEJ [5] de Paris V, le grand oral est un commentaire de décision. Ce n'est pas mon exercice préféré. Mais au moins, la page ne devrait pas rester blanche. Je sais qu'il me faut soigner l'introduction, trouver un plan qui se défende et conclure. Vient le jour fatidique. Les camarades de l'heure d'avant tombent sur la réforme de la garde à vue. Je sais que je n'aurai pas de droit pénal. Qu'à cela ne tienne. Je découvre mon sujet. Je dois commenter un référé du président du tribunal de grande instance de Paris sur les antennes relais. Mon addiction à mon téléphone portable ne m'est d'aucune aide, j'en suis privé. Je m'enferme en bibliothèque. J'ai une heure pour présenter un exposé potable à mon jury composé d'un avocat, d'un professeur et d'un magistrat. Il ne me reste plus que cinquante minutes. Je n'ai rien écrit. Je n'ai même pas pensé. J'ai gâché dix minutes à pleurer. Pourquoi ? Comment ? À quoi me raccrocher ? Où sont les libertés publiques ? Pourquoi n'ai-je pas eu la garde à vue ? Quelle injustice que ce sujet horrible ! Pendant mon heure de préparation, je fais une bonne introduction, plus politique que juridique. On est à quelques jours d'un sommet mondial sur le droit à l'environnement. Je m'y rattache. Un peu de culture générale comme écran de fumée. Je fais un plan dont je ne me souviens plus. J'aurais trop honte. La conclusion devait ressembler à l'introduction. Je finis

5. Institut d'Études Judiciaires.

complètement K.-O. C'est au tour du jury de me poser des questions. Je réponds mal. Je nage. Je coule. Je sors. Je pleure. C'est fini.

Le jour des résultats, je veux être seul. Je vais à la faculté avec l'espoir de mes calculs d'apothicaire. Je lis la liste des admis par-dessus l'épaule d'un camarade. C'est la première fois que je vis ce moment. Pour le bac, une indiscrétion m'avait été donnée la veille… Le plaisir de la découverte avait été gâché.

Je regarde donc. Je lis *« non admis »*.

Je quitte la cohue et m'assois plus loin. Je regarde mes copains heureux. Je vis un sentiment étrange. Une amie de promo vient me féliciter. Je ne comprends pas. Elle me prend par la main pour retourner voir l'affichage. Mon hypermétropie m'a joué des tours. Je suis bien admis. Mon camarade du dessous, lui, ne l'est pas. Je m'étais trompé de ligne, comme si mon inconscient me disait que je ne méritais pas de devenir avocat. Finalement, j'ai eu neuf au grand oral.

Étrangement, mon premier appel est pour mon père. Il a suivi mes études à distance. C'est à lui que j'ai envie de l'annoncer comme si j'étais à la recherche d'une fierté. Il est en pleine rédaction, à France Bleu, en préparation de son émission. *« Je l'ai. Je l'ai. Je vais être avocat »*, lui dis-je. Je m'attendais à une réaction mesurée. Mais je l'entends crier *« Ouais !!! Ah ouais !!! Ah pu… C'est super. Je suis tellement fier de toi »*, le tout en tapant sur son bureau comme on fracasserait le dernier obstacle. Devenir avocat me réconciliait avec bien des choses… et bien des personnes importantes.

Je pense aussi à ma mère. À cette femme qui m'a éduqué. Seule. À cette femme qui m'a tout donné. Même sa confiance lorsque je n'en étais plus digne. À cette femme si inspirante. À cette femme qui écrit des livres, des articles, des pièces de théâtre. À cette femme qui a su – et pour longtemps j'espère – faire reculer une maladie connue pour avancer, toujours, jusqu'à vous écraser. À cette femme qui s'est relevée de souffrances intimes exceptionnelles. À cette femme qui m'a enseigné la révolte. À cette femme qui m'a appris à ne pas demander la parole, mais à la prendre.

À cette femme qui m'a dit qu'il n'y avait d'injustice que pour ceux qui ne faisaient rien pour la combattre. À cette femme qui ne baisse jamais les yeux. Qui ne baisse jamais les bras. À cette femme qui m'a élevé au-dessus des nuages noirs conformistes. À cette femme qui a une résilience exceptionnelle. À cette femme qui est un modèle à bien des égards. À cette femme qui fait de moi l'homme que je deviens. À cette femme qui fait de moi l'heureux avocat rebelle et insolent que je suis.

Enfin, j'ai une pensée pour Armelle, la proviseure. Au moment d'accéder à mon rêve, elle part en retraite. Elle m'invite à son pot de départ, ce qui me touche beaucoup. Je suis impatient de la voir et de la fêter. Je suis encore plus pressé de lui dire la bonne nouvelle. Je lui rappelle qu'elle a été comme une mère. Que, sans elle, je ne m'en serais pas sorti. Enfin, je ne résiste pas au plaisir de lui prendre les mains, les yeux remplis de reconnaissance humide, pour lui annoncer que je viens d'obtenir le concours. Avant de me serrer fort contre son cœur, elle me gratifie d'un de ses regards qu'un homme n'oublie pas. J'y vois son immense fierté, mais aussi de la reconnaissance. Elle ne s'était pas trompée en misant sur moi.

Comme elle, j'aimerais que certaines juridictions puissent tendre la main à des personnes qui, loin d'être mauvaises, n'arrivent pas à exprimer ce qu'elles ont à dire. Je suis naïvement convaincu que la confiance donnée à une personne en difficulté est un moteur pour elle. On ne veut pas décevoir ceux qui nous ont tendu la main. Je veux aussi être de ces gens-là, qui tendent la main, qui protègent, qui révèlent et relèvent ceux qui n'y arrivent pas.

Que se passe-t-il après l'obtention de ce concours ?

Les six mois d'école ne m'apportent pas grand-chose si ce n'est, bien évidemment, les règles de déontologie de l'avocat.

Je poursuis par six mois de stage auprès du parquet de Paris, section criminalité organisée. Je rencontre des magistrats remarquables. Ils sont tous procureurs. Ils combattent les trafics de stupéfiants, les braquages ou encore les réseaux de proxénètes. Le travail est complexe. Je dois rédiger des réquisitoires définitifs, document par lequel le parquet, une fois l'instruction terminée, demande de renvoyer telle personne devant la juridiction de jugement, pour telle infraction. Ou d'abandonner telles charges. C'est un travail très compliqué de synthèse et de responsabilité.

Je retiens de ce stage plusieurs choses. D'abord, la qualité des serviteurs de la justice. Ensuite, le manque de moyens et les conditions dans lesquelles ces magistrats travaillent. Nous n'avions que très peu de chauffage. Il n'y avait pas assez d'ordinateurs, etc. Les côtoyer quotidiennement me fait changer d'avis sur « les procureurs ». Tous me démontrent que j'étais tombé dans le piège consistant à croire que la fonction est indissociable de la personne. Ces magistrats combattent le crime, mais ont du respect pour les avocats de la défense. Ils aiment notre présence. Nous nous sentons respectés pour ce que nous sommes, et voulons être. En retour, nous les estimons et les tenons en respect. Plus tard, dans ma vie professionnelle, je serai dur avec nombre de parquetiers. Je croiserai le fer et n'hésiterai pas à toucher. J'ai oublié les leçons de mon passage en criminalité organisée. Ne jamais confondre le professionnel et la personne qui porte la robe. En retour, j'adorerais sentir le même respect que celui qui nous avait été donné alors que nous n'étions que stagiaires. Et trop souvent, de respect, je n'en sens pas.

Par ailleurs, ce qui me marque, c'est la facilité déconcertante avec laquelle je suis rentré dans un moule. Au bout de quelques semaines, je ne regarde les dossiers que par le prisme de celui qui accuse alors que je les ai toujours lus avec les yeux de la défense, liberté chevillée au corps. En quelques semaines, je suis formaté à rendre des décisions de renvoi devant les juridictions. Si jamais je dois avoir un doute sur une infraction, je renvoie quand même en me disant que le tribunal tranchera. J'ai ressenti, avec le recul, une forme de déresponsabilisation au profit des juridictions. Je ne dirais pas que j'en ai honte car faire l'inverse ne m'aurait pas nécessairement permis d'être bien vu, mais je n'en ressens pas une grande fierté non plus.

Vient enfin le stage final dans un cabinet d'avocat. C'est un moment de vie très attendu. Ce sont les semaines qui nous font entrer dans la profession. Il marque, souvent, le jeune avocat qui s'inscrit dans les pas de son maître ou, au contraire, prend la tangente. Je réalise ce stage chez maître Charles Morel, avocat au barreau de Paris. Charles a été élu deuxième secrétaire de la Conférence. Il a gagné un concours de plaidoiries en trois tours, tous très difficiles. Pendant un an, accompagné de ces onze covainqueurs, il a été désigné d'office dans les affaires criminelles les plus importantes. Être chez lui est l'assurance d'avoir des dossiers de droit pénal, et celle d'apprendre quelques règles d'éloquence. Il se dit, en plus, que la place de deuxième secrétaire est réservée au plus insolent de la bande. Je gère des dossiers de droit pénal très intéressants. Je travaille également le droit de la presse. Enfin, Charles et moi sommes chargés de la défense d'un jeune champion d'échecs accusé de triche. J'adore cette affaire. Elle est complexe. Elle est louche. Les accusations me semblent dilatoires pour ne pas dire infondées. Je découvre un monde dans lequel le procès équitable n'existe pas.

Pendant ces semaines, je sens grandir la confiance de Charles. Je la mérite. Nous sommes souvent en alchimie. Je jouis d'une très grande autonomie, trop importante sur le moment, mais salutaire. Les armes acquises chez lui me permettront de m'installer rapidement plus tard. C'est une jolie rencontre. J'y côtoie également d'autres avocats passionnants. Je pense à la bienveillance de maître Constance Debré, au talent littéraire aussi grand que sa gentillesse. Enfin, ces mois passés place Dauphine sont l'occasion de rencontres personnelles marquantes. Je partage mon bureau avec un autre stagiaire, devenu avocat au barreau de Lyon, maître Gael Morel. Heureusement qu'il était là pour adoucir les moments délicats.

Je sors de l'école des avocats avec mon diplôme. C'est la récompense de tant d'efforts. C'est l'aboutissement de tant de rêves. Il faut désormais acheter la robe et trouver une collaboration pour prêter serment.

Vous évoquez, en parlant notamment de votre mère, cette transmission de l'insolence, de la « rébellion », de l'affrontement de l'autorité. Est-ce un marqueur de votre parcours ?

Dès petit, je rencontre quelques soucis avec l'autorité.

Je ne compte pas les punitions, heures de colle ou autres lignes d'écriture qui n'ont fait que rendre cette dernière illisible.

Je méritais la plupart de mes punitions. Je n'étais pas puni pour un quelconque bavardage ou une bagarre de récréation. J'étais sanctionné car je répondais tout le temps à mes professeurs. Tout le temps. J'étais d'une insolence folle. L'autorité me fait peur, évidemment. L'affronter par l'insolence est une manière de m'en protéger. Et puis, cela me faisait avoir des copains. Je me sentais aimé de mes camarades lorsque j'affrontais le maître. Les mêmes compagnons qui ne me choisissaient pas dans leur équipe de foot. Les mêmes qui me tournaient le dos le reste du temps. Comment pouvais-je arrêter, alors que cette insolence me rapprochait de ceux que mon corps éloignait ?

Aux maux que je ressentais, je répondais par les mots. Des mots d'adultes. Que j'entendais çà et là. J'aimais participer à des conversations de grands. J'adorais écouter des émissions de radio dans lesquelles quelqu'un faisait rire grâce à un bon mot, même si ce dernier pouvait être blessant pour celui qui le recevait.

Et puis, oui, il y a ma mère, insolente de première. Combien de fois ne l'ai-je pas vue défier l'autorité, casser les codes ou encore mépriser la bienséance ? Évidemment, sur le moment, le petit garçon que j'étais avait un sentiment de gêne ou de honte. Mais ce que je voyais, c'est que personne n'avait de pouvoir sur elle. Peu importe que la personne devant elle soit plus grande, ou plus respectable, ou encore plus digne de respect, etc. Elle lui parle d'égal à égal. Je ne compte pas, non plus, les fois où elle a contesté les sanctions qui m'étaient infligées. C'est tellement bon de se sentir défendu. Elle aurait pu – ou dû – être d'accord avec ces punitions sur le plan éducatif. Mais elle ne supportait pas que je puisse être sujet à des sanctions qui n'étaient prévues par aucun règlement, ou pire, qui étaient interdites.

Racontez-nous vos premiers pas en tant qu'avocat.

Je deviens avocat, sur le papier. Il me faut désormais trouver une collaboration à la hauteur de mes attentes.

Je prospecte auprès des grands pénalistes parisiens. J'ai quelques entretiens. Certains se passent bien. D'autres vraiment moins. Ma personnalité n'est pas assez souple pour composer avec ces ténors.

Je continue mes recherches. Un beau cabinet parisien, spécialisé dans la lutte contre les discriminations, me propose une collaboration. L'associé est humain et ne semble pas avoir un caractère incompatible avec le mien. Il me soutient dans ma volonté de passer des concours de plaidoirie. Il veut me confier le pôle pénal, en compagnie d'un autre conseil. C'est une opportunité en or. Cependant, je comprends que je plaiderai peu. Les premiers dossiers dont il me parle, avant même que je ne signe le contrat, ne correspondent pas à mes compétences et à ce pourquoi je dois être embauché. Je rentre chez moi, avec un sentiment étrange. J'ai demandé un délai de quelques heures pour réfléchir.

Le lendemain, je suis reçu par un avocat exerçant en droit routier, maître Olivier Descamps. Il est installé à Pontoise, loin de chez moi. J'y vais en traînant les pieds, poussé par ma mère. C'est assez décontracté que je rencontre ce confrère. Il est différent. Il ne cherche pas à me piéger. L'ambiance est bon enfant. Il me fait penser à Benoît. Bien qu'il me dise qu'il ne faut jamais lui dire «*oui, mais*», je comprends cependant que je pourrais lui expliquer pourquoi il aurait tort, et moi raison. Je quitte le rendez-vous sans espérer quoi que ce soit, mais heureux de cette rencontre.

Le lundi matin, je me rends donc à Paris, dans le premier cabinet, pour signer mon contrat de collaboration. Je n'avais pas ressenti une telle boule dans mon ventre depuis longtemps. Quelque chose cloche. Je n'ai pas envie d'y aller. J'attends dans la rue qu'il soit neuf heures pour me présenter. C'est dire.

À 8h57 le destin sonne. Maître Descamps m'appelle : « *Je souhaite vous voir dans la journée pour signer votre contrat de collaboration.* » Je suis heureux. Et fier. Alors que c'est un grand oui pour moi, je trouve le moyen de lui dire : « *Je vous donne une réponse à 12h.* » Il me demande de le fixer dans l'heure. J'ai trois minutes pour réfléchir. Les deux cabinets sont très différents. Devant ce choix important – avec le recul, il a bouleversé ma vie –, je tente d'appeler ma mère. Personne. Mon père. Personne. Ma tante, avocate. Personne. Je suis seul face à mon destin, dans une rue de la ville qui m'a vu naître. Je finis par monter dans les locaux du cabinet parisien à neuf heures et quelques. J'annonce à l'associé que je signe chez Olivier pour faire du droit routier. Il me dit son scepticisme et regrette que je m'enferme dans un droit qui n'est pas « porteur ». Sa réflexion me soulage. Effectivement, nous ne sommes pas compatibles. Je rappelle Olivier et file à Pontoise. « *Maître Descamps n'est pas là* », me dit l'assistance d'Olivier. « *Il m'a dit de venir signer mon contrat de collaboration* », lui réponds-je avec angoisse. En fait, je devais le rejoindre à Neuilly, dans ses autres bureaux. Farceur celui-là !

Me voilà avocat dans un cabinet de droit routier, à devoir plaider tous les jours, partout en France, devant les juridictions pénales. Olivier me demande également de reprendre ses modèles de conclusions, de les teinter de droit pénal et trouver de nouveaux arguments.

Pendant deux mois, je ne peux pas prêter serment, mon contrat de collaboration tardant à être homologué par le Conseil de l'ordre. Je ne peux donc pas plaider. Ces deux mois de frustration orale me permettent de travailler, des heures durant, le fond des dossiers. Je veux rendre la confiance qu'Olivier m'accorde. Je travaille sans relâche. Je déteste perdre. Je n'ai pas envie de passer pour un incompétent le jour de ma première plaidoirie. Je finis par prêter serment le 5 mars 2012 à la cour d'appel de Versailles. Olivier est là. Au fond de la salle. Je ne m'y attendais pas. C'est une ancienne tradition que peu respectent. Autre coutume, il m'offre un livre qui, de mémoire, parle du droit pénal et des fous. Pour un fou de droit pénal… c'est bien choisi.

Ma première plaidoirie est pour le lendemain.

Racontez-nous cette première plaidoirie.

Olivier me demande de plaider un grand excès de vitesse (plus de 50 km/h). Le client a roulé trop vite. Il n'y avait personne sur la route. C'est un commercial inconnu de la justice. L'objectif est d'annuler le procès-verbal pour vice de forme et/ou d'éviter une suspension du permis de conduire. Je pars à Laon avec ma robe neuve sous le bras, et prêt à développer les conclusions travaillées depuis deux mois. Je regarde le trajet entre la gare et le tribunal. Cela n'a pas l'air bien loin. Ce que je ne sais pas, c'est que cette ville est située sur les hauteurs. Ce qui a l'air proche est en réalité bien plus loin. J'arrive tout juste. Je dégouline. J'enfile ma robe. J'aurais dû m'entraîner. Je mets donc quelques minutes à mettre ma robe. Le client ne sait pas que c'est ma première. C'est un type sympa qui vient du Nord (il n'y a pas de hasard).

Je plaide la nullité du PV, en précisant que c'est ma première plaidoirie. Je pense naïvement que cela excusera une mauvaise prise de parole ou permettra d'obtenir une «*relaxe de bienvenue*» *[rires]*. Après avoir accueilli les chaleureuses remarques du président de la juridiction qui me demande si c'est vraiment ma première – je comprends alors que je n'ai pas été catastrophique –, j'obtiens ma première relaxe.

Oui, le prévenu a roulé trop vite. Mais non, le policier qui a effectué le contrôle n'était pas compétent suivant le Code de procédure pénale. La fierté de cette décision est à la hauteur de mon stress. J'appelle Olivier, comme j'avais appelé mon père pour lui dire que j'avais eu le barreau.

Pendant près d'un an, je sillonne les routes de France. Le TGV devient ma maison, mon lit et mon bureau. Pendant des mois, je conclus et plaide du droit routier. Cette matière bouge. La jurisprudence évolue, souvent en notre défaveur. Je veux me démarquer. Évidemment, mes quelques qualités oratoires me permettent d'être remarqué. Souvent, des gens du public viennent me voir, une fois l'audience terminée, pour me féliciter de ma prise de parole. Mauvais pour l'humilité, bon pour la confiance.

Cependant, le public que je dois convaincre n'est pas celui qui s'assoit derrière moi, mais devant. Pour ce faire, le droit est mon meilleur allié. Durant cette année, et fort des deux premiers mois confinés dans des bureaux, je développe des moyens de nullité que d'autres ne plaident pas, ou plus. Certains passent, d'autres, non. Les juges qui accueillent ces arguments que je suis l'un des seuls à plaider me confortent dans mon idéal de justice. Quand certains me donnent raison, à l'encontre de la jurisprudence de la cour de cassation, c'est un bonheur immense. Pas tant parce que je gagne le procès. Mais parce qu'ils correspondent à l'image du juge que j'ai fantasmée : intelligent évidemment, mais libre et indépendant. *A contrario*, je peste quand je perds, surtout quand le tribunal invoque la jurisprudence et non la loi. Depuis quand sommes-nous liés par les arrêts de la cour de cassation ? C'est la loi que nous devons appliquer, pas la jurisprudence. Nous ne sommes pas dans le système anglo-saxon du « précédent ». Non, la jurisprudence n'a pas force de loi. Pourquoi ? Tout simplement parce qu'il existe des dizaines d'exemples de revirements. Ces quelques défaites, très rapidement, commencent à ébranler mon idéal de justice.

Que retenez-vous de cette première année d'exercice ?

Ce que je retiens, avant tout, c'est mon amitié avec Olivier. Si Armelle avait été une seconde mère, Olivier est assurément un second père. Pendant ces mois, il est attentif à mon équilibre professionnel et personnel. Cela peut sembler bête, mais lorsque je dois plaider à plus de trois heures de train, il m'autorise à voyager en première classe. Quand les audiences sont loin et au petit matin, je peux prendre un hôtel et dormir sur place. Après avoir croisé plusieurs autres jeunes avocats, je comprends qu'il est différent. Et puis, Olivier m'accorde une confiance exceptionnelle. Il me laisse une grande liberté. Très rapidement, je peux conclure seul. Je gère le contact direct avec ses clients. J'ai un accès total, et sans condition, à tous les dossiers du cabinet.

Il est également très protecteur. Il assure ma liberté de ton. Plusieurs confrères qu'il connaît bien, et qui m'ont vu plaider, lui font des retours prometteurs. Tout en lui disant que ma manière de le faire pourrait me causer des ennuis. Ma façon d'affronter l'autorité, de ne pas m'écraser ou d'entrer dans quelques joutes pourrait me desservir devant certains magistrats. Il sait, lui, que je porte ma robe comme un étendard de liberté et comme un bouclier. Parfois, je frôle les limites. Je lui en parle et il me rassure, sans oublier de me dire aimablement ce qui ne va pas. Il a ses défauts, j'ai les miens, mais nous nous sommes trouvés. Olivier est père de deux filles. Je ressens rapidement qu'il prend plaisir à être le père spirituel, protecteur et complice, du fils qu'il n'a pas eu. Je souhaite à tous les jeunes avocats d'avoir un premier patron comme lui. Il est également d'un grand courage et n'a aucun problème d'ego. Il est, enfin, totalement désintéressé. Voilà quelques qualités que je lui envie et qu'il me faut acquérir pour être un homme aussi bon que lui.

Dans un deuxième temps, je retiens que j'ai beaucoup de chance d'exercer en droit routier, matière que je prends plaisir à travailler. Contrairement à ce que beaucoup pensent, le droit routier n'est pas « un petit droit ». Je n'ai jamais fait autant de procédure pénale que dans les procédures de route. Je suis en plein dans mon élément. Et les arguments que nous avons trouvés nous permettent d'obtenir de très nombreuses relaxes, souvent pour vices de forme.

Dans un troisième temps, je retiens la violence des audiences. Je sens que le droit pénal routier cristallise des passions. Je suis étonné de la virulence de certains accusateurs. Combien de procureurs ai-je entendu dire *« vous rejetterez ces arguties »*, accompagnant cette volonté de ne pas entrer dans la discussion juridique d'un revers de manche ? Ce sont ces arguments qui me permettent d'obtenir des relaxes. Ce sont eux qui font que, souvent, sortant de la salle d'audience, des gens du public viennent me voir, tantôt pour me féliciter, tantôt pour me demander des conseils gratuits que je prends plaisir à leur donner. Je ne compte pas, non plus, les remarques teintées de morale – et de bon sens – proférées à mes clients. Dans mon idéal de justice, le procès est un moment d'échange juridique. Avec le recul, je comprends que l'audience est également le moyen de « remonter les bretelles » aux prévenus. Ce serait cela la « vertu pédagogique de l'audience ». À supposer que le client soit relaxé « à cause » du droit, il doit avoir passé un sale quart d'heure. Je ne partage pas du tout cela. Mais, aujourd'hui, je comprends. Alors, pour éviter ce genre de moments, au cours de cette première année, Olivier me dit de plaider en l'absence des clients. L'avantage ? On concentre les débats sur le droit, tout le droit, rien que le droit. On se met à l'abri de la moindre remarque morale qui n'aurait pas sa place dans un tribunal laïque. L'inconvénient ? Cela énerve les juridictions. La violence et la brutalité ne sont plus alors dirigées contre le prévenu mais contre son conseil qui a décidé de comparaître seul.

Évidemment, les audiences qui se déroulent vraiment mal sont une minorité. Cependant, elles me marquent au fer rouge. Chaque fois que je suis confronté à ces travers, la brûlure se réveille.

Encore aujourd'hui, ces comportements – avec l'absence de neutralité et d'indépendance – me révoltent bruyamment et peuvent conduire à des incidents d'audience. La fuite devant le débat juridique me rend fou. Pourquoi, alors que ces magistrats sont si vifs intellectuellement, fuient-ils un débat juridique passionnant ? Comment passer à côté d'occasions qui se présentent de moins en moins ? Les juridictions pénales sont moins saisies de plaidoiries juridiques que de demandes de clémence. Ce droit ne les intéresse pas ? Est-il trop spécifique ? N'ont-elles pas le temps ? Il y a certainement beaucoup d'explications respectables. Cependant, c'est un manque de respect que de ne pas tenter de contredire son adversaire lorsque ce dernier prend peine d'inviter la loi dans une salle pénale qui n'en accueille pas assez. Ou alors, il faut dire que la défense a raison. Cela arrive. Dans ces moments-là, je revis. Mon idéal d'une justice ancrée dans le droit reprend vie.

Vous évoquez cette brûlure au fer rouge lorsque vous constatez certains comportements minoritaires. Voilà douze ans que vous plaidez. Vous avez plus

de mille cinq cents plaidoiries à votre actif. Quelles sont vos relations avec les magistrats désormais ?

Elles pourraient être meilleures. Elles doivent être meilleures. J'entretiens de bonnes relations avec beaucoup. C'est plus tendu avec d'autres. Cependant, il n'y a aucun conflit personnel. En tout cas, pas de mon initiative.

Quels que soient les exemples que je développerai plus tard, les audiences se passent souvent très bien. Par la force des choses, et parce que vous me demandez mes colères, je vous raconte les moments tendus, et critique certaines attitudes. Permettez-moi d'ajouter, malgré tout, que c'est une minorité des cas après plus de mille cinq cents plaidoiries en douze années. Je côtoie bien plus de magistrats et procureurs respectueux que l'inverse.

Y a-t-il des raisons qui expliquent ces relations fraîches ?

C'est une question à laquelle je réfléchis beaucoup. Depuis plusieurs années, les relations entre magistrats et avocats se sont beaucoup tendues, ce que je regrette. Les deux métiers ne se comprennent plus. Je crois que les deux professions ne communiquent pas assez. Pour dire vrai, je ne veux pas entretenir ce conflit. Et je dois apporter ma pierre à un édifice de paix.

La première raison tient à mon caractère. Je ne le dis pas comme une excuse *[rires]*. Je présente une sensibilité très importante dès lors que la présomption d'innocence est bafouée, que les droits de la défense ne sont pas respectés ou encore que les jeux semblent faits avant même de plaider. Je n'aime pas, non plus, que l'on manque de respect à ma robe ou au citoyen. Je goûte également peu que la morale laisse place au droit. Je suis susceptible sur ces sujets. Je le sais. J'y travaille. Cependant, il est très difficile de se séparer de traits de caractère qui, en même temps, entretiennent ma flamme. C'est une question de dosage et d'équilibre.

La deuxième tient à la matière que je traite. Le droit routier cristallise de très importantes passions. Personne ne supporte que quelqu'un puisse mettre en danger autrui sur la route. Personne ne peut évidemment tolérer que, à cause d'un téléphone, des stupéfiants ou de l'alcool, la vie d'innocents soit anéantie. Le climat de ces procès n'est donc jamais vraiment neutre. Le seul fait que je puisse être l'avocat de ces gens-là me positionne, d'office, dans un mauvais rôle. Mon image, avant même que je n'ouvre la bouche, est abîmée. Je crois vraiment à cette raison. Lorsque je suis avocat de victimes, il n'y a jamais le moindre incident. Je suis du « bon » côté de la barre. C'est apaisant pour tout le monde. Le seul contre qui je peux m'énerver, c'est l'auteur. Et quand cela arrive, seul l'avocat de la défense me reproche mes excès. Les défauts que je présente quand je suis avocat de la défense deviennent des qualités quand je suis avocat de victimes. C'est ainsi. Tant mieux pour ces dernières.

La troisième raison tient au fait que je développe des points de droit visant à obtenir la relaxe. Immédiatement, cela crispe certains. Pour arriver à cette fin, j'attaque la procédure. Je pointe tout ce qui a été mal fait. Quand je développe de tels arguments, j'ai la parole en premier. L'avocat de la défense, qui a déjà le tort d'être présent, se mue alors en contre-attaquant. Finalement, je deviens une sorte de procureur de la procédure contre le procureur des faits. Quand les policiers ou les gendarmes ont fini leur travail, ils le soumettent aux procureurs qui sont chargés de s'assurer de sa régularité. Eu égard au nombre de dossiers traités et aux conditions dans lesquelles ces professionnels de qualité peuvent travailler, il est normal que certains « couacs » passent entre les mailles du filet. Il n'est pas rare, *a contrario*, que certains dossiers soient classés sans suite pour irrégularité dès le stade du tri. Toujours est-il que lorsque j'attaque la procédure, et la manière dont les policiers ou les gendarmes ont travaillé, je critique indirectement le travail du procureur qui est directeur d'enquête. Cette argumentation de contre-attaque tend les relations, en tout cas avec le parquet. Souvent, cela peut même agacer le magistrat du siège qui, bien que protégé par sa robe, peut exécrer les gens que je défends et vouloir les condamner, le doute ne leur bénéficiant alors plus.

La quatrième raison tient à l'image que j'ai de la justice. J'ai un idéal de justice qui est encore un peu naïf. Je crois encore que le droit l'emporte toujours. Je crois encore que le doute profite au prévenu. Je crois encore en l'indépendance des magistrats du parquet bien que la Cour européenne des droits de l'Homme ait jugé l'inverse. Je crois encore à la liberté de parole. Je crois encore au respect des robes. Je crois encore aux bonnes relations entre professionnels. Je crois encore que le débat, aussi tendu soit-il, existe. Je crois encore en la neutralité. Je crois encore en l'objectivité. Je crois encore que la robe protège des convictions personnelles et des sentiments. Vous savez pourquoi j'y crois encore? Parce que la très grande majorité des audiences alimente ces croyances. Cependant, parfois, ces dernières sont fragilisées par certains.

Prenons la question de la neutralité. Le ministère public est une partie, il défend sa position. Cependant, il reste un magistrat. Il est «*la bouche de la loi*». Cela lui impose donc de demander l'application de celle-ci, même quand elle lui est défavorable. Il se doit d'être objectif. Pas forcément neutre. Mais plus «au-dessus» de la mêlée. Alors, quand certains ne répondent pas à mes arguments, ou lorsqu'ils tentent de les contrer à coups de jurisprudence au lieu de parler de la loi, mon idéal de justice tombe. Ma naïveté me joue des tours. Je crois encore que mon adversaire peut me rejoindre sur de nombreux points tant ils sont évidents. C'est peut-être un manque d'humilité. Ce n'est pas la contradiction qui me dérange. Au contraire, j'en ai besoin. Mais, parfois, la réponse donnée est tellement... déroutante qu'elle provoque en moi une révolte que je peine à ne pas exprimer. Dans ces moments-là, j'en veux à mon adversaire. Il n'est pas à la hauteur de l'estime que je lui porte. Il me révolte parce qu'il me déçoit. À l'avenir, il m'appartiendra de ne plus rien attendre de lui. Cependant, il y aura toujours des procureurs ayant une vision différente. Je pense à nombre de magistrats du parquet de Lille qui, lorsque la procédure est bancale ou si le doute est présent, se lèvent pour requérir la relaxe. Je pense, en premier lieu à Monsieur Éric Fouard, ancien vice-procureur de Lille, parti à la cour d'appel de Paris. J'ai d'autres exemples en tête, mais leur nom m'échappe. Je pense aussi à Madame Le Galloudec ou encore l'excellent Thibaut Druon. Lui, je l'adore. D'abord, il connaît ses dossiers par coeur. Ensuite, il aime le débat. Il apprécie même que cela secoue. Un jour, je vais le voir pour discuter. Je lui demande comment il fait pour ne jamais s'énerver. Sa réponse me surprend, et je l'appliquerai souvent. Il me dit «je n'écoute pas» en riant. Je crois qu'il dit vrai. Depuis lors, mon écoute est plus flottante, ce qui me permet de ne pas tout relever.

Concernant le magistrat du siège, j'ai une exigence intransigeante concernant son impartialité et sa neutralité. Ce n'est pas un caprice. Je sais que nombre de présidents de juridiction sont très attentifs à cela. Je pense, notamment, à Monsieur Guillaume Meunier. Ce magistrat est un modèle, il répond à cet idéal de justice que je fantasme. Il est sévère quand il fait du pénal, mais il est juste. Jamais, avec lui, je n'ai eu le moindre sentiment d'injustice. Il n'est pas d'accord avec mes arguments ? Il explique, il justifie, il laisse plaider, il écoute attentivement – il existe quelques magistrats qui ne lèvent même pas les yeux pour écouter l'avocat. Il est ouvert au débat et à la confrontation d'idées. Ajoutez-y une touche d'humour irrésistible. Vous avez la recette d'un magistrat qui vous fait croire en la justice. Par ailleurs, dans les relations de palais, il n'est pas celui qui va fuir ou vous accuser. Plusieurs fois, nous avons échangé. Je crois qu'il m'estime. Je lui rends la réciproque au centuple. Quand il me parle, il me convainc. Quand il me dit, dans un sourire : « *non mais là, vous avez déconné* », sa remarque percute directement. Parce qu'il n'a pas ce ton accusateur. Si j'avais eu un grand frère, j'aurais aimé qu'il ressemble à cet homme.

Vous disiez que vous attendiez du juge de l'impartialité et de l'objectivité.

Absolument. Dans mon idéal, le juge du siège est déconnecté de tout sentiment. En tout cas, puisque ne pas en avoir est impossible, j'attends de lui qu'il ne les montre pas. Qu'y a-t-il de plus détestable, pour un citoyen, de comprendre par quelques remarques, plus teintées de morale que de droit, que son sort est déjà scellé avant même que son avocat ne l'ait défendu ? Souvent, j'explique à mes clients que les questions posées par la juridiction seront dérangeantes pour lui. C'est normal. Je justifie même certaines par la « vertu pédagogique de l'audience ». Et puis, un autre jour, soit parce que je suis épuisé, soit parce que la neutralité du juge n'existe pas, je fais une remarque. Forcément désagréable. C'est déroutant de se retrouver face à un magistrat qui a déjà condamné le client avant même la plaidoirie. Il n'est pas rare que, en retour, je me fasse accuser d'agressivité ou même menacer d'outrage. L'avocat, qui n'a fait que demander une neutralité apparente, se retrouve accusé d'être agresseur, outrancier, outrageant, et autres qualificatifs adorables. Il est dur, pour un juge qui pense bien faire, d'entendre qu'il manquerait d'objectivité et qu'il pourrait être partial. Surtout lorsque la critique est émise en public. À sa place, je le prendrais mal. Mais je dois le dénoncer. Devrais-je attendre la fin de l'audience ? Cela n'aurait aucun intérêt. Pourrais-je le faire plus finement ? Certainement. Cependant, c'est également l'image de la justice auprès des citoyens qui se joue. Ce mélange peut donc devenir explosif. Quand je constate l'apparente partialité du juge, je ne le fais pas pour lui faire du mal, l'humilier ou montrer les muscles. Mais parce que je suis immédiatement saisi par un sentiment puissant d'injustice. Si celle ou celui qui incarne la justice, la rectitude, le droit et l'impartialité, se mue en procureur bis ou en curé, c'est tout mon idéal qui s'effondre. À quoi je sers ? Pourquoi j'existe ? Pourquoi ne pas faire rendre la justice par des robots alors ? C'est le même sentiment qui m'habite lorsque je sens – et je ne pense pas être parano – que le juge du siège cherche davantage le moyen de condamner que de trouver le doute. Ce n'est rien d'autre qu'une question de respect de la robe, du prévenu, de l'avocat, de l'institution tout entière.

Cela fait plusieurs fois que vous mettez en avant cette notion de respect. Cependant, vous dites aisément que vous n'êtes pas des plus respectueux ?

Je crois que je suis bien plus irrévérencieux qu'irrespectueux. J'ai du respect pour tous les professionnels de justice. Je le dis, je le clame. Je n'ai aucun *a priori* sur qui que ce soit. Je lutte suffisamment contre les préjugés – et les préjugements du reste – pour ne pas en avoir. Devenir magistrat est extrêmement difficile. Lorsque je regarde les sujets du concours d'entrée et de sortie de l'École nationale de la magistrature, je sens un souffle d'humilité me parcourir la nuque. Ces professionnels du droit ont des compétences que je n'ai pas, et n'aurai jamais. Mon respect vient, en premier lieu, de là. Par ailleurs, être magistrat, au quotidien, n'est pas plus simple. Rendre la justice est une sinécure, surtout dans les conditions matérielles et salariales connues de chacun. Défendre, c'est facile. Juger, c'est difficile. Ces professionnels apprennent que douter est le meilleur rempart pour se prémunir de mauvaises décisions. Toutefois, cette absence de certitude peut devenir un ennemi qui fragilise. Il doit être très compliqué de trouver un équilibre entre ce doute et la confiance en soi, qui peut également devenir dangereuse quand elle empêche l'écoute, ou la remise en question. Aucun procès ne peut m'être fait. J'ai du respect pour la magistrature.

Cependant, je pars d'un postulat, idiot peut-être, mais d'une grande simplicité. Au quotidien, je suis intolérant avec ceux qui manquent de respect à mes clients ou à ma robe. Si je suis attaqué, je réponds. Avec une limite évidente : le respect de la loi.

Je suis au service de la justice. Pas de ceux qui la rendent. Je ne suis le subalterne de personne. On ne me crie pas dessus. On ne me demande pas de m'écraser. On ne me reproche pas ce qu'on ne s'applique pas à soi-même. On ne me parle pas avec mépris. On n'écarte pas mon travail d'un revers de la main sans autre explication que le dédain. On ne manque pas de respect à ma robe. On ne piétine pas le Code de procédure pénale.

Prenons un exemple.

Le Code de procédure pénale n'oblige pas la défense à produire ses conclusions de nullité à l'avance. Pourtant, si l'avocat ne les soumet à son contradicteur qu'à l'audience, le renvoi sera prononcé. Cela ne choque pas.

Mon contradicteur doit connaître mes arguments – encore que je ne sais jamais les siens. Cependant, il faut voir avec quelle véhémence certains peuvent s'en prendre à moi. Cela m'est arrivé d'oublier de conclure, ou de tarder. J'ai été invectivé. Je me suis retrouvé comme un enfant dans le bureau du directeur. J'ai été traité avec des mots durs, que j'encaisse. Mais pourquoi cette violence? Depuis douze ans que je conclus, j'ai dû transmettre tardivement vingt fois. Toutes les autres conclusions ont été envoyées en avance. Et malgré mes démarches, il est arrivé que le service concerné ne transmette pas mes écritures ou les égare. Ce n'est pas bien grave. Mais à l'audience, à l'évocation de mes conclusions qui n'avaient donc pas été reçues malgré mon accusé de réception, je me suis fait traiter de menteur par le procureur et le magistrat du siège. De menteur, textuellement. Et, lorsque j'ai montré l'avis de réception, ils m'ont reproché de ne pas être venu déposer mon travail dans le bureau du parquetier. Là, ce n'était plus l'élève dans le bureau du directeur ni même l'enfant puni par ses parents. C'était le petit larbin sermonné. Quand le dossier est revenu plusieurs mois après, pensez-vous que j'ai été destinataire de l'argumentation de mon adversaire ? Bien sûr que non. Moi, je devais ramper. Finalement, plusieurs mois plus tard, j'obtiendrai la relaxe. Le procureur n'est plus le même. Il requiert même la relaxe en toute objectivité.

Revenons sur les raisons de vos relations fraîches. Vous en avez développé quatre. Y en a-t-il encore ?

La cinquième raison tend à mon amour de la joute. L'art du combat oratoire a toujours été un plaisir chez moi. J'ai toujours goûté avoir des débats intellectuels teintés de petites phrases ou de formules piquantes. Lorsque l'argument opposé ne me convainc pas ou, pire, lorsqu'il me semble inexact, voire inaudible, je fais exprès de le tourner en dérision. Pour révéler l'ineptie que j'entends, je la souligne par une exagération du trait ou par une comparaison parfois très maladroite. Je ne veux pas blesser, stigmatiser ou humilier. Je désire simplement que le juge saisisse combien l'argument ne peut retenir son attention. C'est aussi l'occasion de dénoncer la mauvaise foi, parfois incroyable, de mon contradicteur. C'est dans ce genre de situation que je peux être très maladroit. Et puis, j'ai aussi connu beaucoup d'attaques *ad hominem*. Dois-je me taire face à cela ? Je ne veux pas être un avocat qui pleurniche auprès de ses instances que tel magistrat a dit ceci ou tel autre a dit cela. La dénonciation n'est pas dans mon ADN. La plainte, non plus. La joute oratoire me permet de répondre à ces attaques. Comme un grand.

Je veux le dire ici. Je n'aime pas blesser. Je n'ai pas de mauvaise volonté. En revanche, j'ai cet amour de la « battle ». Certains me disent que le tribunal n'est pas un ring. Je suis d'accord. Cependant, il ne faut pas nier qu'un procès, c'est brutal. Pour tout le monde. Les enjeux sont importants. Les sentiments sont exacerbés. Les uns attaquent. Les autres défendent.

Vous regrettez certains écarts de langage ?

Oui. Soit ils ont blessé, et je m'en veux beaucoup même si l'intention n'était pas celle-là. Soit ils ont choqué, et alors il me faut être critique envers moi-même. Dans de nombreuses situations, j'aurais pu laisser couler ou me taire. Et quand le silence m'était impossible, j'aurais dû avoir l'intelligence de dire les choses autrement.

Parfois, le sentiment d'injustice emporte mes bonnes résolutions. J'y travaille. Je ne serai jamais courbé ou révérencieux. Cependant, je dois apprendre à être plus fin. Plus doux. Plus intelligent. Il faut que j'apprenne à être déçu de la réponse qui m'est donnée. J'ai un idéal de justice. Certains le déçoivent. Peut-être ceux-là ont-ils un idéal auquel je ne corresponds pas. Ils font avec. Je dois les rejoindre.

Vous n'échangez pas avec les juges sur tout cela ?

Si, évidemment. Il n'est pas rare que, comprenant qu'une remarque est mal passée, je profite de la plaidoirie pour présenter des excuses. Je peux également le faire plus discrètement. Je connais mes limites et mes maladresses. Si je sais qu'une remarque a pu blesser, je n'ai aucun problème à revenir dessus et battre ma coulpe. Quelquefois, des procureurs ont vu que telle observation m'avait blessé. Ils n'ont pas hésité à m'adresser alors un mot sympathique. C'est cela, la relation que j'aime avec ces professionnels. On peut se dire des choses dures. Parfois mal exprimées. Mais nous devons partir du principe qu'aucune invective n'est faite gratuitement. Jamais je ne passe la porte d'un tribunal ne me disant: «*ça va saigner*». J'aimerais vraiment que mes interlocuteurs comprennent que si je m'énerve c'est qu'il y a une raison. Elle peut être mauvaise, mais elle existe. Je ne suis pas méchant.

Il m'est également arrivé de solliciter un entretien avec un juge. À chaque fois – sauf une peut-être –, les choses s'apaisent. Je n'ai pas de difficulté à m'excuser ou reconnaître un écart. Souvent, je vais tenter de l'expliquer, voire de le justifier. Il est intéressant de constater combien les relations «off», c'est-à-dire en dehors du public, sont bien plus faciles, quand elles existent. Chaque fois que j'ai eu à m'entretenir avec un magistrat qui m'expliquait les raisons de sa colère contre moi, je l'ai entendu. Pas une fois, au cours de ces entretiens, je n'ai senti de mépris. Je ne me suis jamais senti comme l'enfant convoqué par son directeur. Je leur en sais gré.

Vous retenez quoi de cette introspection ?

Dans un premier temps, je retiens la volonté d'échanger régulièrement avec les magistrats. Je comprends la réticence de certains, mais faire connaissance ne rime pas avec complaisance. Quand je discute avec le président de Béthune, ou avec Madame Drouard, juge de la 9e chambre correctionnelle de la cour d'appel de Douai, je progresse à leur contact. Je comprends leurs positions, leurs difficultés ou encore leurs attentes. La connaissance des personnes qui rendent la justice me permet d'avoir une autre image que celles renvoyées en audience. Me connaître leur permet également de mieux me comprendre. Non, je ne les méprise pas. Non, je ne suis pas un anti-juge. J'adorerais que certains puissent lire ce livre. Pas tant pour qu'ils profitent de ces quelques lignes d'excuse. Mais pour qu'ils sachent pourquoi je suis à fleur de peau. Pourquoi certaines choses qui peuvent leur paraître insignifiantes ne le sont pas pour moi.

Dans un deuxième temps, je retiens qu'il me faut éviter de tomber dans le piège de la joute oratoire. Je dois pouvoir tourner en ridicule un argument ou un développement sans que cela ne déborde sur une diatribe contre la personne qui le soumet à la juridiction. Critiquer une idée, oui. M'en prendre à la personne, non. C'est ainsi que j'imposerai le respect. Quand j'arriverai à mettre en avant mes qualités sans les gâcher par mes défauts, j'aurai tout gagné.

Reprenons la chronologie de votre parcours. Au bout d'un an, vous quittez Olivier.

Je ne le quitte pas. Je pars. Un avocat lillois me propose de reprendre progressivement sa clientèle. C'est un confrère réputé en droit pénal, droit de la famille et droit routier. Je le connais personnellement. Je pars m'installer dans le Nord. L'opportunité est intéressante. Finalement, cela ne se passera pas comme prévu. Au bout de quelques semaines, je m'installe seul, très bien accueilli par les personnes qui tiennent le centre d'affaires dans lequel j'ai encore mes bureaux, et qui sont devenus de très précieux amis. Ma clientèle se développe. Je parcours encore beaucoup la France. Puis je me fixe dans le Nord. J'apprends le droit administratif de la route qui me permet de récupérer des permis invalidés pour solde de points nul. L'adversaire n'est pas le procureur, mais le ministre de l'Intérieur. J'arrive à en récupérer un, deux, dix, cent, etc.

Vous n'avez pas peur de devenir « l'avocat de la délinquance routière » ?

Poser une étiquette sur moi revient à dire que je suis reconnu pour une compétence. Ce qui n'est pas, en soi, si négatif. Cependant, non, je ne suis pas l'avocat de la délinquance routière. Je suis attaché à ma liberté. Et ma robe en est le plus beau symbole. Je suis avocat avant tout. Je ne revendique pas le droit à adopter des comportements dangereux ou illégaux. Je ne réclame pas que l'on puisse rouler plus vite. Je ne revendique pas que les gens puissent boire avant de conduire. Je suis attaché à la défense des personnes. Pas à celle d'une autre cause que celles qui m'ont permis de devenir avocat.

De manière générale, je n'aime pas que l'on colle des étiquettes aux personnes. C'est nier la richesse de l'être humain. C'est l'enfermer dans une case. Enfermer comme on emprisonne. Ceux qui mettent des étiquettes, peu importe la raison, sont des ennemis de la Liberté. Ils sont même des ennemis de l'Humain.

Enfin, je comprends ceux qui veulent me coller cette étiquette. Certains ont souffert, de près ou de loin, de cette délinquance. Comment leur en vouloir ? Il m'appartient d'expliquer que je ne passe pas mon temps à défendre des gens qui blessent ou tuent. C'est une minorité de mes dossiers. Et tant mieux. Je lutte aussi contre des contraventions inexistantes et contre les dysfonctionnements de la justice. Je tente de conserver le permis de conduire d'un père de famille qui doit aller chercher ses enfants à l'école ou d'une mère, professionnelle de la route, qui serait au chômage si je n'intervenais pas. Quand un ambulancier, un chauffeur de bus, un taxi, un livreur ou un routier vient me voir parce que, après des années et des dizaines de milliers de kilomètres, il a perdu son permis à cause de petites infractions qui ne tuent pas ou ne mettent en danger personne si ce n'est lui (ceinture par exemple), au nom de quoi ne devrais-je pas l'aider à garder son emploi en sauvant ou en récupérant son permis de conduire ? Quand un jeune conducteur, qui ne boit pas, qui ne fume pas, qui ne roule pas trop vite, ne respecte pas les distances de sécurité et oublie un clignotant, lui faisant perdre tous ces points, en quoi est-il honteux de lui sauver son permis de conduire ? Et si ce jeune conducteur profitait de son permis de conduire pour emmener sa grand-mère suivre des soins toutes les semaines ? Être avocat du permis de conduire, c'est cela, avant tout. En proportion, les dossiers de blessures et homicide, c'est 5% de ma clientèle. Et puis, être avocat en droit routier, ce n'est pas défendre les auteurs contre les victimes. Je comprends que l'auteur soit l'ennemi de la victime. L'inverse n'est pas vrai.

Personne ne vous affuble jamais de cette étiquette d'avocat en droit routier ?

Pour dire vrai, cela ne m'est presque jamais arrivé.

J'ai le souvenir de quelques audiences pendant lesquelles le procureur m'avait gratifié de petites douceurs relevant qu'il n'avait «*aucune leçon de droit à recevoir de la part d'un avocat qui se rend complice des morts sur la route*». Que voulez-vous que j'oppose à un tel argument juridique *[rires]* ?

C'est arrivé aussi quand j'ai commencé à me battre pour que les victimes aient plus de droits, notamment quand j'ai été reçu au Sénat. Ceux qui me collent cette étiquette sont ceux qui craignent que j'empiète sur leur pré carré. Enfin, sur ce qu'ils tentent de faire croire comme étant leur propriété.

Comment êtes-vous passé de la défense des permis de conduire à celles des victimes de la route ?

Je n'étais pas destiné à la défense des victimes. Et j'assume totalement avoir changé de position.

Outre le combat contre l'injustice, j'ai souhaité épouser la robe pour ressembler aux avocats de la défense que j'allais fréquemment admirer aux assises ou dans la salle des comparutions immédiates du tribunal judiciaire de Paris. Cette admiration ne s'explique pas par la défense d'un crime ou d'un délit mais par le combat que ces professionnels menaient. Cela pouvait être l'innocence d'un homme. Vraie ou pas. Cela pouvait être les critiques acerbes du travail des policiers qui prenaient pour acquis des éléments qui n'avaient pas de force probante. Cela pouvait être le sentiment que les policiers, ou les juges d'instruction, n'avaient pas mené leur enquête à charge et à décharge. Cela pouvait être la personnalité du client qui n'imposait pas une peine de prison. C'était évidemment, aussi, la liberté de ton de l'avocat. Il peut dire ce qu'il veut tant que c'est dans la plaidoirie. Il peut être d'une grande brutalité pour s'opposer, comme ultime rempart, à l'accusation. Je voulais être le seul aux côtés de celui que la machine judiciaire écrase. Mes yeux ne brillaient donc que pour les avocats de la défense. J'avais le sentiment que seule cette position pouvait me permettre de lutter contre mon sentiment d'injustice. Et puis, j'ai fait mes études de droit après avoir été bercé par les procès Patrick Dils, Omar Raddad ou encore l'affaire d'Outreau. Comme tant de citoyens, je découvrais des avocats qui étaient l'incarnation de ces héros et de ces Zorro que je voulais être. Ils m'avaient convaincu que leurs clients étaient innocents. Et puis, disons les choses. Ils ont une « gueule ». Une gouaille. Ils semblent n'avoir peur de rien.

Être avocat de la défense était aussi, pour moi, le moyen de pouvoir défier l'autorité. Et, plus exactement, d'avoir le droit de le faire sans que l'on puisse me le reprocher. Défier la « figure du père » comme diraient les psychanalystes.

Je crois qu'il y avait aussi la volonté d'être le « sauveur ». C'est un manque d'humilité, je le confesse. Si je n'avais pas été aussi nul en sciences, peut-être aurais-je tenté d'être médecin. J'aurais aussi pu devenir sauveteur en mer. Mais courir et nager vite, dans une tenue qui ne me met pas en valeur, alors que je me traîne entre trente et quarante kilos de trop, ne me semblait pas être la meilleure idée. Ni pour les noyés. Ni pour moi.

Par ailleurs, la défense de ceux qui sont accusés, quand bien même sont-ils coupables, me fait penser à mes années scolaires. J'étais un enfant turbulent. J'aurais aimé, parfois, que quelqu'un – un ami ou un adulte – puisse expliquer ce que je n'arrivais pas à dire. J'aurais voulu avoir un défenseur, ou à tout le moins, un porte-parole. J'aurais adoré avoir un soutien. Qui m'aurait dit les choses. Mais qui aurait tenté de me comprendre au lieu de passer son temps à me sermonner. Je pense aussi à toutes ces bêtises que je n'ai pas faites, mais pour lesquelles j'ai été puni.

Pour répondre à la question de la transition, je crois que je m'étais enfermé dans l'idée que les victimes n'avaient pas nécessairement besoin d'avocat. Avec le recul, c'est un raisonnement idiot. Je constatais qu'elles avaient tout le monde avec elle. Du policier au juge. En passant par le procureur. Je ne voyais pas quelle pouvait être ma place.

Je n'avais pas encore compris non plus, qu'être victime de la route, c'est subir nombre d'injustices. Je n'avais pas entrevu que le rôle de l'avocat, c'était aussi celui d'accompagner. Je n'avais pas vu que, défendre des victimes, c'était aussi faire du droit. Je n'avais pas saisi qu'il existait un adversaire à combattre, qui incarne l'injustice : l'assurance.

Depuis, grâce à mes expériences, au recul pris sur douze ans de plaidoirie et à des rencontres bouleversantes, j'ai complètement changé d'avis. Je suis devenu, sans l'ombre d'un doute, un avocat de victimes de la route aussi engagé et combatif que j'aime l'être lorsque je suis en défense. Ce livre en est l'illustration.. Mes détracteurs pourront toujours dire que je défends des permis. Lequel d'entre eux a donné la parole aux victimes comme nous l'avons fait ? Par ailleurs, je profite de chaque passage dans les médias pour revendiquer. Je ne veux pas être un commentateur de faits divers. Chacune de mes apparitions à la télé, à la radio, ou dans les journaux, vise à revendiquer plus de droits pour les victimes. Pendant Palmade, je critiquais déjà l'absence d'accompagnement psychologique. On me répondait répression. Pendant l'été 2023, je demandais que les chauffeurs de cars ou de bus qui conduisent nos enfants soient mieux choisis. On me répondait répression. Pendant le débat sur l'homicide routier, je réclamais un Grenelle des victimes de la route. On me répondait répression et changement de mots. Je ne compte pas, non plus, les propositions concrètes et techniques que nous aborderons dans quelques minutes. *A contrario,* m'avez-vous déjà entendu réclamer plus de droits à conduire vite, ivre ou après avoir consommé des stupéfiants ? Il m'est arrivé de critiquer la politique de répression. Cela ne veut pas dire que je demande moins de droits pour les victimes. Que ceux qui me reprochent d'avoir cette double casquette se rassurent. Je ne prends le travail de personne. Je ne fais d'ombre à aucun égo. Je me bats pour ce qui me semble juste. La critique, je l'accepte. Mais j'adorerais que ceux qui ont le verbe haut et la critique facile mettent leur énergie à combattre comme je le fais, dans le seul intérêt des victimes. Moi, je ne perdrai pas de temps dans des polémiques stériles de personnes qui commentent mais n'ont pas l'ombre d'une proposition. Quand je pense que certains se regardent le nombril parce qu'ils ont participé à la création de la loi sur l'homicide routier... Vous aurez noté que, même les associations sont déçues de cette loi. Seuls ceux qui ont été reçus et auditionnées par le législateur sont contents. Tant mieux pour eux. Je peux vous dire que, si j'étais appelé par qui de droit, ce n'est pas une proposition que je ferai. Mais cent.

Revenons à votre parcours. Qu'est-ce qui vous a fait changer d'avis ?

D'abord, j'ai beaucoup pensé à un évènement que je refoulais tant il me dérangeait, enfant. Petite, ma mère a été gravement agressée. Personne ne l'a crue. Pire, certains, y compris sa mère, ont tenté de lui faire croire qu'elle «*l'avait bien cherché*». Quand ma mère m'en avait parlé, plus jeune, je n'arrivais pas entendre cette histoire. Je refusais de la voir comme victime, affaiblie par une agression tellement injuste. Il m'était compliqué d'admettre que ma mère puisse jouir d'une autre image que celle d'un roc, intouchable, inébranlable et inattaquable. Me «défusionnant» d'elle, j'ai repensé à cela. J'ai alors accepté d'entendre l'injustice incroyable qu'elle avait subie. Et elle n'avait pas eu la «chance» d'avoir un procès ni même de voir son agresseur être arrêté. J'ai compris son histoire et l'ai entendue à travers le prisme de l'injustice. Injustice d'une agression. Injustice de ne pas avoir été crue. Injustice de ne pas avoir pu déposer plainte. Injustice d'avoir vécu, pendant des dizaines d'années, avec cette blessure que personne n'a pu refermer.

Ensuite, le fait de devenir papa m'a beaucoup fait changer. Déformation professionnelle oblige, et inquiet que je suis, j'ai peur que mon fils soit victime d'un conducteur qui, ne le voyant pas traverser pour aller chercher son ballon, le percuterait. Rien que formuler ces quelques mots, et visualiser cet évènement, me glace. Quel sens aurait la vie sans mon petit bonhomme ? Et au-delà de moi, quelles conséquences pour lui en cas d'accident ? Aussi, depuis sept ans, suis-je en souffrance dès lors que nous nous promenons sur une route de campagne peu sécure, ou lorsque je constate qu'il ne regarde pas encore à gauche et à droite avant de traverser. (Il traverse avec moi, mais j'aimerais qu'il ait le réflexe.) Évidemment, cette peur m'a permis de toucher du doigt l'inquiétude d'un parent qui voit son enfant souffrir, ou pire...

Enfin, les dossiers de blessures et homicides involontaires que j'ai plaidés comme avocat de la défense ne m'ont jamais laissé de marbre. Les souffrances des victimes de la route rencontrées au cours de ces années d'exercice m'ont beaucoup touché. Humainement, ces familles m'ont donné à réfléchir. J'ai été marqué. Par leur douleur. Mais aussi par leur dignité. J'ai très rapidement eu une admiration pour leur courage. Et j'ai compris qu'elles avaient un sentiment d'injustice terrible. Perdre un membre de sa famille ou se retrouver handicapé à vie à cause d'un accident de la route, c'est cela la vraie définition de l'injustice. Cette injustice que je veux combattre chaque jour de ma vie. J'ai compris ce qu'elles ressentent. On ne peut pas se mettre à leur place. Mais le sentiment d'injustice, qui m'habite tant, je le ressens quand j'entends leurs histoires. Récemment, quand j'ai reçu les parents de Jade, ce bébé prêt à naître qui est mort avant d'avoir pu embrasser sa mère, j'ai pleuré. Seul. De rage. D'injustice. De tristesse. J'avais donc envie d'être à leur côté. Mais je ne savais comment bien les défendre. Avocat de la défense, je plaide toujours ce que j'ai à dire en tentant de les préserver. En quand je sais que ma plaidoirie me fera entrer dans des détails trop durs à entendre, je les préviens, en amont, afin qu'elles puissent prendre toutes les dispositions utiles. L'avocat de la défense doit pouvoir tout dire. Tout envisager. Et cela peut heurter. Je ne veux pas être une source de souffrances. Je commence toujours ma plaidoirie par un mot pour les victimes. Pour saluer leur courage et leur incroyable dignité. Je suis admiratif de leur comportement à l'audience. Elles sont remarquables. Cela m'a permis de mieux les connaître. Et de constater, dans de nombreux cas, qu'elles avaient une réserve que leur conseil ne partageait pas toujours.

Évidemment, certaines ont crié leur colère plus fort que d'autres, s'en prenant même à l'accusé. Je les laisse faire, après avoir prévenu mon client de cette possibilité, lui demandant d'accepter cette ire légitime et nécessaire à leur processus de deuil. Je laisse le président libre de rappeler que l'audience a besoin de sérénité. Moi, je n'ai pas la force ni la volonté de demander à une mère qui a perdu son petit, ou à une personne amputée des deux jambes, de se calmer. Parce que moi, à leur place, je ne le pourrais pas.

Y a-t-il un dossier qui vous fait basculer vraiment dans la défense des victimes de la route ?

Mon premier dossier de victimes de la route, celui de Sophie, me permet de comprendre que ma place est à leur côté. Pour les accompagner humainement d'abord. Juridiquement ensuite. Et enfin, sur un plan indemnitaire. Je me sens à ma place. Tout ce que je n'avais pas compris, je le saisis. Toute l'injustice que peuvent vivre les victimes, je la perçois. Je me dis alors que je n'avais aucune leçon à recevoir de personne. Qu'il importe peu que je puisse défendre le permis de conduire. Que cela n'est en rien contradictoire. Bien au contraire.

Quels enseignements, sur votre métier, tirez-vous de cette première affaire côté victimes ?

Pour être combatif, j'ai besoin d'avoir un adversaire, parfois même un ennemi. Ici, cela n'a jamais été la conductrice. Je me serais trompé si j'avais voulu me concentrer sur elle. Le combat devait être mené face à l'assurance qui avait, dès le départ, tout misé sur une expertise qu'elle avait commandée et réalisée sans personne, dans son coin. J'ai trouvé le comportement de l'assureur absolument immonde.

Par ailleurs, j'ai trouvé ce que je ne présumais pas : de l'injustice. Injustice d'une relaxe qui ne semblait pas être méritée. Injustice d'une expertise scandaleuse. Injustice du temps dingue pour juger de ce genre de dossier. Injustice de voir ces enfants et cette femme pleurer.

Sophie m'a permis de connaître des personnes que je n'osais pas regarder parce que je ne savais pas comment les aider.

Y trouvez-vous un épanouissement personnel ?

Ah oui. Vraiment. Je suis heureux de pouvoir accompagner ces personnes. Être une épaule. Prendre le temps d'écouter, d'expliquer, de rassurer et de consoler. Je le fais, évidemment, pour tous mes dossiers, mais force est de constater que l'accompagnement humain d'un dossier de « route » est moindre même si j'essaye d'avoir des qualités similaires en toutes circonstances.

Et puis, la défense des victimes est bien plus juridique que je ne le pensais.

Enfin, c'est un plaisir que de combattre les « puissantes assurances ». On les paye un « *pognon de dingue* » comme dirait le président Macron, mais elles ont un mal fou à le rendre quand nous avons besoin d'elles. Je retrouve, dans ce combat contre « le puissant » la même énergie qui m'habite quand je lutte contre un accusateur à l'emprisonnement facile.

Vous nous avez parlé d'une réflexion d'un procureur sur le fait que vous défendiez des délinquants de la route. Depuis que vous défendez des victimes, vous a-t-on reproché cette « double casquette » ?

Oui, malheureusement.

Quelles sont-elles ? De qui viennent-elles ?

Elles ne sont pas nombreuses, en vérité, mais je suis étonné de la provenance de certaines remarques.

Un jour, un confrère vient me voir avant une plaidoirie. Il me dit que, sur un groupe Facebook, j'essuie des critiques virulentes. Il m'est reproché de défendre des victimes de la route « alors que » je serais l'« *avocat de la délinquance routière* ». Je lui demande quel est le « mur » qui accueille un tel raisonnement. Le reproche vient de deux confrères d'un barreau voisin. Je ne m'attendais pas à ce que de telles attaques puissent venir de « la famille ». Autant, je pouvais m'attendre à des critiques de victimes ou encore d'associations, mais des confrères… Et sans rien me dire en face ? Je prends donc contact avec eux. Je les rencontre. J'ai envie de comprendre. Je n'ai pas droit à des explications dignes de ce nom. En fouillant un peu, je vois que ces avocats ont une activité dominante de défense des victimes. Je comprends donc pourquoi ils me reprochent mon autre activité. Mais pourquoi ne pas se réjouir que la cause des victimes puisse être défendue par un autre confrère ? Si la cause des blessés leur tient tant à cœur, pourquoi ne pas se réjouir qu'un avocat, réputé pour sa « grande gueule » et le culte du résultat, se joigne au combat ?

Je ne suis pas avocat pour défendre des causes autres que celles de la lutte contre l'injustice. Lorsque ces personnes me jugent illégitimes à défendre des victimes, elles insultent ces dernières. Elles auraient fait un mauvais choix. Elles seraient mal défendues. Cependant, de telles remarques provenant de la « famille » ne sont jamais revenues à mes oreilles. Et c'est tant mieux. Je sais que la confraternité souffre malheureusement à l'épreuve de la concurrence toujours plus dure. Cependant, face aux adversités, il serait salutaire de ne pas nous perdre dans des conflits fraternels. Nous sommes les seuls auxiliaires de justice à nous diviser quand les autres sont solidaires et font face ensemble.

En revanche, fin 2022, je me suis fait « pourrir » sur un réseau social. À l'automne, je rencontre Monsieur Kanner, président du groupe socialiste du Sénat. C'est une connaissance qui me le présente. Cette dernière sait que je peste contre les lenteurs de la justice et l'attitude de certains assureurs. Monsieur le sénateur sent que je suis ulcéré par nombre de failles. Il me demande quelques idées de réforme. Je sors deux ou trois banalités, insuffisantes pour lui. Il me précise qu'il souhaiterait pouvoir déposer une proposition de loi. Je lui dis alors, avec un soupçon d'inconscience : « *Réformons la loi Badinter alors.* » Mais que m'est-il passé par la tête ?

Cette loi est LA référence en matière d'indemnisation des accidents de la route. Elle a été votée en 1985. Depuis, elle n'a quasiment pas bougé, preuve de l'incroyable vision du ministre de la Justice qui l'a initiée, Monsieur Robert Badinter.

Monsieur le sénateur ne m'impose pas de délai. Je lui dis : « *Dans soixante-douze heures, vous aurez des propositions sur votre bureau.* » Que venais-je de faire ? Comment, en trois jours, lui proposer des réformes de qualité, sachant que depuis des années, toutes les tentatives initiées par des gens bien plus compétents que moi ont échoué ? Mais quelle mouche m'a donc piqué ? Qu'à cela ne tienne. L'humilité n'empêche pas l'ambition. À la fin du délai, il a quinze pages de propositions. Le fil conducteur est quintuple : une justice plus rapide, une faute de la victime plus dure à rapporter pour les assureurs, une meilleure protection des victimes face à ces derniers, une meilleure information des victimes et une meilleure indemnisation pour ne pas être victime une seconde fois. Ces propositions sont frappées au coin du bon sens. Elles sont le fruit d'une expérience de quelques années. J'en connais moins que les autres spécialistes de la matière depuis des années. Cependant, je vois et ressens beaucoup de failles, de lenteurs et d'injustices.

Je constate surtout le comportement de certaines assurances qui, bien que se présentant aux côtés des victimes, se gardent bien de leur dire qu'elles sont en réalité leur pire ennemi. Je veux me préserver de toute généralité. Mais je ne supporte pas les remontées que j'ai entendues de la part de familles de victimes : « *L'assurance nous a dit qu'on ne pouvait pas avoir plus.* » Faux. « *L'assurance nous a dit que, avec un avocat, cela serait plus long.* » Faux. « *L'assurance nous a dit que, de toute manière, il existait des barèmes.* » Un peu vrai. Mais faux quand même. « *Cela ne sert à rien de prendre un médecin pour aller à l'expertise.* » Faux (sauf dans les cas les plus légers). « *Nous sommes de votre côté.* » Mensonge. Et j'en passe. Nous reviendrons dessus un peu plus tard.

Preuve de son intérêt pour mon travail, bien perfectible, Monsieur le sénateur me propose de venir au Sénat à Paris. J'y vais. J'expose devant ses équipes, lui rappelant que des travaux de réforme ont déjà été présentés au parlement par des gens bien plus expérimentés que moi, mais qu'ils ont échoué. Nous échangeons alors sur les raisons de ces échecs. J'ai lu que le lobby des assureurs avait fait pression en brandissant la menace de l'augmentation des cotisations si une réforme devait lui être défavorable. Nous concluons alors qu'il faudra arriver « *à tordre le bras des assurances sans le casser* », faute de quoi rien ne serait adopté. Je le quitte en lui disant de faire de mon travail ce qui lui semblera le plus juste, et le plus à même de combattre les injustices que les assureurs et l'État peuvent faire subir aux victimes.

Simple avocat lillois, je suis fier d'être reçu sous les ors de la République par un ancien ministre, et connaissance de Monsieur Robert Badinter. De manière idiote, je communique sur ce projet pour partager mon enthousiasme. Je n'aurais pas dû. Une personne va me troller. D'abord, elle me traite de menteur. Selon elle, je ne serais pas allé au Sénat. Après le mensonge, l'illégitimité. Je n'aurais pas le droit, avocat inconnu du milieu du préjudice corporel et des associations, de faire des propositions. Ajoutez à cela que je serais « *avocat des assassins de la route* » puisque je défends ceux qui blessent et tuent. Ainsi, je n'aurais donc pas le droit de proposer que les victimes de mes clients soient mieux indemnisées et que la justice passe plus vite. J'effectue quelques recherches pour savoir d'où viennent ces attaques et mieux comprendre la personne qui semble si énervée que j'aie l'oreille du parlement. Je veux aussi savoir si je peux tenter d'argumenter, avec raison, ou si cela ne mènera à rien. La conviction de mon interlocuteur est-elle trop importante, ou trop intime, pour renverser son opinion ? Derrière ce profil se révèle une personne que je pense être victime de la route. Cela me calme. Je comprends qu'elle puisse m'interpeller. Peut-être ne peut-elle pas entendre que ceux qui ont gâché sa vie puissent être défendus. Cette femme m'indique que des projets ont déjà été soumis par de « *vrais* » avocats de victimes, ce que je sais déjà. J'essaie de la convaincre d'être heureuse que d'autres confrères ou citoyens tentent de faire réussir un projet qui, pour le moment, a échoué. Je ne comprends pas pourquoi elle ne se réjouit pas que le Sénat se saisisse à nouveau de la question. Je lui dis même que je peux transmettre ses coordonnées afin qu'elle puisse envoyer tout document qui ferait avancer la situation. Aucune réponse. Quelques jours après, je constate qu'elle n'est, en fait, pas victime, mais présidente d'une association de victimes active pour que les choses bougent. Elle ne ménage pas sa peine. Elle rencontre. Elle témoigne. Elle soumet des propositions. Par curiosité, je lis et écoute ses idées. 80% de ces dernières visent à réprimer plus durement les délinquants de la route, à criminaliser les accidents mortels, etc. Tout cela est très respectable. Elles traduisent un réel désir de nombre de victimes de la route. Je respecte son combat, mais je ne comprends pourquoi les propositions faites et relayées ne sont pas davantage tournées vers l'accompagnement humain, juridique et indemnitaire.

Prenant connaissance de ses propositions, je me rends compte que je ne marche pas sur son « terrain ». J'ai fait le choix de me préoccuper du sort des victimes et de leurs familles. Elle veut condamner les auteurs. Je veux protéger les victimes. Elle propose de condamner les auteurs. Je propose une meilleure indemnisation. Elle parle des « assassins ». Je parle des victimes. Elle est obsédée par l'auteur. Je suis obsédé par les victimes. Elle est animée de vengeance. Je suis habité par une soif de justice. Son ennemi, c'est l'auteur. Moi, c'est l'assurance, la lenteur de la justice et l'absence d'accompagnement. J'essaie de lui dire que je ne « vole » rien à personne. Que je tente d'apporter ma pierre à un édifice. Que ce n'est pas un hasard que tant de victimes me fassent confiance. Que les résultats que j'obtiens ne sont pas des cadeaux, mais la récolte d'une lutte quotidienne. Que nos combats sont complémentaires. Mais rien n'y fait. Je suis l'avocat des permis. Quelques jours plus tard, je constate qu'elle travaillerait fréquemment avec des confrères de la région parisienne, qui ont une grande compétence en la matière. Parmi eux, certains ont participé à la rédaction des projets qui, pour le moment, ont été refusés. Hasard certainement.

Je sais que, à l'avenir, je devrai essuyer ces remarques. Je comprends que certains n'aiment pas que je sois l'avocat des « autres ». Aucun souci avec cela. Mais je n'arrive pas à comprendre pourquoi certaines associations ou leurs représentants ne se réjouissent pas de l'arrivée, dans leur rang, d'un avocat combatif et engagé ? Situation étonnante, par ailleurs, quand j'apprends que certains ont travaillé pour des assureurs pendant des années. Pourquoi ces gens qui critiquent ne tentent-ils pas de se lier à moi pour que nous avancions ensemble ? Pourquoi se priver du nombre ? Et si je suis moins compétent que les autres, j'ai d'autres qualités qui servent au combat. Quand on mène une guerre contre l'ennemi, on a besoin de tous les profils. De toutes les bonnes volontés. Moi, je serais heureux de toute adoption de textes qui amélioreraient le quotidien et l'indemnisation des victimes. Je serais heureux pour elles, évidemment. Je serais heureux pour la cause. Je serais heureux parce que cela facilitera nos dossiers. Si c'est un cabinet « concurrent » qui en est à l'origine, eh bien, je l'en féliciterai. Même si le gouvernement n'est pas allé assez loin sur l'homicide routier, je n'ai pas honte de féliciter ceux qui sont à la base de ce changement.

Par ailleurs, je me suis laissé dire que certains gestionnaires d'assurance ont informé des victimes qui avaient demandé mon assistance qu'il m'arrivait d'être de l'autre côté de la barre. C'est classe ! Je préfère analyser cela comme une réelle peur de me voir arriver dans le dossier, et de les faire payer le double, le triple, le quintuple de ce qu'ils avaient prévu d'indemniser.

Enfin, depuis quelques semaines – et vous verrez que cela sera pire après la publication de ce livre –, j'essuie davantage de critiques. Toujours la même rengaine : je défends le permis de conduire, parfois des auteurs, donc je n'ai pas le droit de penser aux victimes.

Les personnes qui disent que vous ne seriez pas légitime à défendre des victimes ont-elles raison de penser cela ?

Qui suis-je pour dire qu'elles auraient tort ? En quoi serais-je plus intelligent pour dire qu'elles se trompent ? Si c'est leur conviction, si c'est leur sentiment, respectons-le. Je ne veux pas être celui qui étiquette, qui catalogue ou qui stigmatise. Je me bats pour que les gens soient libres de dire ce qu'ils veulent. Je ne vais pas leur reprocher lorsque cela ne me sied pas.

Quels arguments pourriez-vous donner à une victime que votre double casquette interrogerait ?

D'abord, je lui demanderai de me dire tous ses doutes. Toutes ses craintes. Sans filtre. C'est important d'écouter. Je lui répondrai avec sincérité. Si ses doutes ne la quittent pas, je tâcherai de lui rappeler qu'elle doit se sentir libre de son choix.

Ensuite, je lui dirai que le choix d'un avocat est très personnel. Pour les uns, ce sont les résultats qui comptent. Pour les autres, c'est sa personnalité. Pour les uns, ce sont ses honoraires. Pour les autres, sa disponibilité. Je lui dirai qu'il n'y a aucun critère meilleur qu'un autre. Peut-être lui dirai-je que, dans le cadre d'un accompagnement de victimes, il convient de trouver un avocat compétent, certes, mais avec lequel le feeling passe bien. Il ne faut pas négliger l'aspect humain dans ses dossiers. Je le sais d'autant plus que c'est précisément ce que reprochaient beaucoup de victimes qui m'ont saisi après avoir débarqué un confrère. *« Il ne répond pas. Il ne m'explique pas. Je comprends que ce soit lent, mais je ne demande pas grand-chose. »* L'aspect humain me semble donc important.

À une victime qui me demanderait comment je peux défendre des auteurs le lundi, et des victimes le mardi, je lui expliquerai ce que j'ai développé plus haut. On ne me demande pas de cautionner ce que les gens ont fait. J'expliquerai – mais c'est acquis pour un nombre important – que chacun a droit d'être défendu. Que s'il est plus compliqué de défendre un dossier d'homicide involontaire aggravé, je ne passe pas mes journées à cela. Que mon activité est riche d'autres dossiers passionnants. Que les succès que je peux obtenir sont des emplois conservés, etc. Je lui dirai aussi que les deux activités n'ont rien d'incompatible. Que l'adversaire, dans un dossier d'indemnisation, c'est moins l'auteur que celui qui devra payer.

Je lui expliquerai combien je suis entouré de très grands professionnels qui m'ont appris bien plus que n'importe quel manuel. En travaillant avec le meilleur médecin-conseil, avec les meilleurs ergothérapeutes et prothésistes de ma région, en collaborant avec un ancien inspecteur d'assurance, j'apprends deux ou trois fois plus vite. Ils sont mes filets. Si je doute ou si je tombe, ils sont là. Ils sont une garantie exceptionnelle pour ceux qui pourraient hésiter.

Enfin, à une victime qui me demanderait si elle serait moins bien défendue parce que je suis aussi de l'autre côté de la barre, je lui dirai que non. Les avocats, de tout temps, ont su défendre l'un, puis l'autre. C'est un reproche que l'on nous fait souvent d'ailleurs. Mais je ne suis pas le premier. A-t-on oublié que les plus grands, les Berton, les Dupont-Moretti, les Temime, les Kiejman, ont défendu auteurs et victimes ? La quasi-totalité des pénalistes ont déjà défendu des deux côtés. Qui leur en fait le reproche ? Il n'y a véritablement qu'en droit routier que cela semble poser une difficulté.

Je lui dirai, au contraire, qu'être assisté par un avocat à « double casquette » peut être vu comme un avantage.

Un avantage ?

Qui connaît son adversaire peut mieux le combattre. Voilà l'adage qui résume ma pensée. Il y a plusieurs avantages à avoir une double casquette.

Le premier, et le plus important, est la possibilité de contrer les assureurs qui opposent des fautes à la victime pour ne pas l'indemniser, ou lui donner une indemnisation au rabais. En effet, dans de très nombreuses affaires, le but de l'assurance est de démontrer une faute de la victime. On l'a vu dans le dossier de Sophie. Cela représente des économies très importantes. Bien plus grandes que la minimisation de blessures par un médecin.

Ex : la victime a « scientifiquement » et « juridiquement » droit à une indemnisation de 100 000 euros. Si l'assurance lui oppose une ou plusieurs fautes, son droit peut baisser de la moitié, voire plus.

Il est donc « importantissime » de savoir comment contrer les erreurs prétendument commises par ceux qui souffrent de l'accident. Les comportements invoqués sont des fautes au Code de la route (vitesse, stop, feu tricolore, etc.). Évidemment, n'importe quel conseil sera en mesure de tenter une contestation, voire de la soumettre au juge, qui tranchera. Mais tous sont-ils armés pour le faire ? Il existe deux grands axes d'opposition. Le premier consiste à démontrer que la faute ne présente pas de lien de causalité avec les faits. Cela n'exige pas de compétence pénale ou routière particulière. Le second consiste à prouver que l'erreur au Code de la route prétendument commise ne peut être retenue malgré les constatations des forces de l'ordre. Rappelons que les contraventions font foi jusqu'à preuve du contraire, suivant la loi. Il est donc impossible de les contester en disant : « *Ce n'est pas vrai.* » C'est là que la spécificité d'un avocat à double casquette peut être une force importante face à l'assurance. Attention, cela ne veut pas dire qu'un « non-routieriste » n'en est pas capable, évidemment. Un avocat en droit routier pratique ces questions tous les jours. Il sait quels arguments peuvent fonctionner pour faire annuler une contravention ou démontrer qu'elle ne tient pas, malgré les apparences et l'article 429 du Code de procédure pénale. Sont souvent opposés des excès de vitesse, un défaut de clignotant ou les fameuses distances de sécurité. Ces dernières font l'objet de jurisprudences bien particulières, souvent obtenues par des cabinets… de droit routier.

Dans plusieurs dossiers, cette spécificité a fait la différence. Je pense au dossier de Sophie. Je pense au dossier de Catherine – qui n'a pas eu la force de témoigner – dans lequel l'assurance opposait quatre contraventions au Code de la route prétendument commises par son défunt conjoint. J'ai réussi à convaincre l'assurance de renoncer à trois de ces fautes, en démontrant qu'elles ne pouvaient pas être retenues. C'est ma connaissance pointue de la jurisprudence de droit routier qui m'a permis cela. Je pense aussi à tous ces dossiers dans lesquels l'assurance oppose une alcoolémie (même légère) ou la présence de stupéfiants à la victime. Ma double casquette me permet, dans certains cas, de faire annuler les analyses pour des pures raisons de... droit routier.

Le deuxième avantage est la connaissance de l'adversaire.

Le fait de connaître le travail de l'avocat défendant un auteur me permet de savoir comment il va le défendre. Cela donne la possibilité de contrer, en amont, tous les arguments de la défense et donner des « billes » au procureur et au tribunal afin qu'ils ne se laissent pas « abuser ».

Par ailleurs, dans des procès de blessures ou d'homicides, l'assurance intervient à l'audience. Il défend le prévenu sur la question des dommages et intérêts. Aussi, lorsque je suis en défense, ai-je connaissance des stratégies mises en place par l'assureur pour payer moins et pour minimiser. Cette expérience me permet de mieux anticiper lorsque je suis aux côtés d'une victime. Je ne travaille pas pour les assureurs. Et je ne le ferai pas. Je ne suis pas « avec eux ». La double casquette me permet surtout de mieux connaître leurs demandes et, ainsi, de pouvoir les contrer.

Certes, il n'est pas nécessaire d'avoir la double casquette pour contrer les assureurs. Mais cela peut donc présenter un avantage.

Le fait d'être pénaliste peut-il aussi présenter un avantage ?

De manière intrinsèque, non. Les plus grands avocats en préjudice corporel ne sont pas pénalistes.

Cependant, bien souvent, la question des responsabilités (qui a commis quelle faute ?) est tranchée par le tribunal correctionnel, au moment du procès pénal de l'auteur. Ce n'est qu'après avoir tranché ce débat que la question médicale et du chiffrage peut se poser devant un juge davantage porté sur l'indemnisation chiffrée. Le profil pénaliste peut donc être intéressant lorsque l'avocat s'adresse à des magistrats dont il connaît les raisonnements, et qu'il côtoie fréquemment.

Enfin, disons les choses, les pénalistes ont souvent des « grandes gueules ». Ils ont aussi accès aux médias qui s'intéressent plus au droit pénal qu'à d'autres matières. Quand l'assureur sait que je dispose d'un pouvoir médiatique, c'est une arme importante. Je prends un exemple. Dans un dossier, le gestionnaire m'avait fait une proposition hasardeuse. Après négociations, il accédait à mes demandes. Mon client était pressé. Une fois l'accord verbal passé, je n'ai plus eu de nouvelles pendant des semaines. Le gestionnaire était devenu injoignable et ne répondait plus à mes messages. Il a donc fallu, comme pour Patrick, que je médiatise ce comportement afin que la direction de la communication du groupe me fasse appeler pour me dire que le règlement partait dans l'heure. L'autre exemple, c'est celui de Jade, ce bébé mort dans le ventre de sa mère. De bien connaître nombre de journalistes m'a permis de médiatiser la question du statut de l'enfant à naître. Cette lumière mise sur ce dossier et cette volonté de parler au plus grand nombre étaient une demande de mes clients. Ils m'ont aussi fait confiance pour cette raison.

Puisque je suis parti avec un déficit d'image, il m'a fallu combler mon retard. Et, comme souvent, ceux qui partent de plus loin font beaucoup plus d'efforts. Vous n'imaginez pas combien la gratitude des victimes que j'accompagne me touche. Que ces personnes, abîmées par un accident de la vie, me fassent confiance et me disent combien elles méprisent ceux qui me reprochent d'en faire « trop pour elles », ou que je suis le « méchant à la double casquette », c'est… Je n'ai pas de mots.

Indépendamment des considérations moralistes, peut-on vous reprocher de faire un droit que vous ne « connaissez pas » ?

Si on parle connaissance théorique, il existe des centaines de meilleurs avocats que moi en préjudice corporel. Je pense notamment à tous les confrères de l'Association nationale des avocats de victimes de dommages corporels. Ils sont remarquables de compétence et d'engagement. Je n'ai pas de souci avec cela. Je pars de plus loin, c'est vrai. Quand la vie m'a mis sur le chemin des victimes, j'ai énormément lu. Je me suis infusé des heures de manuels et des centaines de jurisprudences. Sur le plan juridique, je me suis entouré de quelques bons conseillers qui pratiquent la matière afin de valider mes premiers choix. Sur le plan médical, comme dit précédemment, je suis entouré des meilleurs. Quand vous partez de plus loin, cela vous rend humble. C'est pour cela que j'ai misé sur une équipe. Je ne suis pas seul. Je n'incarne pas le savoir. Tous ensemble, nous faisons un tout qui n'a rien à envier à quiconque. Alors, oui, il existe des confrères bien meilleurs que moi, qui maîtrisent le droit sur le bout des doigts. Moi, j'ai mon équipe, mon caractère, ma manière de faire parfois singulière. Et, surtout, j'ai ma double casquette !

Je vous propose, désormais, d'émettre les critiques relayées par les victimes, et de soumettre les propositions que vous souhaitez voir être adoptées ?

Allez, courage. Ne lâchez pas. C'est vraiment très intéressant.

Critiques et propositions de réforme

Dans certains témoignages, les victimes sont très critiques sur la justice, sur l'absence d'accompagnement humain ou encore sur la procédure d'indemnisation. Mais elles sont également forces de proposition. Par ailleurs, dans le récit de leurs histoires, vous avez démontré que le droit existant pouvait leur être très défavorable, Vous avez été reçu au Sénat pour soumettre une proposition de réforme de la loi Badinter À ce titre, vous nous avez expliqué que certains avaient déjà tenté leur chance, sans succès, malgré leur grande qualité. Pourquoi ces propositions n'ont-elles pas été adoptées ?

C'est une question qu'il faut poser au législateur.

J'ai compris, des travaux parlementaires publiés, que les réformes déjà proposées avaient échoué à cause du prétendu « puissant lobby des assurances ».

Les projets de refonte de la loi Badinter ont pour objet de renforcer les droits des victimes. Protéger mieux. Protéger plus. Indemniser mieux. Indemniser plus rapidement. Or, renforcer les droits des victimes se fait nécessairement au détriment des assureurs. Aussi, lorsque ces derniers estiment être lésés par une proposition ou un projet, objectent-ils la menace d'une hausse significative des cotisations pour tous. Les projets sont mis dans un tiroir. Merci. Au revoir.

Cela peut s'entendre, non ?

Sur un plan théorique, oui. Intellectuellement, cela se conçoit. En pratique, et sur un plan humain, c'est insupportable.

Les compagnies d'assurances font des centaines de milliers d'euros de bénéfice par an. Certaines économisent des millions qu'elles n'accordent pas en totalité aux victimes qui ne prennent pas d'avocat. Elles objectent l'augmentation des cotisations de tout le monde, sans faire de distinction entre les bons et les mauvais conducteurs. Outre le côté discriminatoire d'une augmentation pour tous, une telle manœuvre conduirait forcément à opposer les usagers de la route les uns aux autres. Ceux qui n'ont rien à se reprocher stigmatiseraient les autres. Et les assureurs regarderaient tout ce monde se disputer. Le raisonnement est encore plus pervers si on le pousse au maximum. Augmenter les cotisations de tout le monde revient à imposer une hausse à tous, y compris aux victimes. C'est ridicule.

Je ne doute pas une seconde que nos parlementaires soient aux côtés des victimes. Il est temps de passer de la parole aux actes. Les lois répressives et les changements de terminologie sont des réformettes à côté de la révolution humaine et juridique que nous attendons.

Ces propositions de loi n'étaient-elles pas trop « extrémistes » ?

Extrémistes non. Je ne crois pas.

Étaient-elles suffisamment équilibrées ? N'ont-elles pas été perçues, par le législateur et les lobbys, comme trop favorables aux victimes et trop défavorables aux payeurs ? C'est l'hypothèse que je privilégie.

La grande difficulté, lorsque l'on porte des propositions qui nous sont chères, est d'avoir la lucidité d'admettre qu'elles doivent être, malgré toute notre conviction, suffisamment équilibrées pour être acceptées par ceux qui pourraient les bloquer. Quand j'ai rencontré le sénateur Kanner, et après qu'il avait parlé de notre projet à Monsieur Badinter le matin même, il a trouvé une formule qui résume bien cela : *« Nous devons tordre le bras aux assurances. Pas le casser. Le tordre. »*

Prenons un exemple. Je souhaiterais que toutes les victimes de la route soient indemnisées à 100%, sans restriction et sans condition. C'est ma volonté la plus chère. J'estime qu'il est inhumain d'opposer de fautes à des personnes qui souffrent d'un traumatisme important, pour moins les indemniser. Mais accorder une indemnisation sans condition reviendrait, pour nos adversaires, à accepter d'indemniser tous les accidentés, même ceux qui ont une part de responsabilité. Les assureurs crieraient à l'injustice. Et l'argument s'entendrait intellectuellement. Au nom de quoi une société privée devrait-elle indemniser tout le monde alors que nous sommes dans un pays de responsabilité individuelle ? Admettre l'indemnisation pour tous permettrait également aux assureurs de nous opposer que nous participons à une déresponsabilisation des conducteurs qui aboutira, à la fin, à une hausse de l'insécurité routière. C'est un argument déjà entendu. Si le conducteur sait qu'il sera indemnisé quoi qu'il arrive, sa vigilance baissera. Le taux d'accidents repartira à la hausse, ce que personne ne souhaite.

Enfin, proposer cette indemnisation sans condition, c'est ignorer la réalité d'un monde capitaliste. Si vous imposez l'indemnisation pour tous, sans condition, les assurances augmenteront les cotisations en proportion. Les conduites sans assurance seront plus nombreuses, au détriment de tous.

Je crois donc qu'il nous faut trouver un équilibre, favorable aux victimes, mais également acceptable par les assureurs.

Plusieurs victimes ont témoigné de leur histoire. Il en ressort de nombreuses critiques. Quelles sont les principales à retenir ?

Nous pouvons retenir quatre grandes catégories de reproches : la lenteur des procédures, la déception de la sanction pénale, le manque d'informations quant à la procédure d'indemnisation et l'absence d'accompagnement humain.

Avant de les détailler, que faudrait-il pour se protéger d'un nouvel échec ?

Il faudra beaucoup de choses. La première est la volonté de faire bouger les pratiques. Ensemble. Les assureurs sont puissants. Leur lobby l'est tout autant. Face à eux, nous devons être solidaires et groupés.

Que voulez-vous dire ?

Les défenseurs des victimes sont nombreux. Les associations, qui font un travail époustouflant. Les avocats, qui accompagnent remarquablement. Les médecins, ou encore le peuple qui est meurtri à chaque nouveau drame. Le problème vient de notre division. Je l'ai vécue. Lorsque j'ai annoncé, sur les réseaux sociaux, que j'étais reçu au Sénat pour discuter d'une proposition de loi visant à améliorer le sort des victimes, je me suis fait durement critiquer par une association qui refusait que ce combat soit mené par un autre avocat que le sien. Comme si je lui avais ôté le pain de la bouche. Tant que chacun voudra s'attribuer la paternité d'un projet réformateur, nous ne pourrons pas gagner et les victimes de la route seront victimes une seconde fois. Au lieu de critiquer les idées favorables aux victimes, autant les confronter, les rassembler et les faire progresser. Je me moque de prendre la lumière. Je me préoccupe peu de laisser une loi qui porterait mon nom. Il m'importe peu que « mes » propositions soient portées par quelqu'un d'autre dès lors qu'elles auront plus de chances d'aboutir. Je veux seulement que les victimes soient mieux indemnisées, mieux protégées et mieux accompagnées.

Cette association me reproche aussi – et surtout – de ne pas être légitime pour émettre des propositions à cause de ma « double casquette ». Assister des auteurs me rendrait illégitime à défendre des victimes et proposer que leur sort s'améliore. Je comprends que certains, qui sont devenus avocat ou membre d'une association après un drame routier, ne tolèrent pas cette « double casquette ». Je sais que certains confrères spécialisés, travaillant avec ces associations, ont connu de tels drames. Je respecte leurs souffrances, leurs convictions et leur scepticisme. Cependant, ils se trompent de combat en dirigeant leurs flèches vers moi. Les propositions que je formule épousent leur cause. Je cherche à faire avancer les droits des victimes. Je souhaite qu'elles aient un meilleur accompagnement et une meilleure considération. Quand je défends le permis de conduire, je ne réclame pas de pouvoir rouler plus vite ou d'avoir le droit de consommer de l'alcool et des stupéfiants. Quand je défends un jeune qui a besoin de son permis pour emmener sa grand-mère suivre des soins, un routier qui a besoin de son travail pour faire vivre sa famille ou une infirmière qui a besoin de conduire pour soulager la souffrance de ses patients, je ne plaide pas contre les victimes. Par ailleurs, je ne revendique aucun autre droit que celui d'être défendu – comme toute personne – pour les personnes poursuivies. Personne ne m'a vu à la télévision en train de réclamer des droits pour les auteurs contre les victimes. Alors que l'inverse est vrai. Cela fait des mois que je suis incisif dans les médias pour que les victimes aient plus de droits. Qui leur donne la parole ? Qui les associe à des projets de réforme ? Qui écrit un livre avec elles, et pour elles ? Qui occupe ses soirées, ses nuits, ses vacances, délaissant ses proches, pour porter leurs souffrances auprès du grand public ? Je devrais donc m'excuser ? Ceux qui n'ont pas fait la moitié de cela, mais qui ont la bonne casquette, sont-ils exempts de tout reproche ? Chacun fait ce que bon lui semble. Mais me faire le procès de l'illégitimité pour porter la parole des victimes parce qu'il m'arrive d'être de l'autre côté de la barre, c'est tenter de détourner le regard des gens. C'est les tromper. C'est les abuser. C'est tout faire pour que les victimes ne constatent pas la propre inaction coupable de ceux qui ne craignent qu'une chose : qu'un avocat en droit routier, qui n'a pas sa langue dans sa poche, puisse réussir là où ils ont échoué. Ce serait un affront terrible pour mes détracteurs. Qu'il est aisé de critiquer lorsque l'on ne fait rien. Ou si peu. Qu'il est facile de critiquer les propositions des autres lorsque l'on n'a aucune idée à formuler.

Chers amis, à vous tromper d'adversaire, vous trahissez ceux pour qui vous dites vous battre ! À unir vos forces contre ceux qui veulent vous aider, vous délaissez ceux qui croient en vous ! À combattre ceux qui épousent vos causes, vous décevez ceux qui espèrent. Je propose donc aux bonnes volontés de se rassembler autour d'un projet qui sera alimenté par les propositions de chacun.

Vous n'en faites vraiment pas une question personnelle ?

Certes, j'ai de l'ego. Mais ai-je besoin d'avoir une loi à mon nom pour être heureux ? Je suis avocat depuis douze ans. J'exerce le plus beau métier du monde. Je connais plus de joies que de malheurs. Je suis riche des rencontres humaines que la profession peut m'offrir. Chaque jour, au contact de mes clients, de mes confrères, des juges, des procureurs, je m'améliore. Qu'ai-je besoin d'une loi à mon nom ? D'ailleurs, lorsque je suis allé au Sénat pour rencontrer le sénateur Kanner, il m'a demandé si je souhaitais que mon nom apparaisse dans les travaux parlementaires. Je lui ai répondu que cela m'importait peu. Les idées sont plus importantes que la personne qui les porte.

Il y a peu, j'ai croisé sur un plateau télé la dirigeante de l'association qui m'avait invectivé sur Twitter. C'est une femme admirable. Elle est habitée d'une grande force de conviction. Elle arrive à ouvrir des portes qui sont fermées à double tour. Nous avons discuté, à mon initiative, de notre dispute et de nos combats. Quelques minutes avant, j'avais émis, devant plus de cinq cent mille téléspectateurs, de vives critiques sur l'absence d'accompagnement des victimes et sur le comportement de certains assureurs. Moi, avocat en droit routier, j'avais été plus critique et véhément qu'elle. Après lui avoir dit que j'étais heureux de la rencontrer, je lui ai rappelé que nos divisions alimentaient une future défaite. Sa seule réponse a été de me reprocher de défendre des auteurs. Sait-elle seulement que, dans ma clientèle de droit routier, je défends peu d'auteurs d'accidents ? Sait-elle que, cette année, j'ai défendu plus de victimes d'accidents que de responsables ?

Non. Tant que j'aurais ma double casquette, je serais inaudible. Je ne ferais pas partie de l'équipe des « réformateurs ». Il y a ceux qui ont le droit de proposer, et ceux qui ne l'ont pas. Évidemment, cela ne prive pas les premiers de prendre les idées des seconds et de se les approprier comme j'ai déjà pu le constater. Quelques jours après notre entrevue, je n'ai pu m'empêcher de sourire lorsque quelques comptes Twitter professionnels appelaient, par voie de communiqués de presse, à l'union sacrée. Étonnant appel lorsque l'on sait que ceux qui en sont à l'origine sont les premiers à rejeter ceux qui n'ont pas « la carte ». Encore plus surprenant lorsque l'on sait que le communiqué est un outil que j'utilise depuis plusieurs mois, contrairement à ceux qui s'y sont essayés. Hasard certainement… Plus on sera nombreux, mieux ce sera. À condition d'être unis, ce que nous ne sommes pas.

Je vous propose de commencer par la question de la réponse pénale apportée par la justice. Peut-être pouvez-vous rappeler ce qu'encourent les personnes qui blessent ou qui tuent sur la route ?

Les peines prévues par le Code pénal sont des *maxima*. Elles ne sont jamais prononcées. La sanction ordonnée par le tribunal dépend de beaucoup de choses (faits, casier judiciaire, personnalité, etc.). Pour être schématique, en France, les blessures involontaires commises au volant devenues blessures routières sont réprimées d'un maximum de trois années d'emprisonnement lorsqu'il n'y a pas de circonstance aggravante et sept années quand il y en a deux.

Les homicides devenus homicides routiers involontaires sont punis d'une peine de cinq années d'emprisonnement en l'absence de circonstances aggravantes. Cela monte à sept ans pour une circonstance aggravante et dix ans pour deux.

Ces sanctions sont doublées en cas de récidive.

À cela s'ajoutent des peines complémentaires relatives au permis de conduire. Suspension. Annulation pendant dix années. Il est même possible de le retirer définitivement.

C'est beaucoup ?

C'est compliqué de répondre à cette question quand on n'a pas subi un drame de la route. Sur le papier, oui, c'est beaucoup. Mais devant la souffrance d'une victime, vous pouvez vite changer d'avis.

Je comprends que certaines familles ou associations réclament une plus grande sévérité. Quand vous avez perdu un enfant, quand votre parent devient paraplégique ou tétraplégique, vous pouvez vouloir le pire pour l'auteur. Quand bien même des années de prison ne permettraient pas de revenir en arrière, l'enfermement du bourreau peut être un soulagement. Je pense au témoignage de Laurine qui n'imagine pas que son auteure échappe à la prison, ou encore à Murielle. Voir le tueur de son fils être « libre » – il est détenu à domicile – alors qu'elle le voulait entre quatre murs, est l'ultime représentation de l'injustice pour elle.

Depuis des années, les sanctions n'ont pas été aggravées. Sur ce point, les demandes des associations, formulées depuis le dossier *Palmade*, tendant à réprimer plus sévèrement, voire à criminaliser certains homicides routiers, ont été rejetées fermement par le gouvernement en juillet 2023. Peut-être que la conclusion aurait été différente si la composition du groupe de travail avait été plus diversifiée, plus équilibrée. Enfin, nul n'est à l'abri de nouveaux rebondissements politiques. De nouveaux drames pourraient conduire le pouvoir à revoir sa position.

Vous parlez de l'homicide routier. Pouvez-vous nous expliquer pourquoi le gouvernement a accepté de renommer les « homicides involontaires » en « homicides routiers » ?

C'est un projet de longue date qui a été porté avec beaucoup de compétence et de conviction par mon confrère Philippe Courtois notamment, et par les associations avec lesquelles il collabore. Il aura fallu attendre plusieurs années, et l'émotion créée par le dossier « *Palmade* », pour que le ministre de l'Intérieur reprenne cette idée à son compte et que le gouvernement accepte ce changement.

Cette demande trouve plusieurs raisons.

Dans un premier temps, il y va de l'ordre du symbole par l'importance des mots. Il est insupportable d'entendre parler d'homicide « *involontaire* » lorsque l'accident mortel résulte d'une consommation volontaire de produits stupéfiants, d'alcool, de l'utilisation d'un téléphone tenu en main ou encore d'une très grande vitesse. Non, la mort n'a pas été donnée intentionnellement. Mais, oui, il y a un comportement initial dangereux que l'auteur ne pouvait ignorer et qu'il a quand même adopté. Le changement de terminologie est donc très important. Il ne faut jamais mépriser la force des mots et la puissance des symboles. Cependant, les seuls mots ne sont pas suffisants à résoudre tous les maux.

Dans un deuxième temps, et parce qu'un changement symbolique ne serait pas suffisant, il y va d'une volonté répressive plus importante pour les cas rappelés. Aussi, dans un premier temps, la plupart des associations reçues par le ministre de la Justice, ainsi que certains confrères spécialisés et médiatiques, ont-ils proposé que l'infraction soit punie de dix années d'emprisonnement, soit le maximum prévu pour les délits dès qu'il existe une circonstance aggravante. Cette peine était prévue dès lors qu'il en existait deux.

L'idée consiste à penser qu'il existe des circonstances aggravantes qui, soient-elles uniques, sont tellement importantes qu'elles nécessitent une réponse aussi grave que s'il en existait deux.

En juillet 2023, le gouvernement a répondu à cette demande par la négative, ce qui représente une réelle déception pour nombre de victimes, et un camouflet pour ceux qui croyaient que cela serait la panacée.

Vous n'étiez pas favorable à une hausse des sanctions ?

Je m'interrogeais. Je pesais le pour et le contre. J'avais été jusqu'à dire, sur une chaîne de télévision connue pour être « tendance répression », que les peines étaient « *peut-être insuffisantes* ». Je m'en suis voulu. Une nuance, que le duplex rend compliqué, n'aurait pas été inutile.

Dès lors que c'est une demande de beaucoup de victimes, j'y suis favorable sur le principe. Quand j'ai le sentiment, en discutant avec elles, qu'une aggravation des peines peut alléger leurs souffrances, alors je suis favorable, pour autant que cette aggravation favorise la prévention de nouveaux drames.

Cependant, en y réfléchissant à froid, je trouve qu'une telle idée est confrontée à plusieurs réserves.

La première concerne l'application des peines déjà prévues. Oui, le symbole nécessite qu'on puisse augmenter les sanctions. Oui, le message envoyé serait clair. Mais, en pratique, combien de personnes sont sanctionnées du maximum déjà existant ? Quasiment aucune. Cela doit se compter sur les doigts d'une ou deux mains par an. Et encore… Si les juges ne prononcent jamais le maximum de sept ans, pourquoi le feraient-ils pour dix ans ? Changer la loi n'impose pas aux magistrats de suivre le mouvement initié. On l'approuve ou on le regrette, mais les juges ne sont pas au service du pouvoir politique. Pas davantage au service des victimes.

La deuxième concerne le côté « prévention ». Si celui qui encourt sept ans de prison prend un risque, c'est qu'il n'a pas peur de l'emprisonnement ou qu'il n'y pense pas. En quoi augmenter la peine de trois ans va-t-il empêcher ceux qui fautaient de ne pas le faire ?

Il a aussi été proposé de criminaliser les homicides routiers causés par l'alcool, les stupéfiants ou la vitesse.

Oui. Une fois encore, le gouvernement a retoqué la proposition, estimant qu'il était déjà suffisant de changer le nom.

Quel avantage une criminalisation aurait-elle pu avoir ?

Celui de la sévérité et de la peur qui doit prévenir les risques. Si la personne qui tue sur la route après avoir adopté un comportement à risque encourt la cour d'assises, et quinze ans de réclusion criminelle, ce n'est plus la même chose que le tribunal correctionnel. Dans la même cour seront jugés des viols, des meurtres, des enlèvements et… des homicides routiers. Le grand public est impressionné par la cour d'assises. Les auteurs n'ont pas envie d'être jugés par des citoyens qui n'ont aucune compassion et aucune culture de l'excuse, comme peuvent l'avoir certaines juridictions moins importantes. Sur un plan préventif, je pense que cela dissuade de manière importante.

Celui de la réponse immédiate ensuite.

Il est beaucoup plus facile de prononcer des mesures de détention provisoire lorsqu'une instruction criminelle est ouverte. Quoi que l'on puisse dire ou voir, il est très compliqué de détenir préventivement un primodélinquant. Et si les juges prononcent cette détention, elle ne peut pas durer plus d'un an en principe. Tous les quatre mois, un nouveau débat s'ouvre pour repenser la mesure. Souvenez-vous du dossier du chef étoilé Yannick Alléno. La remise en liberté au bout de quatre mois du chauffeur qui a tué son fils a été une nouvelle blessure infligée à la famille, et une insulte à toutes les victimes. En matière criminelle, la détention sera plus facile à justifier et plus longue, le débat ne se tenant qu'au bout d'un an sauf demande formulée par le prévenu auparavant.

Existerait-il des inconvénients à cette criminalisation ?

Celui auquel je pense est la lenteur de la procédure. En cas de crime, on n'échappe pas à une information judiciaire. Or, l'ouverture d'une d'instruction criminelle allonge les délais d'enquête. Ceux qui tiennent à réprimer plus fort sont-ils prêts à allonger les délais de traitement alors que tous les délais judiciaires sont déjà extrêmement longs ?

Cette mesure n'aurait-elle pas été trop sévère ?

Tout est une question de point de vue. Si l'on considère que la vie humaine est la valeur la plus protégée par le Code pénal – ce qui est le cas –, cela ne semble pas disproportionné.

Si l'on se place du côté des victimes, non, il n'y a pas de disproportion. Après, je comprends que certains puissent s'émouvoir que cette infraction soit punie aussi sévèrement Toutes les positions sont audibles. À titre personnel, je trouve que quinze ans de réclusion, c'est lourd.

Juridiquement, est-il possible de criminaliser un comportement involontaire ?

En principe, il ne peut exister de crime sans intention de le commettre. Cependant, notre droit contient déjà une exception avec le crime de violences volontaires ayant entraîné la mort sans intention de la donner. Très rapidement, dès le mois de février 2023, j'ai posé la question en ces termes dans les médias. La réponse du gouvernement est claire : c'est non.

Et pourquoi ne pas instaurer de peines plancher ?

Rappelons ce que sont les peines plancher. Dans notre droit pénal primaire, les peines prévues sont des *maxima*. Il n'existe pas de *minima* en deçà desquels les juges ne pourraient pas descendre. Pour contrer cela, le législateur a pensé, dans certains domaines qu'il estime plus graves que la mort d'innocents sur la route, que de tels *minima* devaient être imposés aux juges. Cela n'a jamais vraiment bien fonctionné puisque ces derniers doivent garder la possibilité de déroger à cette automaticité de la peine. Sur un plan théorique les peines plancher peuvent faire peur, et donc dissuader. Si celui qui prend le volant et qui prend son risque sait qu'il ne pourra pas échapper à la prison, malgré un bon avocat, peut-être se raisonnera-t-il. Cette proposition doit revêtir une grande sévérité pour être justement appliquée. Si la peine plancher de prison est trop basse, elle pourra être aménagée, et la prison sera évitée. En revanche, si elle est importante, alors elle pourra faire « mal ». Et encore… Je n'imagine pas le législateur ne pas laisser au juge la possibilité de déroger à la peine plancher. On nous dit qu'il n'y a plus de place dans les prisons. Des circulaires sont prises pour encourager les juges à prononcer des mesures de bracelets électroniques, etc.

Cette réforme de l'homicide routier annoncée en juillet 2023, et votée en 2024, est-elle la panacée ?

Assurément non. C'est une coquille vide.

C'est l'expression que vous avez utilisée dans les médias dès l'affaire Palmade.

Oui. Je note que, depuis, elle a été reprise par de nombreux médias et confrères qui se l'approprient. C'est très bien. Je ne détiens pas la vérité. Je n'ai pas de souci à ce que les autres alignent leur communication sur la mienne. L'important est que ceux qui reprennent mes propositions ou mes idées soient suffisamment investis pour faire avancer notre projet commun, et ne pas le discréditer par des propositions loufoques.

C'est quoi alors une coquille vide ?

C'est une coquille qui est prometteuse. Elle est belle. On la croit pleine de choses nourrissantes promises en amont. En réalité, elle a l'apparence de ce qui est espéré. Mais elle est vide.

Dans le cas des victimes de la route, les dossiers *Palmade*, de la petite fille de Trappes, des policiers de Roubaix et autres ont ému la population à un point tel que le pouvoir politique s'est empressé de communiquer. Je dis bien communiquer. Il était promis que tout serait fait pour que cela n'arrive plus. Il était dit que l'État serait aux côtés des victimes et de leurs familles. Cela n'a été vrai que pour les policiers. Les permis devaient perdre douze points dès la première conduite sous stupéfiants. L'accompagnement des familles devait être une priorité. Sur les plateaux télé, dans les journaux et radio, j'ai répété l'absolue nécessité de cellules psychologiques et d'une réforme de très grande ampleur de la loi Badinter sur l'indemnisation. C'était le moment. Cela devait être l'année du basculement. Cela devait être les prémices de la « révolution ».

Pour quelles conclusions ?

La coquille vide.

En juillet 2023, après avoir promis que la réponse serait sans pitié et sans concession pour les délinquants, le gouvernement a annoncé plusieurs propositions pour parvenir à une baisse de l'insécurité routière.

D'abord, un changement de dénomination. Au revoir l'homicide involontaire. Bonjour l'homicide routier. Aucune augmentation des peines. où à la marge. Quel message pour les délinquants? «*Ne changez rien. Nous, on ne change rien non plus.*» Quels messages aux victimes de la route? « *On vous a entendus, hein. On a changé le nom.*» D'accord. Mais, au quotidien, cela change quoi? Et en quoi cela va-t-il améliorer leurs conditions? En quoi cela permet-il d'éviter les drames de demain ? C'est à l'annonce de cette «mauvaise farce» que les associations qui portaient le projet se sont rendu compte qu'elles avaient été bernées. Si la réforme est seulement sémantique, c'est un échec. Je crains qu'il devienne plus compliqué d'obtenir demain ce que nous n'avons pas osé demander hier. En acceptant de donner cela aux victimes, le gouvernement s'est acheté une tranquillité. Quand nous voudrons lui demander des réformes en profondeur, qui coûtent et qui protègent vraiment, j'ai peur qu'il nous oppose cette avancée. «*N'oubliez pas ce qu'on vous a donné en 2023.*» Et si cette réformette sur l'homicide routier, qui n'empêchera pas les drames de demain et ne soignera pas ceux d'hier, devenait une prison pour l'avenir? Et si, à n'avoir pas demandé beaucoup plus hier, nous n'avions pas fabriqué l'immobilisme de demain? Comme je le disais plus haut, cette mesure était nécessaire sur le plan symbolique. Mais les victimes méritent bien mieux. Les victimes ont besoin de considération, d'accompagnement, de sincérité et d'une vraie réforme d'ampleur. Pas d'une montagne qui accouche d'une souris.

Ensuite, il a été annoncé que les conduites sous stupéfiants ou alcool seront sanctionnées de huit points au lieu de six. C'est cela la grande idée réformatrice? Que cela va-t-il changer dans le quotidien des auteurs? Si peu. Et dans celui des victimes? Rien. Encore une réformette qui n'empêche pas les accidents de demain et qui ne répare pas ceux d'hier.

Monsieur le ministre de l'Intérieur avait proposé la perte de douze points, soit l'invalidation du permis de conduire qui pouvait, à tout le moins, présenter un côté dissuasif. Il a été désavoué. Si même le ministre de l'Intérieur n'est pas écouté quand il s'agit de sécurité routière...

Par ailleurs, il a été dit avec fermeté et fierté que, désormais, les préfets devaient suspendre automatiquement les permis de ceux qui, pourtant présumés innocents, avaient été contrôlés positifs aux stupéfiants. C'est déjà le cas dans la pratique. Dans plus de 98%, les préfets suspendent déjà les permis.

Les grands excès de vitesse deviennent des délits et ne sont plus des contraventions. Cela ne change rien en pratique. Cela se solde par une amende, une suspension et une perte de points. Et toujours pas de passage devant le tribunal dans la majorité des cas !

Bref. Il était important que le pouvoir réponde à l'attente du pays. Mais il n'a pas répondu aux victimes. Ces mesures sont insuffisantes. Aucun effet préventif réel. Aucune considération de leurs souffrances. Aucune amélioration de leur quotidien. Aucune volonté de réformer en profondeur. Les victimes ne sont toujours pas accompagnées. Les assureurs sont toujours tranquilles. La justice est toujours aussi lente. Les familles sont toujours abandonnées. Et la révolution juridique attendue a été étouffée. Il y a comme un très grand goût d'inachevé. Où est le cap ? La vision ? L'ambition ? Là compassion ? C'était le moment de la révolution juridique. Une fois encore, elle attendra. La coquille est montée tout en haut de la montagne et a accouché d'une souris. Les drames d'hier ne sont pas consolés. Ceux de demain sont bien préparés.

Vous avez aussi parlé de « poudre de perlimpinpin ». Pourquoi ?

Je dois l'expression au Président de la République qui l'a remise au goût du jour. Faire croire que cette réforme va réparer les souffrances d'hier et prévenir les drames de demain est un mensonge. La poudre de perlimpinpin est une poudre présentée comme ayant des vertus guérissantes magiques alors qu'il n'en est rien. Tout est dit. Non, cette loi n'a aucun effet guérisseur. Si je peux entendre que le changement de mot est une crème mise sur une plaie douloureuse, il n'en demeure pas moins que cette dernière n'est pas refermée. Et mettre de la crème sur une blessure sans la suturer ne répare rien. Au-delà de l'abyssale vacuité de cette loi, la communication qui est a été faîte par ses porteurs et défenseurs est une honte.

Que voulez-vous dire?

Que les choses soient claires. Je suis heureux que des députés aient pris le temps de faire voter une loi qui change les mots dès lors que c'est une demande des victimes. Bravo à eux. Et merci pour ce moment. Cependant, il est honteux de parler de révolution. L'un des défenseurs de ce texte a écumé les plateaux télé pour dire que «son» texte était «révolutionnaire». Vous rendez-vous compte ? On parle d'une loi qui change quelques mots et créé des circonstances aggravantes. On oublie la majorité de ce que les victimes réclament depuis des années. Et on vient nous parler de révolution. Quand une loi est bonne, vous n'avez pas besoin de la vendre comme si vous aviez inventé l'eau chaude. Le pire, c'est qu'ils ne se sont pas arrêtés à cela. Ils sont allées jusqu'à dire que la loi était «enfin tournée vers les victimes». Il semblerait que le virage n'ait pas été pris de manière complète... Si l'on regarde tout ce que la loi n'a pas donné aux victimes, au lieu de s'arrêter sur ce qu'elle leur a accordé, il serait malheureusement plus juste de constater que la loi a tourné le dos aux victimes. Ce n'est pas un hasard si certaines disent être trahies. Même les associations sont déçues.

C'est l'illustration de ce que vous appelez « la politique de communication contre politique de considération »...

Disons les choses en toute transparence. Par ce changement de terminologie, la loi offre un peu de considération aux victimes qui attendaient cela. Une fois encore, je ne fais pas de la politique en critiquant bêtement. Je constate seulement que les porteurs de la loi ont fait beaucoup d'affichage en se glorifiant d'un travail qui, pardon, est très loin d'offrir ce dont les victimes que je connais, et que vous avez lues, demandent. Où sont les vraies réformes ? Où sont les peines réclamées ? Où est l'accompagnement humain ? Où est la promesse d'une justice plus rapide ? Où est la réforme de l'indemnisation ? J'ai trop d'estime pour la politique et les élus, pour ne pas dire la vérité. Vous voulez prendre des textes tournés vers les victimes ? Vous voulez rester dans l'Histoire ? Vous voulez marquer votre mandat ? Faîtes une vraie révolution. Je vous donne tout. Mes idées. Mes compétences. Mon égo. Mais, de grâce, arrêtez la poudre aux yeux. Arrêtez la communication. Arrêtez l'autosatisfaction. Arrêtez les pansements sur les jambes de bois. Arrêtez de promettre la révolution à des gens qui souffrent. Arrêtez de massacrer leurs espoirs.

Enfin, je voudrais vous citer deux exemples démontrant combien la communication doit être regardée avec recul. Au moment de voter le texte, ses défenseurs ont émis un communiqué de presse. L'argument mis en valeur était le vote d'une loi «transpartisane». C'est intéressant. Au lieu de parler des victimes, ou d'un moment historique, ils ont choisi de communiquer sur le côté politique. Comme s'ils souhaitaient se mettre en avant, se glorifiant de faire voter un texte apolitique. N'y avait-il pas autre chose à mettre en relief dans le communiqué ? Le second exemple est encore plus frappant. Une fois la loi adoptée, ils ont communiqué - le Garde des Sceaux avec - sur le fait que la loi a été votée à l'unanimité. Arrêtons-nous sur ce point. L'Assemblée Nationale comporte 577 députés. L'unanimité revient donc à 577 votes favorables. Or, le vote n'a réuni que 160 voix sur 577. Cette loi, tellement révolutionnaire a surtout été boudée par plus de 70% des députés qui n'en ont rien à eu faire. Et de transpartisanisme, il n'y a pas eu puisque certains groupes se sont abstenus... Voilà la réalité. On communique sur une loi «révolutionnaire» qui a été votée par moins de 30% des députés pour faire croire à un immense succès. Et après, on s'étonne que les français se détournent de la politique...

Quelques jours après les annnonces de juillet, plusieurs accidents ont fait la une de l'actualité. Deux impliquant des transports en commun. Plusieurs autres en lien avec des refus d'obtempérer. Le gouvernement a été très silencieux…

Fin juillet, plusieurs personnes ont trouvé la mort alors qu'elles étaient dans un bus en région parisienne. Le chauffeur a été contraint à une manœuvre d'évitement après qu'un conducteur alcoolisé a perdu le contrôle de sa voiture. Naturellement, il a été mis en examen. Là où nos responsables ont été si prompts à réagir au moindre accident médiatique en lien avec des stupéfiants, ce fait horrible a connu une incroyable absence de réaction. Qu'on lutte contre les stupéfiants au volant est une bonne chose, évidemment. Mais pourquoi n'avoir pas fait les mêmes annonces sur l'alcool? Est-ce parce que l'État a déjà suffisamment fait? Est-ce parce que l'alcool n'est pas interdit à la consommation? Est-ce parce que c'étaient les vacances? Ou est-ce qu'il est compliqué de communiquer quand on sait le pouvoir influent de certains lobbys?

Quelques jours plus tard, Cannes a connu un important accident de car. Plusieurs personnes ont été blessées. Le conducteur n'était sous l'influence d'aucun produit. Il invoquait un souci technique. Ce fait divers a été l'occasion pour moi de lancer, en direct sur BFM, un nouvel appel à un Grenelle de la sécurité routière. Il est in-con-ce-va-ble que l'on puisse trouver la mort ou le handicap dans un transport en commun. Les contrôles techniques de ces derniers doivent être plus exigeants que pour n'importe quel autre véhicule. Par ailleurs, on ne peut pas proposer – comme dans le premier cas évoqué – à des voyageurs empruntant des routes à haute vitesse, de ne pas être assis ou attachés. Ce que nous exigeons des avions, en termes de sécurité, nous devons le transposer aux transports terrestres quand la vie de dizaines de personne en dépend.

Concernant les refus d'obtempérer, l'été a été riche en drames. Le mois de juin a été marqué par le décès du jeune Naël à Nanterre. J'utilise des mots neutres afin d'éviter toute interprétation. Ce fait n'est malheureusement pas unique. Depuis plusieurs années, de tels délits ont conduit à des blessures graves et des décès. De policiers. De victimes innocentes – je pense évidemment au dossier Alléno. Des délinquants également. Le mois d'août a vu deux personnes perdre la vie après avoir refusé un contrôle à Limoges. Les policiers voulaient contrôler deux hommes en scooter, qui ne se sont pas arrêtés, auraient franchi un feu rouge et percuté un véhicule. Sur les plateaux TV et sur les réseaux sociaux, énormément de personnes se sont réjouies de ces décès, ou les ont relativisés. « *S'ils s'étaient arrêtés, cela ne serait pas arrivé.* » C'est notamment la position constante de certains représentants de l'ordre. Toujours sur BFM, je suis opposé à l'un d'entre eux. Le journaliste nous demande comment arrêter ces drames. La réponse de mon contradicteur est simple. Et je m'y associe naturellement. « *Quand un policier vous demande de vous arrêter… vous vous arrêtez. Ainsi, vous éviterez les drames.* » C'est vrai comme « *le feu, ça brûle* » ou « *l'eau ça mouille* ». En disant cela, comme seul argument, mon aimable adversaire de plateau télé ne faisait aucune proposition pragmatique et inscrite dans la réalité pour que de tels faits ne se produisent plus. Il est candide de croire qu'il suffit de rappeler aux gens de s'arrêter dès lors que, bien que le sachant, il n'y a jamais eu autant de refus d'obtempérer depuis dix ans. Je suis donc parti du constat que, s'il est vain d'empêcher de tels délits, en augmentation permanente, il pourrait certainement être possible d'éviter les drames qui sont les conséquences de ces refus. Éradiquer les refus d'obtempérer est impossible. Éviter qu'ils conduisent à des drames doit être possible.

Aussi ai-je proposé – et ce n'est qu'une proposition qui n'a que le mérite d'être mise sur la table – de prendre moins de risques pour interpeller les auteurs présumés de refus d'obtempérer. C'est d'ailleurs ce que semblent avoir fait les policiers de Limoges, suivant les éléments communiqués. Devons-nous prendre tous les risques ? Dans le cas de crimes de sang ou de risque d'atteinte grave aux personnes, oui, je crois. Si le risque d'une course-poursuite est moindre, ou aussi important que de laisser le fuyard partir, il faut y aller. Mais dans le cas inverse ? Je ne prétends pas avoir la réponse. Je veux juste que la question soit posée. On ne peut pas, en même temps, féliciter les policiers d'avoir lâché la poursuite pour éviter un drame et critiquer l'avocat qui propose de réfléchir. Immédiatement, on m'a accusé de vouloir abandonner la République aux voyous, aux délinquants, et délester la police de tous pouvoirs. Les raccourcis sont terrifiants. Moi, mon seul objectif, c'est d'éviter les drames qui tuent des innocents, des policiers, et même des délinquants. La question qui se pose est simple : peut-on poursuivre les gens pour un tel refus sans les intercepter ? La réponse est oui, oui et encore oui. J'ai eu à traiter de très nombreux dossiers dans lesquels les clients ont été condamnés alors qu'ils avaient réussi à échapper à la police. Les enquêteurs disposent de moyens technologiques et humains pour enquêter et faire condamner, sans pour autant prendre des risques trop importants : vidéos, géolocalisations, numéro d'immatriculation, perquisitions, témoignages, ADN, empreintes digitales, descriptions confrontées aux fichiers de police contenant des photos des personnes « défavorablement connues des services », etc. On ne fait donc pas rien. On ne baisse pas les bras. On ne cesse pas toute poursuite immédiatement, mais on apprécie. On enquête. Différemment. Avec d'autres moyens que la course-poursuite des films de notre enfance. Parce que, le plus souvent, le « jeu n'en vaut pas la chandelle ». Parce que, dans notre droit, le « *mort ou vif* » du Far West n'existe pas. Traduire une personne coupable de refus d'obtempérer devant la justice ne vaut pas la vie d'un policier ou d'une victime innocente. Pas même celle du délinquant présumé.

Là encore, j'ai appelé à un Grenelle de la sécurité routière, pour en discuter. Il ne faut pas avoir peur de critiquer et de proposer.

Qu'ont proposé les autres après ces refus d'obtempérer ?

Respecter la loi, en premier, comme je vous le disais. Et je répète que je m'y associe. Un peu de méthode Coué ne fait de mal à personne. Encore que…

La seconde, tout aussi triste sur le plan intellectuel, est connue : accroître la répression.

Voilà dix années que la répression augmente pour la « délinquance de la route ». C'est encore plus vrai pour les refus d'obtempérer. Résultat :

le nombre de morts et de blessés sur la route stagne comme jamais d'une part, et il n'y a jamais eu autant de refus d'obtempérer d'autre part.

Que ceux qui ont le constat facile – « *violer la loi, c'est pas bien* » – soient capables d'ouvrir leurs yeux sur ceci. La répression, comme seule réponse, ne fonctionne pas.

Pourquoi toujours proposer plus de répression ?

Chacun peut avoir ses raisons.

Pour moi, proposer plus de répression, c'est la réponse la plus simple. Celle qui n'exige aucun effort de réflexion. Celle qui ne vous oblige pas à penser à des propositions. Je n'aime pas cet argument. Quand bien même serais-je favorable à une répression plus forte pour certains délits, je considère comme insuffisant de ne proposer que cela. Ne répondre que par la répression plus forte, c'est détourner le regard. C'est déconnecter le cerveau. C'est proposer un médicament sans diagnostic de la maladie. Quand vous traitez les conséquences sans vous interroger sur les causes, vous faites le lit des drames de demain. Augmenter la répression, c'est punir plus fort les drames de demain alors que la vraie question doit être : comment les évite-t-on ?

Pour d'autres, augmenter la répression est synonyme d'espoir. L'argument est le suivant : si les gens risquent vraiment une peine importante, alors, ils réfléchiront, et ne commettront pas les délits. C'est une position que je partage parfois. Mais elle est incroyablement optimiste, presque naïve. Quand j'émets cette critique, je m'appuie sur les dix dernières années. Répression plus importante, oui. Baisses significatives des drames de la route, non. Il faut donc se poser et réfléchir.

Le Grenelle de la sécurité routière...

Oui, je crois qu'il est nécessaire. La sécurité routière, au sens large du terme, mérite que des professionnels soient rassemblés pour expliquer la réalité du terrain aux hommes politiques, mais aussi, et surtout, pour proposer. C'est bien de s'entourer de préfets ou d'associations en tous genres pour pondre des réformettes au goût d'inachevé. Mais nous devons, avocats de victimes, avocats de policiers, avocats de prévenus, être conviés aux travaux préparatoires. Le terrain doit être présent. Des policiers. Des commissaires. Des procureurs. Des juges. Et, évidemment, des victimes. Des personnes qui n'ont aucun autre intérêt que celui de faire avancer les choses. On doit arrêter de confier la force de propositions aux seules associations ou syndicats. Ces entités présentent des avantages considérables. Et elles doivent toujours être présentes lorsque l'État engage un projet de réforme. Mais elles ne doivent pas rester les seules. Quand des professionnels non intéressés et des victimes expliquent les choses et font des propositions, nul ne peut leur reprocher de prêcher pour autre chose que l'intérêt général. J'appelle donc de mes vœux les plus chers un véritable Grenelle. En juillet, un comité interministériel a rendu des conclusions qui n'ont satisfait personne, à l'exception de certains qui, de manière très étonnante, se sont émus de l'avancée de l'homicide routier quand les associations et les victimes disaient en être finalement déçues. Nous ne pouvons pas laisser l'État faire ces petites réunions dans lesquelles on parle chiffres et politique. L'échec de juillet 2023 doit amener le gouvernement – que je pense être à l'écoute de ces questions tant elles émeuvent nos concitoyens – à réunir de « vrais professionnels de la question routière » et les premières concernées : les victimes, elles-mêmes.

Vous aimeriez en être ?

Et comment !!! Je veux surtout pouvoir y accompagner des victimes. C'est aussi leur Grenelle.

Des propositions, elles en ont plein. Ce livre est en rempli. Que ce soit dans les témoignages ou dans la troisième partie, il y a de quoi faire plusieurs heures de débat. Que cela concerne la sécurité des véhicules, l'état des routes, l'accompagnement humain et psychologique, l'accompagnement juridique, les questions d'indemnisation, la lenteur de la justice, etc.

Ma volonté n'est pas de tout inventer. Et je n'ai pas la prétention d'avoir la solution miracle. Force est, cependant, de constater que les propositions que nous mettons dans ce livre, et que j'ai développées depuis plusieurs mois, trouvent un réel intérêt. Celui des victimes. Celui des médias. Celui du monde politique – les propositions remises au sénateur Kanner. Celui des lecteurs. Celui de certaines associations qui préfèrent prendre ces propositions plutôt que de pointer ma « double casquette ».

Lorsque j'ai souhaité écrire ce livre, c'était pour donner la parole aux victimes. Non pour provoquer une quelconque pitié. Elles détestent cela. Mais pour faire avancer les choses. Beaucoup m'ont aussi dit leur déception des instances censées porter leur voix.

Ce Grenelle ne doit pas être une énième réunion dans laquelle on ne se dit pas les choses. Le communiqué de fin ne doit pas être prêt, comme si souvent, avant que chacun ait formulé ses propositions. Il ne doit pas être, une fois encore, un évènement de communication. Ce Grenelle des victimes doit être le premier jour du reste de leur vie. C'est l'espoir ultime. Celui qui rassure quant à l'efficacité de l'État. Celui d'une République qui écoute vraiment les souffrances humaines et les difficultés juridiques. Celui d'un pays qui réfléchit à la vraie manière d'éviter les drames de demain, et de soigner ceux d'hier. Celui d'une classe politique qui se met au service de la sécurité et de la prévention au lieu de cacher son incurie derrière la répression. Sans considérations personnelles. Sans intérêts privés. Sans démagogie. Sans recherche de lumière. Sans mise en avant égocentrique. Sans plan de carrière. Accompagner. Et protéger.

Quelles propositions souhaiteriez-vous mettre sur la table ?

Je vous laisse découvrir toutes les propositions spécifiques à la procédure d'indemnisation, à l'accompagnement humain et à la lenteur de la justice que nous exposerons dans les pages suivantes. Elles sont nombreuses. Les témoignages des victimes en révèlent également.

Sur la répression, nous pouvons retenir : faire payer les dommages et intérêts par les auteurs d'accidents, instaurer de vraies peines de prison pour les infractions les plus graves, mais courtes. L'absence de « vraie » peine de prison choque les victimes et ne fait pas peur aux auteurs. Imposer un bracelet électronique suite à l'enfermement, pour ne pas sanctionner la famille du condamné par ricochet, est une autre idée. Obliger les auteurs à faire des travaux d'intérêt général dans les centres de rééducation en est une autre. Cela me semble être une répression intelligente au potentiel préventif très important.

La justice doit aussi faire son autocritique. À ne pas poursuivre les auteurs devant les juridictions, la peur du juge n'existe pas. Il faut que, dès la première fois, le tribunal soit une réponse. On ne rend pas la justice dans un bureau en appliquant des barèmes.

Sur la prévention pure, et en réponse aux drames de l'été, je souhaite que la sécurité des transports en commun (bus, cars, etc.) soit une priorité absolue. Aussi, les contrôles techniques de ces véhicules doivent-ils être sans concession. Il est intolérable d'être blessé ou tué dans ces conditions. Concernant les véhicules de transport d'enfants (cars scolaires ou bus de colonies, par exemple), je souhaite qu'ils ne puissent être conduits que par des personnes présentant des garanties de fiabilité vérifiée (aucune infraction sur le permis de conduire et expérience de la conduite). Nous confions la vie de nos enfants à des inconnus. C'est incroyable quand nous y pensons. Moi, je ne veux pas que la vie de mon petit garçon soit mise entre les mains de n'importe qui. Cela fait écho au drame du mois d'août.

Je pense aussi aux structures. Il faut les améliorer. Combien de motards se blessent grièvement après avoir roulé ou évité un nid-de-poule ? Les motards sont abandonnés ! Il est anormal que certaines routes soient aussi dangereuses. À quoi servent donc nos impôts ?

Ensuite, il y a toute l'évolution de la loi Badinter à penser comme nous l'évoquerons plus tard. C'est tellement intéressant quand on prend la peine de s'y intéresser vraiment.

Enfin, il faut absolument penser à l'accompagnement des victimes. Évidemment, nous devons empêcher les accidents. Mais cela ne doit pas nous faire oublier les personnes qui souffrent d'un accident. Nous ne pouvons pas les laisser crever de chagrin ou de mépris. C'est donc un Grenelle de la sécurité routière ET de l'accompagnement des victimes qui doit voir le jour.

Ah! c'est sûr que cela demande une volonté politique qui ne s'arrête pas à un changement de mots. Des propositions, nous en avons des kilos. Reste à savoir si les décideurs ont envie de les entendre... et si ceux qui préfèrent critiquer mon autre activité ont réellement envie que cela change.

Vous émettez aussi beaucoup de critiques. Vous allez encore nourrir vos détracteurs qui vont dire que vous pourriez vous réjouir de ce qui a déjà été obtenu.

J'ai entendu, ici et là, que je serais un « *rabat-joie* » de critiquer l'insuffisance de la réforme sur l'homicide routier. Pardon d'être critique. Pardon d'être ambitieux. Pardon de ne pas sourire innocemment à la première annonce. Pardon d'avoir compris que, en nous donnant cela, nos gouvernants se donnaient surtout de l'air.

Par ailleurs, même si cette annonce est un pas obtenu après un long combat, que je loue et félicite, au nom de quoi ne devrions-nous pas exiger davantage ? C'est lorsque vous avez enfin mis le pied dans la porte qu'il faut l'ouvrir en grand. Remercier le gouvernement de cette « avancée », c'est se mettre en position d'infériorité. C'est se courber devant le bon roi qui nous a gratifiés d'un regard et d'une caresse. Mais quand allons-nous comprendre que le pouvoir se prend ou s'arrache ? Nous avons l'opinion publique avec nous. L'émotion née du dossier *Palmade* empêche tout député ou sénateur de prendre position contre une meilleure prise en considération des victimes. Cela fait des années que nous attendons une opportunité pour tordre le bras aux puissants. Et voilà que nous sourions benoîtement d'autosatisfaction. Que cette nouveauté soit la récompense d'un long combat, oui. Il faut jouir de cela, et féliciter ceux qui sont à l'origine de cette demande plutôt que remercier celui qui nous a enfin entendus par obligation. Bravo. Félicitations. Respect. Tout ce que vous voulez. Mais je ne serai pas de ceux qui se regarderont dans le miroir en se disant des mots d'amour. Un combat a été gagné. Mais la bataille est encore longue.

Je ne veux pas de cadeaux. Je veux que les propositions faites par les victimes, dans ce livre, puissent être entendues. Ce que je désire, c'est une révolution juridique et humaine. Parce que c'est leur souhait.

Quittons cette proposition et revenons à la réalité. Avec votre expérience, diriez-vous que la justice est sévère ?

Je ne veux pas faire de propos généraux. Aucun dossier ne se ressemble. Je me garderais donc bien de tout commentaire général sur « la justice ».

Je peux vous parler de dossiers dans lesquels j'ai trouvé la peine lourde. Et d'autres qui ont fait l'objet d'une réponse très légère.

Par exemple, dans le dossier de Murielle j'ai été meurtri des réquisitions du procureur de la République. Rappelons que le prévenu était drogué, alcoolisé, roulait trop vite et avait laissé le gamin, expulsé du véhicule, mourir sur le côté, le tout en passant son temps à convaincre ses passagers et la police que la victime était, en fait, le conducteur. Ce prévenu avait tout pour être condamné à une peine d'emprisonnement ferme. Tout. Aucune excuse. Une mémoire sélective. Des mensonges à l'audience, etc. Le procureur, qui aurait dû porter une accusation forte, sans concession, a demandé expressément que cet homme inhumain échappe à la prison. Finalement, il a été condamné à dix-huit mois de bracelet électronique et du sursis. Il n'aura jamais été incarcéré.

Je ne souhaite la prison pour personne. Vous connaissez désormais mon amour de la liberté. Mais si un tel prévenu, dans ces circonstances, ne connaît jamais la vie carcérale, quand cela sera-t-il le cas ? Objectivement, que faut-il faire comme atrocité routière pour qu'une vraie peine de prison soit prononcée ? Qu'aurait-il pu faire de pire pour que la justice se dise qu'il méritait d'y aller ? Alors, oui, il a un bracelet. Oui, juridiquement, il est détenu. Ce que retiennent les victimes, c'est que celui qui a tué ou blessé est libre. Quand on est chez soi, on est libre. Voilà le message envoyé par une telle décision.

Et puis, je partage les réactions des proches de Murielle. Je ne conçois pas qu'une personne qui vole une banque finisse en prison pendant des années alors que celui qui a tué un gamin après avoir bu y échappe. Voler une banque consiste à dérober de l'argent. C'est une infraction aux biens. Certes, il existe des circonstances traumatisantes pour le personnel bancaire. Je le plains comme je le soutiens. Mais comparé à la mort de votre gamin ? Dans le même ordre d'idées, je ne comprends pas comment celui qui donne un coup qui occasionnera la mort sans intention de la donner puisse prendre quinze ans de réclusion criminelle alors que ce type de prévenu échappe à la prison.

Enfin, je remarque que la sévérité dépend également des juges devant lesquels on plaide. À Lille, par exemple, il existe un juge d'une très grande sévérité. Le dossier de Murielle, entre ses mains, c'était la prison assurée pour le coupable. Et pas quelques mois.

Il semblerait que les mentalités changent depuis l'affaire Palmade ?

L'émotion née de ce dossier est très intéressante. Pourquoi ce fait-là émeut-il autant ? Pierre Palmade n'était pas un homme détesté. Au mieux, il était apprécié pour son humour. Au pire, il laissait indifférent. Le fait que cette pauvre femme ait perdu son enfant alors qu'elle essayait d'être enceinte depuis trois ans, et que le petit de six ans soit défiguré, a donné une importance émotionnelle à ce dossier. Le fait qu'une célébrité soit impliquée a mis en lumière ce que deux cent mille victimes vivent chaque année.

Dans les premiers jours suivant ce drame, j'ai senti une lame de fond répressive. Le peuple ne supporte pas l'absence d'enfermement et de répression immédiate de ceux qui provoquent la mort par l'alcool ou la drogue. Les victimes prennent « perpète ». Et l'auteur, lui, s'en sortirait avec un sursis ou un bracelet ? Ce n'est plus acceptable par nos concitoyens. C'est donc avec une grande surprise que j'entendais la présidente d'association de victimes, qui m'aime tant, demander que Monsieur Palmade n'aille pas en prison. Devant plus de cinq cent mille téléspectateurs, à une heure de grande écoute sur la première chaîne d'information, elle répondait que des soins seraient plus opportuns. M'aurait-elle piqué ma double casquette? Ou tenait-elle un double discours?

Monsieur le ministre de l'Intérieur semblait avoir lancé la révolte répressive avec ses annonces sur la conduite sous stupéfiants et sous alcool. Monsieur le garde des Sceaux faisait corps avec lui. Depuis lors, nous avons compris la réalité de la vie politique. Beaucoup de communication. Beaucoup de promesses.

La justice, elle aussi, envoyait des messages clairs. En prononçant la détention provisoire de monsieur Palmade, la chambre de l'instruction de la cour d'appel de Paris surprenait les professionnels de justice. Personne ne s'attendait à une telle décision. Chaque avocat ou juge qui a connu ce type de dossier sait qu'il est rarissime que les prévenus soient provisoirement incarcérés.

Autre exemple de terrain, quelques jours après ces annonces, le tribunal correctionnel du Puy-en-Velay condamnait un récidiviste de conduite sous stupéfiants, sans blessures ou homicide, à quinze mois d'emprisonnement ferme. La justice, qui n'incarcère personne pour une première récidive de conduite sous alcool ou stupéfiants, prononçait une peine de quinze mois de prison ferme. D'autres jugements ont certainement été impactés par cette affaire.

Depuis lors, et à l'heure où j'écris (février 2024), force est de constater que ce mouvement immédiat n'a pas été suivi d'effet.

Vous regrettez cette tendance répressive exprimée juste après ce dossier?

Je la comprends. Je l'accepte aussi parce que c'est une réelle volonté exprimée par les victimes et le peuple. Cela ne m'empêche pas d'être critique envers elle.

Quelles critiques ou craintes exprimez-vous?

Si cette répression annoncée fait vraiment baisser l'insécurité routière, alors je ne suis pas contre, évidemment.

Cependant, je crains que l'on parle plus de répression que de prévention. Et surtout, j'ai peur que l'accompagnement des victimes soit encore le grand oublié. Que ceux qui réclament la tête des auteurs n'oublient pas de tendre la main aux victimes. Que ceux qui pensent que le deuil se fait par la répression n'oublient pas que l'absence de tout accompagnement humain fait bien plus mal qu'une peine trop légère.

Je milite pour que la sécurité routière s'axe autour de trois piliers : prévention, répression et accompagnement.

Que l'on augmente la répression, pourquoi pas. Mais il ne faut pas oublier la prévention. Je pense notamment à la conduite après avoir fait usage de stupéfiants. Vous n'imaginez pas le nombre de conducteurs qui ne savent pas qu'ils sont positifs, ou que la drogue reste dans leur corps plusieurs jours après avoir été consommée. Les consommateurs font un parallèle avec l'alcool : après quelques heures, ils n'en ressentent plus les effets, donc la conduite deviendrait possible. Je suis persuadé que moins de personnes consommeront le samedi soir, pour se détendre ou rigoler, si elles savent qu'elles ne pourront pas conduire et aller travailler le lundi. Pour les personnes dépendantes, cela sera plus compliqué. Il me semble important que les pouvoirs publics fassent tout ce qui est possible pour endiguer la consommation, ou aider ceux qui réclament de l'aide pour s'en sortir. Le couple prévention/répression a fait ses preuves. Il faut continuer à marcher sur ces deux jambes.

Quant au troisième pilier, l'accompagnement, il n'empêchera pas les accidents. Mais il est indispensable pour les victimes. Une fois que l'État, qui nous doit la sécurité, n'a pas pu nous protéger, il se doit de mieux accompagner. Nous en parlerons plus tard.

Enfin, je voudrais dénoncer une hypocrisie. Les citoyens qui sont poursuivis pour la première fois en alcoolémie ou après usage de stupéfiants ne rentrent jamais (sauf rare exception) dans une salle d'audience correctionnelle. Pour que les chiffres de la répression soient meilleurs, pour désengorger les tribunaux et empêcher les prévenus de se défendre, des alternatives au procès ont été décidées. Le délinquant ne voit pas le juge. Il ne sent pas le poids de la justice. Un délégué du procureur, qui n'a aucun pouvoir et qui ne représente rien en termes d'autorité, remet une condamnation sur un bout de papier. Un peu comme une remise des prix. Pensez-vous que cela fasse peur ? Croyez-vous que cela permette de lutter contre la récidive ? Quand la justice ne fait pas peur, comment voulez-vous que toute la chaîne répressive présente un côté dissuasif ? Il y a ici un double discours. L'État annonce plus de répression et une tolérance zéro. Mais les modalités de poursuite ne sont pas à la hauteur. On donne aux gens qui sont condamnés, par ces compositions ou ordonnances pénales, le droit de recommencer. Et tout cela au nom de quoi ? Du désengorgement des tribunaux. Au lieu de recruter des juges, on forme des récidivistes qui, eux non plus, ne voient pas le juge. Ou si peu.

C'est peut-être un peu exagéré ?

Cela me correspond bien. Je suis un Nordiste d'adoption, mais je dois avoir quelques réflexes du Sud *[rires]*. Sérieusement, je suis furieux. Combien de morts aurions-nous pu éviter si, au lieu d'aller chercher une condamnation auprès d'une boîte aux lettres humaine, un passage devant le tribunal avait fait réfléchir ? Il faut attendre des blessés ou des morts pour qu'une audience soit obligatoire.

Et encore, ce n'est pas toujours vrai. J'ai des dossiers de blessures involontaires qui sont passés en CRPC[6]. C'est le «*plaider coupable à la française*». En 2004, la France a trouvé judicieux de copier le modèle américain. Il est intéressant de constater que nous trouvons inspiration dans un modèle que nous adorons critiquer et vilipender par ailleurs. Bref, la France a fait sien l'adage «*faute avouée à moitié pardonnée*». Si le prévenu accepte de plaider coupable, un vrai procès lui est évité. Dans un bureau, qui n'a rien d'impressionnant, la personne rencontre un procureur – qui n'est pas toujours en tenue officielle – en compagnie de son avocat. En cinq minutes, c'est ficelé. Le parquet propose une peine. L'avocat la négocie. Ce petit monde se met d'accord. Et tout cela sans que la victime n'ait son mot

6. Comparution sur reconnaissance préalable de culpabilité.

à dire puisqu'elle n'est pas présente à ce stade de la procédure. Quelques minutes plus tard, la proposition de peine doit être homologuée par un juge. L'absence d'homologation est rarissime. La victime peut faire des demandes à ce moment. Cependant, elle subit un procès auquel elle n'a pas participé. La justice la prive de la vertu de l'audience, cette dernière participant à son processus de reconstruction. Et tout cela au nom de quoi? Du nombre d'affaires «résolues» et «jugées». Quand la justice rime avec les statistiques, il ne faut pas s'étonner que les citoyens ne croient plus en elle.

Pensez-vous que ces CRPC fassent peur à quelqu'un ? Pourquoi la récidive de conduite sous alcool ou sous stupéfiants est si importante ? Parce que la justice ne fait pas peur. La sanction, un peu. La justice, non. Et, savez-vous que, dans la quasi-totalité des juridictions de France, les récidives sont traitées par cette voie ? Les récidivistes, on les expédie en dix minutes. Dès lors qu'ils ont la convocation de CRPC en main, ils savent qu'ils échapperont à la prison. La justice ne leur laisse même pas le temps de gamberger. Recrutez-moi des juges et des greffiers. Donnez-nous les sous pour que de vraies audiences se tiennent. Et, surtout, permettez aux victimes d'avoir un vrai procès.

Enfin, savez-vous que, à la fin de l'année 2019, la répression de la récidive de conduite sous l'empire d'un état alcoolique a baissé ? Fin 2019, le législateur a voté une loi permettant aux récidivistes d'alcool au volant de repasser leur permis sans délai à condition d'installer un éthylotest anti-démarrage. Jusque-là, les juges pouvaient prononcer des durées d'interdiction de plusieurs mois. Ils n'ont plus le droit de le faire.

Cela m'interroge. Le discours politique louable ne semble pas trouver une réalité dans les faits. Je souhaiterais que l'on sorte de la politique de la promesse au profit de celle des actes.

Je souhaiterais revenir sur la proposition que vous avez faite de faire payer les dommages et intérêts par les auteurs. En quoi cela empêcherait-il des accidents ?

Quand le président Jacques Chirac a décidé d'implanter des radars automatiques, il voulait «*frapper au porte-monnaie*». Je n'aime pas cela parce que cela favorise les plus riches et défavorise les personnes en difficulté. Pourtant, comme évoqué plus tôt, je trouve intéressant de faire payer les dommages et intérêts par les auteurs. C'est d'ailleurs une idée émise par Lucie et Laurine. J'ai compris qu'elles souhaitaient réserver ce traitement aux accidents causés par l'alcool, les stupéfiants, la vitesse, la négligence ou une violation manifestement délibérée d'une obligation de prudence ou de sécurité. Les auteurs qui prennent la fuite sont également concernés. Cette idée est à creuser. Ce projet est très dur pour les conducteurs. Les dommages et intérêts peuvent se chiffrer en centaines de milliers d'euros. Il n'est pas rare que des millions soient octroyés. Adopter une telle mesure reviendrait à les ruiner. Celui qui sait, en prenant son volant, qu'il peut être endetté à vie ne prendra peut-être pas le risque. Ou beaucoup moins. C'est égoïste, certes. Je me moque bien de savoir pourquoi celui qui était à quelques minutes de blesser ou tuer renonce à le faire. L'important est que le drame n'arrive pas. Et quand bien même le conducteur prendrait-il le risque, pensez-vous vraiment que sa compagne ou son compagnon, qui partage ses dettes, le laisserait agir en irresponsable ?

C'est aussi prendre le risque de l'insolvabilité de l'auteur et d'une indemnisation qui n'existerait pas.

Pas du tout. Les assurances avancent l'indemnisation, elles se retournent ensuite contre l'auteur. Les victimes ne sont pas lésées. C'est déjà ce que fait le fonds de garantie lorsqu'il indemnise les victimes d'infractions pénales ou lorsqu'il se substitue à un assureur en cas de délit de fuite ou de conduite sans assurance.

Cela ne vous semble pas disproportionné ?

Si vous me posez la question, là, dans mon fauteuil, je vous réponds que c'est très sévère. Si vous m'interrogez alors que je viens de passer quelques heures avec une victime handicapée, qui n'avait rien demandé à personne, je vous répondrai non.

Il faut trouver un équilibre. Cela nécessite d'y aller centimètre par centimètre. Applique-t-on cela à tous les conducteurs ? Non, je ne crois pas. À ceux qui auraient bu ? Pourquoi pas. Mais à partir de quel taux ? À ceux qui ont consommé des stupéfiants ? Pourquoi pas. À ceux qui ont commis un excès de vitesse ? Oui, mais à partir de quel dépassement ? À ceux qui ont utilisé leur téléphone ? C'est une discussion que nous devons avoir. À ceux qui ont franchi un feu rouge ? Un stop ? Une ligne continue ? Et puis se posera une question que peu de procédures résolvent. Un lien de causalité entre l'alcool/les stupéfiants/la vitesse/le téléphone et l'accident devra être démontré. Comment exiger d'un conducteur fautif qu'il paye des millions d'euros parce qu'il aurait bu ou fumé si nous n'avons pas la preuve que l'accident est en lien avec sa consommation ? Regardez le dossier *Palmade*. Avec les connaissances dont nous disposons au début de l'instruction, personne n'est capable de dire que l'accident est lié aux stupéfiants. Nous pouvons le penser. Nous pouvons le présumer. Mais la certitude juridique d'un tel lien de causalité est quasiment impossible à démontrer. Cette démonstration est plus aisée lorsque l'accident est dû à une absence de temps de réaction ou à un freinage tardif coupable. Enfin, les auteurs seront-ils obligés de payer les sommes en intégralité ? Ou de moitié ? Je suis gêné par le fait de sanctionner la famille de l'auteur, par ricochet. Les enfants et le compagnon n'ont rien demandé. Les pertes économiques subies par l'auteur les impacteront. Il sera répondu que, de l'autre côté, la famille est également impactée. Nous l'avons lu. Cependant, je n'aime pas qu'on ajoute du malheur à la souffrance. Je ne suis pas certain que l'on répare l'injustice par l'injustice. C'est ici une limite de la proposition. Cela ne doit pas nous empêcher d'avancer et de réfléchir.

Vous pensez vraiment que cela peut réduire les accidents ?

J'en suis persuadé. Perdre des points ne fait pas peur. Si le conducteur en a assez, cela n'est pas un souci. S'il n'en a plus, il peut repasser le permis au bout de six mois. La suspension du permis de conduire doit faire peur. Force est de constater que cela n'arrête pas grand monde.

L'annulation du permis ? Il est possible de le repasser. Même si tout cela est contraignant, il existe des plans B. Si les gens savent que, en prenant le volant après avoir bu ou fumé, ils seront endettés à vie, croyez-moi, cela va changer la donne. C'est la même chose pour ceux qui roulent à tombeau ouvert. Cela pourra également impacter le comportement des proches. Lorsque vous savez que, en laissant conduire votre compagne ou votre compagnon, vous pouvez être ruiné avec elle ou lui, je pense que vous lui prenez les clés ou vous appelez quelqu'un.

Que retenir des critiques émises par les victimes d'une justice trop peu sévère ?

Il faut les entendre sans, pour autant, en faire une généralité. Le curseur de la sévérité n'est pas le même pour tous.

Je retiens, des propos des victimes, que la justice ne se montre pas assez sévère pour les accidents aggravés par de l'alcool, des stupéfiants ou de la vitesse. Elles sont assez unanimes pour dire qu'un accident par maladresse peut exister. Mais cette compréhension de l'accident « bête » a comme corollaire une volonté de répression importante dans les autres cas.

Je retiens également quelques propositions très intéressantes dont le législateur et les juges doivent s'emparer. Quand Patrick milite pour de courtes peines de prison derrière les barreaux, suivies d'un long bracelet électronique, je trouve cela très intelligent. Connaître le milieu carcéral est un choc. Je suis persuadé qu'un enfermement, même bref, dissuade vraiment. Cette mesure ne doit être trop longue pour ne pas pénaliser les enfants et la famille de l'auteur, ce que le bracelet traite. Je pense aussi au paiement, par l'auteur, d'une partie des dommages et intérêts. Le travail d'intérêt général aux côtés des victimes, dans les centres de rééducation, me semble également être une excellente idée.

Un emprisonnement ferme nécessite des places de prison.

Nous en revenons toujours aux moyens. Vous voulez de la place dans les établissements pénitentiaires ? C'est simple. Sortez la moitié des détenus provisoires. Placez-les en assignation à résidence dans l'attente de leur procès. Ils sont présumés innocents, rappelons-le. Je suis convaincu que tous les détenus provisoires ne présentent pas une dangerosité qui nécessite leur incarcération. Je ne parle pas des délinquants de la route. Je parle de tous ceux qui, pour du petit droit pénal général, sont provisoirement incarcérés alors que leur dangerosité est proche du néant.

Passons au deuxième axe : l'absence d'accompagnement humain...

Voilà une critique que de très nombreuses victimes émettent. Cette absence d'accompagnement humain est un scandale absolu. Et, malgré les dossiers médiatiques dont nous avons parlé et les coups de gueule du chef Yannick Alléno ou de moi-même, aucune proposition n'a été formulée par la loi sur l'homicide routier. Je ne comprends pas le chef Alléno. Comment a-t-il pu accepter d'être le porte-parole de cette loi qui ignore tout de l'accompagnement humain dont il dénonçait l'absence ?

Je pense à ces familles qui apprennent que leur enfant (ou leur parent) est décédé. Les témoignages de Sophie, Murielle, Daniela, Angélique ou Stéphanie sont poignants. Vous rendez-vous compte de la brutalité de l'annonce ? Qui n'a jamais eu peur, recevant un appel dans la nuit, que cela soit une terrible nouvelle ? Qui n'a jamais craint la visite de policiers en pleine nuit quand le téléphone du petit ne répond pas ? Qui n'a pas vécu l'horreur d'une telle annonce ne peut pas comprendre. J'essaie, grâce aux liens que je tisse avec les victimes, de m'approcher au plus près de ce qu'elles ressentent.

Imaginez la situation. Vous apprenez que votre enfant, que votre amoureux, que votre mère, vient d'avoir un accident. Vous êtes terrorisé par l'annonce que vous ne voulez pas entendre. Vous avez encore l'espoir que cela ne soit pas trop grave. À tout le moins que la mort ne soit pas entrée dans votre vie. Comment arriver à respirer ? Comment ne pas penser au pire ? Et puis, vous arrivez à l'hôpital. Le cœur lourd. Le pas pressé. Les jambes qui ne vous portent quasiment plus. Vous attendez. Des nouvelles ? Aucune. Un médecin ? Toujours pas. Et puis, une porte qui s'ouvre. Un médecin qui marche vers vous. Il a le visage fermé. Vous êtes pendu à ses lèvres. Quelques mots. Votre vie bascule. Le monde s'écroule. Le sol se dérobe. Certains crient. D'autres pleurent. Certains restent impassibles. Comme si l'horreur ne les avait pas encore pénétrés. D'autres, comme Sophie, perdent connaissance. La douleur est trop forte. Le corps ne résiste pas. Peut-être même est-ce le cœur qui, l'espace de quelques secondes, s'arrête pour rejoindre celui de l'être aimé. Si les infirmiers vous relèvent, si un médecin vous donne un peu de glucose, personne n'est là pour vous soutenir. Au sens propre, comme figuré. Et parce que le calvaire n'est pas fini, il faut aller reconnaître le corps. Et dire adieu. Regarder la vérité en face. Se dire que, non, le petit ne dort pas, il est mort. Se mettre des images immondes dans la tête. Ces instantanés qui ne vous quitteront jamais plus. Ces flashs qui hanteront vos nuits pour toujours. Et quand vous sortez de là, vous êtes seul. Vivant à l'extérieur, mort à l'intérieur.

Il n'y a pas un accompagnement psychologique ?

Rien. Il n'y a rien. Ou si peu. Pas un psychologue à l'horizon. Sophie le décrit bien. Murielle le dénonce. Vous avez beau être dans un hôpital, personne ne vous propose d'aller pleurer vingt, trente, quarante minutes dans les bras de quelqu'un. On vous renvoie dans votre vie qui n'a plus aucun sens. Vous ne savez même plus où aller. Et comment l'annoncer aux autres ? Quand Sophie me raconte qu'elle est rentrée chez elle pour rejoindre les enfants qui l'attendaient sur le canapé, et qu'elle a dit *« votre père est mort »*, je vois la scène. Je l'imagine. Je ne peux pas m'empêcher d'avoir les larmes aux yeux. Quand je tente de me mettre à la place d'Angélique qui perd son enfant à quelques minutes de le faire venir au monde, je suis bouleversé.

Cette absence d'accompagnement est quelque chose que les victimes dénoncent beaucoup. Les témoignages que nous avons récoltés sont extrêmement forts. Quand la femme de Patrick sait que, si le téléphone sonne, c'est que son mari aura succombé à ses blessures, c'est bouleversant.

Elle attend que *« la mort l'appelle »*. Depuis des années, les associations réclament ces aides et cette assistance. Toujours rien. Il a fallu qu'un grand chef, Yannick Alléno, connaisse cette souffrance de perdre son fils dans un dramatique accident de la route pour que cette revendication soit mise en avant. La notoriété de cet homme et sa force de caractère lui ont ouvert la porte de quelques médias. Sa femme et lui ont dénoncé, avec force, ce que les Sophie, les Murielle et les autres critiquaient. Cela a duré huit jours. Et l'actualité a repris aux victimes ces quelques heures de parole. J'ai pensé que le dossier *Palmade* allait permettre de mettre cela en avant. Rien, pour le moment. Le 14 février, alors invité de BFM soir, je passe une heure à entendre des anciens toxicomanes dire comment ils avaient été aidés pour sortir de la drogue. Voilà vingt minutes que je souhaite prendre la parole. On ne me la donne pas. Le réalisateur a beau montrer mon impatience en filmant mes mains qui s'agitent, il faut écouter la résilience de cet ancien toxicomane, sympathique au demeurant. Lorsqu'il finit son histoire, Aurélie Casse, journaliste en plateau, me donne la parole pour réagir. Je suis en ébullition. Je sais que je ne peux pas me lâcher. Je dois me contenir, moi le sanguin. Je profite cependant de l'antenne pour rétablir une vérité : *« J'ai beaucoup d'admiration pour toutes ces personnes qui arrivent à arrêter ces dépendances [silence]. Moi je souhaiterais, ce soir, que l'on dise que les victimes de la route ont aussi besoin d'aide et qu'elles n'en ont pas. Il y a un travail remarquable des associations, des avocats et de la justice. Mais, pour vous prendre un exemple tout simple, les mères de famille qui ont perdu un enfant dans un accident de la route, quand elles viennent me voir, elles me racontent leur arrivée à l'hôpital, elles me disent qu'il n'y a aucun soutien psychologique. On est seul face à la mort. On arrive dans un endroit froid. Pour constater un corps froid. Et personne ne nous aide. Aucun soutien psychologique de l'État. Aucune cellule psychologique. Aujourd'hui, on s'émeut. On dit qu'on pense aux victimes de cet accident. Je pense aussi aux trois mille familles par an qui perdent un être cher, aux deux cent mille victimes qui sont blessées, aux seize mille qui trouvent le handicap sur leur chemin. Que fait l'État pour cela ? Donc, bien sûr, il faut aider tous ceux qui ont une dépendance à ne plus l'avoir mais, de grâce, j'espère que les pouvoirs vont réagir en se disant que l'émotion est tellement grande dans le pays, avec cette femme qui perd son enfant, qu'il faut les aider. Aidez-nous à les aider. Si on aide les toxicomanes à sortir de là, si on aide les «alcoolos» à sortir de là, aidons les victimes à se reconstruire.*» Quelques jours après, toujours sur la même antenne, je poursuis: «*Quand on aura fini de taper, ce serait tellement intéressant que nos gouvernants accompagnent les victimes. Lorsque vous perdez quelqu'un sur la route, aucune cellule psychologique. Rien. On a des cellules psychologiques lorsqu'il y a des attentats. C'est tout à fait normal. Quand il y a des drames dans les écoles. C'est tout fait normal. Vous perdez votre môme, vous n'avez personne.*»

Le même jour, je le dis encore sur France Info et RFI: «*La vraie révolution, qui montrera qu'on s'intéresse vraiment aux victimes de la route, c'est quand on les accompagnera sur le plan humain. Quand on leur paiera des séances de psy. Quand on créera des cellules psychologiques.*»

Quelques semaines plus tard, Monsieur le garde des Sceaux a pris la parole sur cette actualité. J'attendais de lui quelques annonces humaines, pro-victimes, lui qui sait la douleur de perdre un proche. Il s'est simplement ému qu'il ait fallu attendre un tel drame pour prendre conscience des dangers de la drogue au volant. Au moment du vote de la loi sur l'homicide routier, j'ai rappelé que les victimes avaient besoin d'accompagnement. Le 20 h de TF1, le 13 h de France 2, le 19 h de France 3, le 12h45 de M6, Le parisien etc... Plus de 10 millions de personnes ont entendu. Seul le législateur n'écoute pas... Pensez-vous qu'il se soit saisi de nos appels répétés? Rien. Ni le dossier *Alléno* ni le dossier *Palmade* n'ont permis d'avancer d'un iota sur ce plan. Souvenez-vous des critiques que j'émettais plus haut sur ceux qui ont fait la danse de la joie après que le gouvernement a annoncé la création d'une coquille vide. Elles trouvent une résonance ici. Dansez, les amis. Réjouissez-vous de cette avancée si vous le souhaitez. Mais les victimes, elles, attendent toujours des aides psychologiques.

Que proposez-vous ?

Chaque professionnel qui intervient sur un accident mortel de la circulation doit avoir été formé à gérer ces moments. Le policier doit avoir suivi une formation pour trouver les mots. Le médecin doit prendre plus de temps. Et tant pis si cela le met en retard. Beaucoup de victimes disent qu'il n'y a rien de pire qu'un homme ou une femme qui vous annonce le décès de votre proche comme s'il récitait l'annuaire. Ce sont des détails, peut-être. Mais ils sont très importants pour ceux qui souffrent. Pensez que, jamais, les victimes n'oublieront la voix, le ton et les mots de celui qui annonce la mort ou le handicap.

Je souhaite surtout que des psychologues soient immédiatement mis à la disposition des familles. Immédiatement. Que vous soyez à l'hôpital ou ailleurs, il est indispensable que des professionnels soient au contact. Évidemment, les familles sont libres de parler ou non. Un jour, une maman m'a dit : *« Quand il y a un attentat, il y a des cellules psychologiques mises à disposition des familles endeuillées. Quand il se passe quelque chose de grave dans une école, dans un lycée, une cellule est mise en place. C'est bien. C'est normal. Je ne veux pas faire de comparaison entre les victimes d'attentat et ceux de la route. Certains pensent que c'est pire dans un cas. Les autres, que c'est terrible dans l'autre cas. Mais le point commun, c'est la souffrance. C'est la brutalité. C'est la violence de la perte profondément injuste d'un être aimé. »*

Sans rentrer dans le débat attentat/accident de la route, je comprends cette réflexion. Dans les deux cas, l'État n'a pas été capable de protéger ces familles de la mort d'un proche. Ne pourrait-on pas attendre de la République et de la solidarité nationale que des cellules psychologiques soient mises en place ? Et si ce n'est pas dans les heures qui suivent, je veux que les familles puissent consulter des psychologues gratuitement pendant plusieurs mois. Je ne demande pas aux professionnels de travailler sans être payés. Mais l'État, par des aides ou via la Sécurité sociale, doit assurer à ces victimes tout le soutien possible.

Prenez l'exemple de Sophie. Que dit-elle ? Elle a emmené ses enfants voir un psychologue, mais elle n'avait plus assez d'argent pour assurer ses propres séances. Il est hors de question, à l'heure des aides en tous genres, que l'État ne permette pas aux familles endeuillées par la route d'avoir librement accès à des professionnels. On ne laisse pas des citoyens dans cette souffrance. Bien des sommes dépensées pour des politiques contestables serviraient à ces victimes. Notre pays est champion des aides. On fait des chèques pour l'essence. Pour l'alimentation. Pour l'eau. Pour l'électricité. On peut compter les aides étatiques par dizaines. Encore une fois, alors qu'elles sont plus de deux cent mille par an, les victimes, elles, restent seules.

Cette absence d'accompagnement psychologique semble vous mettre en colère.

Et comment ! Enfin, c'est quand même le moindre des soutiens que l'État puisse offrir à ces familles. Je sais bien que nous sommes dans le siècle de responsabilité individuelle poussée à son paroxysme. Et l'on ne peut pas tenir l'État responsable de tout. Mais, en théorie, ce dernier doit nous permettre de vivre en sécurité et nous mettre à l'abri de la mort causée par autrui. Quand les politiques se réjouissent de la baisse des chiffres de la mortalité, en s'en vantant à coups de communiqués et satisfecit, je préférerais qu'ils s'occupent de ceux qui ont subi la foudre. L'État ne voit pas les victimes qui pleurent dans mon cabinet, puis au tribunal. Moi si. J'entends leur détresse. Je la sens. Je la partage. Je prends beaucoup de temps avec elles. Parce que j'aime cela. Parce que je suis devenu avocat pour épauler. Parce que je suis fils de psy. Parce que je suis sensible à ce chagrin que j'espère ne jamais connaître. Cependant, personne ne remplace un psychologue.

Vous trouvez que l'État n'en fait pas assez ?

Depuis plusieurs années, les campagnes de prévention sont meilleures. L'État met un budget important pour qu'il y ait toujours moins de blessés et de décès sur la route, ce qui est une très bonne chose. Par ailleurs, il réclame également une répression importante. Il ne fait donc pas rien.

Cependant, cette politique prévention/répression doit laisser place à un troisième axe : l'accompagnement et la protection. Il ne sert à rien de prévenir et réprimer si, quand la prévention a échoué, on abandonne les victimes sur le bord de la route. Il y a même une certaine forme de lâcheté. *« On n'a pas réussi à vous protéger, malgré tous nos efforts. Alors, on préfère tourner le dos à votre douleur plutôt que de tout faire pour la réduire. »* C'est cela le message que l'État délivre aujourd'hui ? Il faut que cela cesse !

Donc non, sur l'accompagnement des victimes, l'État n'en fait pas assez. Que ce soit sur la question psychologique ou indemnitaire. C'est quand les citoyens sont injustement affaiblis que la République doit être là. Le pays doit être le premier à tendre la main pour relever ces victimes. Donner des subventions aux associations ne suffit pas.

Vous dites « accompagnement et protection ». De qui faut-il protéger les victimes ?

C'est un sujet sur lequel nous aurons l'occasion de revenir. L'État doit mieux protéger les victimes face aux assurances, notamment. Nombre de victimes m'ont raconté qu'elles se sont laissées berner par certains assureurs en acceptant des indemnisations à la baisse. Trop de ces familles, ou de ces personnes blessées, ne peuvent pas faire valoir leurs droits. Trop de victimes ne sont pas assez informées ou subissent même une désinformation scandaleuse. L'État doit être aux côtés des victimes pour tordre le bras de certains assureurs qui, trop souvent, ont des méthodes… discutables. Combien de fois les familles m'ont-elles dit avoir été contactées par le gestionnaire de l'assurance dans mon dos, alors que j'étais pourtant enregistré comme leur avocat. Ces victimes me rapportent également de propos du genre : *« Mais pourquoi prendre un avocat ? Cela ne sert à rien. Cela coûte cher. Cela ralentit la procédure. Nous sommes là pour vous »* ou encore : *« Je vous assure que la somme proposée est le maximum que je puisse faire. Personne ne pourra faire mieux »*, avant que nous obtenions le double, le triple, l'octuple.

Comment faire ?

Il faut réformer la loi Badinter. Cette loi est un monument de notre histoire juridique. Depuis 1985, elle régit les conditions d'indemnisation des victimes de la route. Elle est d'une très grande qualité. Mais elle mérite, après quarante ans d'existence, d'être adaptée aux nouvelles réalités. Dans trop de cas, son application se retourne contre les victimes. Je pense notamment à la question de la faute opposable.

Je vous propose d'aborder le troisième axe de critique et de proposition, celui de l'indemnisation des victimes et de leur protection.

Vous comprendrez que je n'entre pas toujours dans le détail pour que le propos soit le plus fluide possible.

Aujourd'hui, la loi Badinter distingue plusieurs catégories de personnes indemnisables. Il y a la catégorie des « protégés », puis les « hyper-protégés », et enfin les conducteurs. Les « protégés » sont les piétons, les cyclistes, les passagers, les trottinettistes (sans moteur). Bref, c'est tout le monde à l'exception du conducteur. On les appelle les « protégés » parce qu'ils sont indemnisés dans 95% des cas. Seule une faute inexcusable, d'une particulière gravité, peut leur être opposée par l'assureur. Les « hyper-protégés » sont ceux qui, dans la dernière catégorie, sont âgés de moins de seize ans, de plus de soixante-dix ans ou présentent un taux d'invalidité supérieur à 80% au jour de l'accident. On les appelle ainsi parce qu'ils sont indemnisés, même en cas de faute exceptionnelle. La seule exception réside en la recherche du dommage.

Ces deux catégories sont donc quasiment toujours indemnisées. Leur droit à indemnisation est total, sauf les exceptions rappelées. Attention cependant, avoir le droit d'être indemnisé à 100% ne donne pas la certitude d'être bien indemnisé.

Et puis, il y a les autres, les conducteurs. À eux l'assurance peut opposer une faute pour réduire ou exclure leur droit à indemnisation. Peu importe la gravité de leur comportement. Dès lors qu'une faute présente un lien causal avec le dommage, elle peut être invoquée contre la victime. Cela peut paraître injuste. Opposer une faute de conduite à une victime qui perd ses jambes, c'est abject. Mais chacun peut comprendre – sans accepter cependant – que les assureurs ne puissent pas indemniser tout le monde, sans distinguer les comportements. À bien y réfléchir, admettre que toutes les victimes puissent être indemnisées à 100% ne serait-il pas un mauvais message adressé ? Dire à celui qui fait n'importe quoi sur la route qu'il sera indemnisé même s'il est fautif revient à délivrer un blanc-seing… Admettre que toutes les victimes puissent ne pas être indemnisées me fait mal au cœur. Mais il y a un message de prévention derrière. Je crois que tout le monde ne l'a pas compris. À trop revendiquer, à trop demander, à trop écouter son cœur, on oublie les conséquences : déresponsabilisation du conducteur et augmentation des cotisations. Voilà un équilibre à trouver. Améliorer l'indemnisation des victimes. Tordre le bras à l'assurance. Mais ne pas lui casser l'épaule.

Avant d'avoir vos propositions sur la question de la faute opposable aux victimes, que souhaitez-vous faire de ces catégories ?

Je souhaite qu'on élargisse la catégorie des personnes hyper-protégées. Je propose d'y inclure les mineurs de seize à dix-huit ans. C'est logique. On considère que les moins de seize ans doivent être hyper-protégés parce que ces victimes sont mineures, et fragiles, de par leur minorité. Pourquoi ne pas aller jusqu'à dix-huit ans alors ?

Les assureurs vous diront que cela permettrait aux 16-18 ans de faire n'importe quoi en scooter, voire en voiture avec le passage du permis à 17 ans.

Ça, c'est l'argument de façade. Bien propret. Il faut entendre : « *On ne va quand même pas indemniser les 16-18 ans qui se vautrent en scooter ou font n'importe quoi au volant sans pouvoir leur opposer leur faute.* » Rappelons que, plus une victime est jeune, plus l'indemnisation coûte cher à l'assurance. En effet, dans les cas les plus graves, l'indemnisation est annexée à une table de capitalisation elle-même indexée sur la table de mortalité. À cet argument, nous pourrions opposer que les jeunes ont le droit de faire du scooter à partir de quatorze ans. Pourtant, on les protège. Partons du principe que le conducteur du scooter est plus aguerri et/ou plus responsable en grandissant. Il n'y a pas plus de risque à protéger les 14-16 ans que les 16-18 ans. Dès lors que l'on considère que l'état de minorité rend le citoyen plus fragile, il n'y a aucune raison de le traiter comme un majeur.

Qui d'autre serait concerné ?

Je veux protéger les personnes de plus de soixante-cinq ans et non plus seulement celles de plus de soixante-dix ans. Aujourd'hui, nos seniors sont beaucoup plus actifs qu'en 1985. Il existe plus de risques, en 2024, de subir un accident à soixante-cinq ans, de par la vie en société qui est plus dangereuse. Il me semble donc logique de protéger ces personnes qui, bien qu'ayant cinq ans de moins et étant plus en forme qu'il y a quarante ans, restent plus fragiles que les autres.

Et les personnes présentant un taux d'invalidité ?

Je propose qu'on les protège dès lors qu'elles ont un taux d'invalidité de 30% et non plus de 80%. J'aimerais aller encore plus loin, et abaisser le seuil parce qu'il est inadmissible que ces personnes, déjà fragilisées, puissent se voir opposer une faute. Je propose de retenir le taux de 30% pour faire passer la proposition. Mais s'il fallait l'écrire noir sur blanc, je tenterais un taux encore plus bas.

Que proposez-vous pour les conducteurs ne bénéficiant pas de ces protections particulières ?

Pour les assureurs, la meilleure façon d'indemniser au rabais, c'est de contester le droit à indemnisation en retenant une faute de la victime dans la survenance de son accident.

Exemple : la victime a droit à 100 000 euros après expertise médicale et chiffrage. Pour payer moins, l'assurance peut pinailler sur certains préjudices et gagner quelques milliers d'euros. Mais ce n'est rien à côté de l'invocation d'une faute de la victime. Imaginons que cette dernière soit responsable par moitié de son accident. Elle perd alors 50 000 euros.

Autre exemple, une victime devient paraplégique. Sa maison est inadaptée. L'assurance doit payer un nouveau logement. Fixons son prix à quatre cent mille euros. C'est un vrai besoin. La victime n'aura que deux cent mille euros si l'on retient sa responsabilité pour moitié. Sa maison adaptée ne pourra pas être financée, sauf à ce qu'elle en paye une partie. C'est profondément injuste.

Pour éviter cela, il faut rendre plus difficile cette opposabilité. Je propose, notamment, qu'aucune faute ne puisse être retenue dès lors que la victime n'aura été ni poursuivie ni condamnée.

Expliquez-nous.

Quelles fautes sont reprochées aux victimes ? Des contraventions au Code de la route (vitesse, défaut de clignotants, circulation sur la voie de gauche, non-respect des distances de sécurité, feu rouge, etc.). Des délits (alcool, stupéfiants, etc.). Ce sont donc des infractions au sens pénal du terme. Pour les contraventions, la décision de poursuivre ou non revient à l'officier du ministère public (souvent le commissaire de police). Pour les délits, elle revient au procureur de la République près le tribunal judiciaire.

Aussi je souhaite que nous partions du principe suivant : si la victime n'est pas poursuivie pénalement, aucune faute ne peut lui être opposée. C'est logique ! Dès lors que ceux qui ont le pouvoir de poursuivre, après appréciation, ne relèvent aucune infraction, pourquoi l'assurance serait-elle en droit de s'en prévaloir ? Au nom de quoi l'assureur pourrait-il juger d'une faute pénale (contravention ou délit) qui deviendrait une faute civile opposable à la victime ? Pas de poursuite, pas de faute opposable. Cela permet, par ailleurs, de gagner un temps fou. En quelques jours, les parties sont fixées sur le droit à indemnisation. On s'évite ainsi des semaines, des mois, voire des années de débat sur la question de la faute comme dans le dossier de Sophie ou de Patrick.

N'est-ce pas trop favorable à la victime et trop défavorable à l'assurance ?

Chacun voit midi à sa porte.

Cette proposition est un coup (et un coût) pour les assureurs. Bien souvent, la lenteur des débats sur la question de la responsabilité permet à l'assurance d'appliquer sa « *théorie du pourrissement* ». Tant que le droit à indemnisation n'est pas tranché, l'assurance ne donne pas de provisions. Ou très peu. Les victimes, prises à la gorge financièrement, finissent par accepter un pourcentage de responsabilité qu'elles n'ont pas pour débloquer l'indemnisation qui sera donc bien moindre.

Cette proposition va dans le sens de la justice. Chacun a des prérogatives. Le procureur poursuit ou ne poursuit pas. On s'aligne sur lui. Pareil pour l'officier du ministère public. Dès lors que les fautes reprochées sont des comportements pénaux, il est normal que l'on s'aligne sur les décisions prises par la justice pénale quand elles sont favorables aux plus faibles, c'est-à-dire aux victimes.

Que se passe-t-il en cas de poursuites des victimes pour le délit ou les contraventions opposables ?

Les seules poursuites ne sont pas opposables.

Le droit à indemnisation n'est réduit que lorsque la victime est condamnée de manière définitive par le tribunal ou le paiement des contraventions. On peut ajouter pour ces dernières que le droit à indemnisation est également réduit dès lors que la victime ne conteste pas l'infraction dans un délai de trois mois après majoration de l'amende.

A contrario, tant que la victime conteste les faits devant une juridiction, aucune faute ne peut être retenue. Le droit à indemnisation est de 100%. L'assureur provisionne en conséquence. Le risque est que la victime soit trop indemnisée ? Elle fera le nécessaire pour ne pas tout dépenser, au cas où. Ainsi le temps ne joue plus en faveur de l'assurance, mais bien en faveur de la victime. C'est le premier avantage.

Si le tribunal de police ou le tribunal correctionnel relaxe la victime des faits qui lui sont reprochés, son droit à indemnisation est acquis définitivement. Les décisions de justice ne sont pas contestables par l'assurance. C'est le deuxième avantage.

La soumission de questions juridiques relevant du droit pénal à des juridictions pénales est logique.

Les assureurs pourraient craindre que les tribunaux se montrent plus cléments avec une victime ?

C'est une observation très pertinente, mais éloignée de la réalité. Et un peu insultante pour les magistrats. Oui, les juges ont un cœur. Oui, ils ont une sensibilité, mais un magistrat juge le droit avec son cerveau et ses connaissances juridiques. Un tribunal ne peut pas relaxer une personne juridiquement coupable au prétexte qu'elle serait sympa, qu'elle lui inspirerait un sentiment de pitié ou que les conséquences de sa décision seraient dramatiques. Évidemment, je pense que la balance du doute pencherait du bon côté là où, malgré les textes, elle penche du côté condamnation pour un prévenu lambda. Si c'est le cas, tant mieux.

Partons d'une hypothèse de faute pénale retenue par un tribunal de police ou correctionnel. L'assurance peut donc se prévaloir de celle-ci pour réduire le droit à indemnisation. Comment faire pour quantifier ce pourcentage ?

Aujourd'hui, ce pourcentage se fait au doigt mouillé. Ou avec les jurisprudences trouvées çà et là. La même faute est retenue à 30% à Marseille quand elle vaut 20% à Lille. Cela contribue à une injustice et à une insécurité juridique que les victimes ne peuvent pas subir.

Voilà donc une injustice dénoncée. On sait à quel point ce sentiment vous marque. Que proposez-vous pour la combattre ?

Pour le dire une fois encore, je préférerais qu'aucune faute ne puisse être opposée à la victime. Cependant, si nous voulons qu'un projet de loi passe, il est nécessaire d'équilibrer nos propositions.

La première est de limiter le taux de responsabilité à 50%. Quelle que soit la faute opposable, et sa gravité, la victime ne pourra pas avoir moins que la moitié du chiffrage. C'est un effort significatif pour les assurances sur un plan financier. Cependant, en termes d'image, puisqu'elles passent leur temps à dire qu'elles sont «*là pour les victimes*», l'adoption d'une telle proposition est l'occasion de passer de la théorie aux actes. Si les assureurs refusent cette proposition, ils enverront un message clair, et mauvais pour leur image. En termes de communication, c'est impossible d'aller à l'encontre de cette mesure.

La seconde est de proposer un élément objectif permettant d'harmoniser les taux. Je propose que ce dernier soit aligné sur la gravité de l'infraction reprochée. Il s'agit ici d'appliquer un principe de proportionnalité. Si la faute est un délit, la limitation ne peut monter que jusqu'à 50%. Si elle est une contravention de cinquième classe, la limitation ne peut monter que jusqu'à 25%. La victime dispose de trois quarts de son indemnisation. Si la faute est une contravention des quatre premières classes, la limitation ne peut monter que jusqu'à 10%. La victime jouit de 90% de son indemnisation. Aucun cumul ne peut être appliqué. On prend la faute la plus grave en considération. Moins la faute est juridiquement grave, moins fort est le pourcentage opposable.

Ces propositions ont un sextuple avantage. Elles ne laissent aucune victime sur le bord de la route de l'indemnisation. Elles harmonisent. Elles apportent de l'objectivité. Elles appliquent un principe de proportionnalité. Elles rendent de la justice là où régnait l'arbitraire. Elles permettent de gagner en rapidité.

Cela signifie-t-il que les juges chargés de l'indemnisation seront liés par ces pourcentages ?

Je n'aime pas dire que les juges sont liés. Je défends trop leur droit d'être libres. Il serait inconcevable que les magistrats ne puissent pas garder une part d'appréciation souveraine, mais dans la limite du cadre posé. Des plafonds de limitation sont fixés. On ne peut pas les dépasser. En dessous de ce plafond, le juge est libre de faire ce qu'il veut. C'est favorable à la victime.

Je crois, pour avoir discuté avec certains juges, qu'ils aimeraient disposer d'outils simples à appliquer, pour autant qu'ils soient justes. Actuellement, le contentieux du préjudice corporel est guidé par les nomenclatures qui constituent des sortes de fourchettes d'indemnisation non officielles. Ce sont des guides. Pas des liens. On peut continuer dans ce sens. Je ne veux pas que les femmes et les hommes remarquables qui rendent justice puissent être remplacés par des robots. Il est donc important de leur laisser cette liberté.

Si je comprends bien les plafonds, cela veut dire que toutes les victimes sont indemnisables. Il n'existe donc plus d'exclusion d'indemnisation ?

Si l'on veut qu'une nouvelle loi soit adoptée, on ne peut pas aller jusqu'à l'indemnisation totale. L'exclusion doit toujours être possible à une triple condition cumulative : la faute doit présenter une extraordinaire gravité, elle doit être reconnue par un juge pénal et elle doit être la cause exclusive du dommage.

Une contravention, bien que cause exclusive du dommage, ne pourra jamais conduire à une exclusion. Une faute extraordinairement grave, si elle n'est pas cause exclusive du dommage, ne pourra pas conduire à une exclusion. Il faut la réunion des deux critères.

Il appartiendra aussi au législateur de définir la faute « extraordinairement grave ». Selon moi, elle ne pourrait être qu'un délit très grave ou un cumul de fautes délictuelles.

Je souhaiterais que l'on parle de l'indemnisation des familles qui ont subi la perte d'un proche. Comment articuler ces propositions dans ces dossiers ?

Avant toute chose, je rappelle que l'on parle de dossiers très sensibles. On touche à la mort. Il est donc nécessaire que les assureurs consentent à un effort particulier. Ce dernier, même s'il peut s'avérer important selon les dossiers, ne concerne « que » trois mille dossiers par an. Se montrer plus généreux ne ruinera pas les compagnies d'assurances ni leurs actionnaires.

Par ailleurs, l'indemnisation des homicides involontaires est d'une telle faiblesse, particulièrement pour le préjudice moral, qu'il est temps d'équilibrer les choses.

En quoi votre proposition est-elle défavorable aux assureurs ?

Si l'on part du principe que la faute du conducteur victime est inopposable dès lors qu'aucune poursuite n'est intentée contre elle, cela pose une difficulté.

Aujourd'hui, les assureurs peuvent opposer à la famille du défunt la faute commise par lui, pour limiter ou exclure l'indemnisation. Le meilleur exemple est celui de Sophie. Lui était opposée une exclusion d'indemnisation.

Avec le nouveau projet, cette faute deviendra impossible à opposer. Le syllogisme est simple. On ne peut opposer de faute qu'en cas de condamnation. Une personne décédée ne peut pas être poursuivie et condamnée. Donc, il est impossible d'opposer une faute au défunt.

Cela conduit à indemniser à 100% toutes les familles endeuillées ?

Si l'on veut être objectif, une seule exception peut être appliquée: celle du suicide du défunt.

Pour le reste, cela ne me choque pas. Pour plusieurs raisons.

Sur un plan philosophique, je trouve cela indécent, voire inhumain, de dire à une famille, qui pleure déjà toutes ses larmes, que leur proche a une responsabilité dans l'accident. Cela revient à culpabiliser le défunt – ce qui n'est pas d'une grande élégance – et à le rendre coupable de la souffrance de ses proches. Comme dirait le président Sarkozy: « *Quelle indignité!* »

Par ailleurs, cela permettrait d'éviter aux idiots de dire aux familles qu'elles tentent de se «*faire une fortune*» sur le dos du défunt. Dès lors que l'indemnisation sera de droit, personne n'ira reprocher à la famille de tenter de «*gagner à la loterie*».

Enfin, sur un plan moralo-philosophique, ne pourrait-on pas juger que la mort d'un proche doit échapper à tout débat juridico-financier ?

Ne peut-on pas considérer qu'il est indécent de tenter de priver les victimes endeuillées ?

Dites-nous un mot de cette indemnisation.

Faisons simple. Il existe, depuis peu, de nouveaux postes de préjudice. Voyons les plus courants.

Les dépenses d'obsèques sont un premier poste. L'assurance doit rembourser tous les frais. Prenez une facture de huit mille euros. Si l'assurance retient une responsabilité du défunt pour moitié, le remboursement ne se fait qu'à hauteur de quatre mille euros. Les assureurs vont même chercher des sous sur les obsèques. Qui ira m'expliquer que c'est juste ?

Le préjudice moral est le deuxième poste. Chacun comprend que cela couvre les souffrances morales causées par le décès. C'est très compliqué de mettre des chiffres sur ces douleurs. La souffrance née de l'injustice et de la brutalité de la perte d'un proche ne peut être en aucun cas valorisée par aucune somme. Cependant, notre système judiciaire n'a rien trouvé d'autre que cela.

En France, ces sommes sont allouées en suivant un référentiel qui opère des distinctions selon le lien familial, notamment. Ce référentiel permet même d'opérer une distinction entre la perte d'un enfant qui était au domicile de ses parents et de celui qui en était parti. Il serait moins douloureux de perdre son enfant dans le second cas. Autre exemple, une différence est opérée entre frères et demi-frères. En 2024, on discrimine encore les familles recomposées. Je ne vous parle pas du beau-père ou de la belle-mère qui ne présente aucun lien de sang avec le défunt. Les grands-parents, eux, n'ont pas droit à grand-chose non plus.

Par ailleurs, les sommes proposées sont d'une faiblesse qui fait honte à notre pays. Si l'on veut être schématique, la mort d'un enfant, c'est trente mille euros. La mère qui pleure son fils, on l'indemnise moins que la valeur du véhicule qui a tué le gosse ! Celle d'un parent, entre vingt mille et trente mille euros. Pour un frère ou une sœur, c'est huit mille euros à douze mille euros, etc. Évidemment, l'assurance n'hésite pas à retirer le pourcentage de responsabilité retenu. *« Déjà qu'on vous donne peu pour la mort de votre fils, Madame, mais là, on vous enlève la moitié. Pourquoi ? À cause de lui, Madame. Vous n'avez le droit qu'à la moitié parce que votre fils est responsable de sa mort. Bonne journée. »*

Enfin, sur un plan comptable, dès lors qu'il est rare que les indemnisations dépassent les trente mille euros (parfois un peu plus), l'effort consenti par les assureurs ne ruinerait pas leurs actionnaires.

Le préjudice économique est le troisième grand poste. C'est le plus coûteux pour les assureurs. Cela reste, cependant, marginal en comparaison de tout l'argent gagné par ces compagnies. Et cela ne concerne qu'une faible part des trois mille dossiers annuels. Les sommes versées dans ce poste ne sont pas un enrichissement. Elles indemnisent et compensent la perte de revenu subie par le foyer, conséquence du décès. Le défunt contribuait aux ressources de la famille par un revenu. Il n'est plus là. Le foyer doit donc faire face à des difficultés économiques qui s'accumulent. Pensez au dossier de Sophie, qui était en congé maternité. Comment payer les loyers sans le salaire de Jean ? Comment continuer à payer les factures ? Fallait-il qu'elle laisse ses enfants à leur chagrin en prenant un ou deux boulots pour survivre ? Et les enfants ? N'ont-ils pas le droit de garder le même niveau de vie ? Doivent-ils être condamnés à être encore plus tristes que tristes ? Ont-ils moins de chance de faire des études supérieures que les autres ? On leur dit quoi, au conjoint et aux enfants ? Qu'ils n'ont pas le droit d'être indemnisés parce que papa est responsable de son accident ? Que finalement, s'ils sont tristes et désespérés, ce n'est pas la faute de l'assureur mais celle de leur père ? Que ce dernier les a abandonnés ? Vous voyez un peu l'impact qu'un tel débat sur la responsabilité peut avoir sur des enfants ?

Sur trois mille dossiers par an, les sommes versées par les assureurs, même pour le préjudice économique qui peut chiffrer de manière importante, sont ridicules. Quel pourcentage du bénéfice de ces sociétés cela représente-t-il ? Une goutte d'eau dans l'océan.

Dès lors, que ce soit sur le plan philosophique, sur celui de l'image renvoyée ou encore d'un point de vue financier, les assureurs ont plus à perdre à continuer leur entreprise de culpabilisation. Voilà pourquoi je pense que les compagnies peuvent assumer l'intégralité de l'indemnisation des familles endeuillées par un accident de la route dès lors qu'un tiers est en cause.

Vos propositions ne vont pas plaire aux assureurs !

Je ne suis pas avocat pour «*plaire aux assureurs*». Et permettez-moi de penser que les victimes seraient mieux indemnisées, et sentiraient davantage de considération, si certains n'avaient pas peur de «*déplaire aux assureurs*».

Le temps est venu de dire aux plus de trois mille familles endeuillées chaque année que l'État est là. Que la République protectrice est là. Que la Nation est là. Que la solidarité est là. Le temps de tourner le dos aux puissants lobbys est venu. Les citoyens valent plus que le reste.

Quant aux assurances, je comprends leur point de vue. La très grande majorité des inspecteurs d'assurance rencontrés sont des gens bien. Ils aiment suivre les victimes dans leur reconstruction. Mais ces professionnels, intellectuellement remarquables, ne sont pas libres. Ils sont salariés de grands groupes, la plupart inscrits en Bourse. Avec des actionnaires à contenter. Avec des dividendes à distribuer. Avec des marchés à rassurer. Seule une réponse forte, d'un acteur encore plus puissant, peut les aider à joindre les actes à la parole. Cela doit donc venir de l'État. Le législateur doit, par la loi, imposer aux assurances ce que les inspecteurs salariés ne peuvent pas faire. Plusieurs fois, j'ai entendu mes interlocuteurs me dire qu'ils ne pouvaient pas augmenter une offre. Je sais que c'est faux. La preuve ? Une fois le tribunal saisi, l'offre est revue à la hausse pour éviter une condamnation. Cependant, certains inspecteurs de compagnie, avec qui j'ai de bonnes relations, m'ont montré des documents hiérarchiques. Même s'ils avaient eu envie d'augmenter l'offre, la hiérarchie l'interdisait. Alors, quand vous dites « *ne pas plaire aux assureurs* », il faut entendre « *déplaire aux actionnaires* » qui veulent toujours plus d'argent. Je comprends le monde capitaliste. Je suis né dedans. Je ne suis pas là pour tenter de le changer. Je ne fais pas de politique. Mais j'aimerais que ces financiers-là, qui pensent « fric » au lieu de penser « humain », se souviennent d'une chose. Demain, ils peuvent, à l'arrière de leur berline conduite par leur chauffeur, avoir un accident grave. Demain, leurs enfants peuvent, parce qu'ils ont l'inconscience de leur jeune âge, traverser pour aller chercher un ballon. Penseront-ils toujours à leurs dividendes ?

Le temps est venu. De tordre le bras à l'assurance sans lui casser l'épaule. De mettre l'humain au cœur de ces dossiers. De concilier les besoins de chacun, victimes et actionnaires. Permettre une meilleure indemnisation des accidentés de la route ne fera pas dévisser une action en Bourse. Cela ne rendra pas les actionnaires plus pauvres. Une assurance qui soutiendrait un projet de réforme équilibré, mais plus favorable à la victime, bénéficierait d'une meilleure image auprès de l'opinion publique. Cette réputation plus humaine lui apportera plus de clients. La Bourse réagira favorablement. Elle perdra quelques euros à court terme, peut-être. Mais, sur le long terme, elle y gagnera. Et puis, indépendamment des marchés, actionnaires et dividendes, il ne doit pas être facile de vivre en paix lorsque vous dites à une victime devenue paraplégique qu'elle aurait pu « *faire plus attention* » ou qu'elle est « *responsable de ce qui lui arrive* ». Il doit être difficile de dormir serein quand vous dites à une petite fille qui serre contre son cœur une photo de son père disparu qu'elle ne doit son malheur qu'à ce dernier.

Voter une nouvelle « loi Badinter », c'est améliorer l'image de marque de l'assurance. C'est humaniser une profession décriée. C'est améliorer le sort des victimes. C'est montrer aux citoyens que l'État est du côté des faibles, et non pas des puissants. C'est l'application du « *en même temps* ». Pour le moment, les puissants sont protégés au détriment des plus faibles. Il faut que cela change.

Dans l'énoncé des axes de critiques, vous précisiez qu'il faut œuvrer à une meilleure protection de victimes. Cela passe par la question de la faute opposable, comme nous venons de le voir. Y a-t-il d'autres éléments que vous souhaitez développer ?

Oui. Je veux absolument que les victimes soient mieux protégées des fausses informations qui leur sont délivrées. Une fois encore, permettez-moi de préciser mon propos. Je dénonce ici certaines attitudes qui m'ont été rapportées et que j'ai constatées. Je ne mets pas tout le monde dans le même panier. Je peste contre des attitudes, avec le prisme déformant de l'injustice subie par certaines familles.

Qui vous a rapporté ces « fausses informations » ?

Les victimes elles-mêmes. Elles me racontent que certaines assurances leur disent : « *Ne prenez pas d'avocat. Vous allez le payer pour rien* », « *Ne prenez pas de conseil, cela allonge les délais d'indemnisation* », « *Ne déposez pas plainte, cela ne sert à rien* », « *Allez à l'expertise seul, le médecin n'est pas là pour vous la faire à l'envers* », « *Nous ne pouvons pas vous proposer d'indemnisation plus importante. Nous ne faisons qu'appliquer les barèmes* » ou encore « *Ne vous en faites pas, nous pourrons nous proposer une nouvelle indemnisation dans quelques mois* », sans compter, évidemment le bien connu : « *Vous avez une responsabilité dans l'accident.* »

Reprenons-les. « Ne prenez pas d'avocat. Vous allez le payer pour rien. »

Ça transpire la peur de la défaite. Cela me fait penser aux policiers qui disent aux personnes qu'ils convoquent devant le tribunal qu'un avocat ne « *servira à rien* ».

L'avocat de victimes a plusieurs fonctions. Il accompagne sur un plan humain, juridique et indemnitaire.

Humain d'abord. Les victimes et les familles critiquent toujours l'absence d'accompagnement psychologique. Nous, avocats, avons un rôle à jouer. Nous sommes, avec les associations, les premiers à les écouter, à leur expliquer, à les rassurer, à les consoler et les accompagner.

Nous leur devons cela. Comme humain. Comme professionnel. L'avocat est celui qui porte la voix de son client. Mais vous ne pouvez pas le faire correctement si vous n'avez pas, au préalable, une grande qualité d'écoute. Pour moi, le bon avocat n'est pas tant celui qui parle mieux que les autres. C'est celui qui écoute plus que les autres. Nous ne sommes pas psychologues ou assistants sociaux. Certes. Mais nous devons mettre notre intelligence d'écoute en action. Nous avons aussi le devoir d'épauler, d'accompagner, de soutenir. Cela nous enrichit sur un plan humain. Cela participe aussi à l'amélioration de l'image de la profession.

Juridique ensuite. Les familles et victimes ont besoin de comprendre. Je parie toujours sur leur intelligence. Quand vous faites face à l'irrationnel, il est important de pouvoir s'accrocher à des éléments tangibles de raison. Comprendre la suite. Anticiper. Savoir. Expliquer. Cela permet à nos clients de ne pas rester dans l'inconnu, et ainsi de mieux appréhender une justice qui n'est pas pour eux. À ce stade, les avocats ne peuvent être remplacés par les associations.

Indemnitaire enfin. Le calcul ou l'appréciation des indemnités nécessite une compétence et une expérience particulières. La connaissance de la jurisprudence, qui est fournie en la matière, exclut toute aide venant d'un non-professionnel du droit.

Pour répondre à votre question, les assurances craignent que les victimes soient défendues par un avocat maîtrisant la matière. Prenons plusieurs exemples.

Si l'assurance oppose une faute à la victime, comment cette dernière va-t-elle pouvoir contester sans avocat ? Il s'agit ici de contester une faute pénale ou civile. C'est du droit. Si l'assurance oppose une telle faute, mais refuse les observations de la victime qui tenterait de se défendre seule, quelle solution lui est offerte ? Aucune. Si ce n'est celle d'attaquer l'assurance en justice. Si l'assurance – via son médecin – refuse de prendre en considération certaines blessures ou postes de préjudice, comment voulez-vous que la victime oppose une réponse juridico-médicale ?

Si l'assurance ne propose rien, pendant plusieurs mois, alors que des pertes de salaire sont à déplorer, alors qu'il est impératif de changer de maison (comme Patrick), seul un avocat pourra faire changer les choses. Quand l'assurance propose une indemnité, comment savoir si elle est correcte si vous ne prenez pas d'avocat ? Et si vous souhaitez la contester ? Et si vous voulez attaquer cette proposition en justice ? C'est pour cela que l'assurance indique que l'avocat ne sert à rien.

Quant au fait de « *le payer pour rien* », il est important de rappeler comment un avocat est rémunéré.

En France, il est interdit de n'être payé que sur un pourcentage pris sur les indemnités obtenues. L'avocat doit donc impérativement percevoir une somme fixe qu'il définit librement avec ses clients. Qui paie cette dernière au final ? Cela peut être l'aide juridictionnelle ou une protection juridique. Cela peut également être l'assurance adverse puisque cette dépense est prévue par les nomenclatures. Aussi la somme fixe obligatoire n'est-elle pas une dépense importante. Prendre un avocat ne coûte donc pas cher. Ou si peu. Concernant le pourcentage, il est autorisé, mais ne doit pas dépasser un certain seuil. Est-ce avantageux de donner 10% de l'indemnisation à un avocat ? C'est une question légitime. La réponse est vite trouvée. Il n'existe pas de statistiques officielles. Cependant, d'expérience, on note que, en moyenne, une indemnisation est majorée de 30% lorsqu'un avocat intervient. Le calcul est rapidement fait. Pour une indemnisation proposée de cent mille euros sans avocat, on arrive à cent trente mille euros, dont treize mille pour ce dernier, et cent dix-sept mille euros pour la victime. C'est donc un gain de dix-sept mille euros.

Pouvez-vous nous parler d'exemples concrets ?

J'en ai plein. Je les appelle les « *avant/après* ». Je trouve cela parlant. Et ces résultats sont très appréciés.

Sophie, par exemple. Au départ, la proposition était de zéro euro. Au final, nous avons obtenu plus de cinq cent mille euros.

Patrick, par exemple. Au départ, l'assureur ne voulait pas financer une nouvelle maison. Puis il a proposé deux cent cinquante mille euros. Nous en avons obtenu quatre cents. Lucie, l'assurance lui proposait un peu moins de trois millions d'euros. Nous en avons obtenu quatre millions et demi.

Je pense à d'autres victimes qui n'ont pas témoigné.

Cathy, qui a perdu son conjoint à moto. L'assurance lui opposait des fautes commises par son amoureux pour arriver à une indemnisation à hauteur de cent mille euros, environ. Après négociation avec mon confrère adverse, et démonstration que plusieurs des fautes ne tenaient pas, nous en avons obtenu près de huit fois plus. C'est ici la preuve qu'il est important de savoir contester les contraventions qui sont opposées à la victime. Ce résultat, je le dois à ma « double casquette ». Celle que mes détracteurs m'opposent.

Alison, par exemple. Nous sommes passés de deux cent mille à trois cent mille euros.

Je pense à Tommy. Nous sommes passés de deux cents trente mille euros à plus de quatre cents mille. Il m'avait envoyé le chiffrage proposé par son assureur. Nous ne pouvions plus rien changer à l'expertise. Mais, en reprenant tous les calculs, nous avons presque doublé.

Je pense à Catherine. Nous sommes passés de cent trente mille euros à quatre cent quarante-sept mille euros. Cette femme a perdu son mari dans un accident de vélo. L'assurance lui proposait une indemnisation de la perte financière du foyer. C'est le préjudice économique. Mais les calculs étaient sciemment faits à la baisse. Il a fallu que je monte dans les tours pour que cette compagnie cesse son comportement. Je m'étais vraiment fâché dans ce dossier, usant même de « pressions » médiatiques.

Je pense aussi à Gaëtan, qui a obtenu plus de deux cent mille euros devant le tribunal alors que l'avocat adverse concluait à quatre fois moins. Ce militaire de carrière avait dû changer de vie suite à un accident. L'assurance ne voulait rien entendre. Le tribunal aurait pu aller encore plus loin.

Je pense à Marco qui a obtenu plus de cinq cent mille euros alors que « seuls » quatre cent mille lui étaient proposés au début des négociations.

Je pense à Aurore qui a perçu vingt-sept mille euros alors que l'assurance lui en avait proposé mille cinq cents. Elle m'avait envoyé l'offre d'indemnisation. Elle n'avait pas pris d'avocat. En un coup de fil, l'offre était multipliée par dix-huit. Elle avait écouté l'assurance qui lui avait déconseillé de prendre un avocat au prétexte que cela revient cher et que, de toute manière, des barèmes étaient fixés. Il n'existe pas de barèmes fixes !

Je pense à Céline. Nous sommes passés de vingt-cinq mille euros à quarante-deux mille euros. Même situation qu'Aurore. Même discours de l'assurance.

Je pense à Julie. La première offre était de quarante et un mille euros. Elle m'appelle. La négociation ne donne rien. Je saisis le tribunal. Julie me demande de reprendre les négociations. Nous obtenons près de cent trente mille euros.

Je pense à David. L'assurance ne voulait plus verser la moindre provision. Nous avons saisi le tribunal et obtenu cent cinquante mille euros.

Je pense à Bruno. Son dossier dormait depuis sept ou huit ans. Il n'avait pas pris d'avocat. L'assurance lui avait fait une proposition de trente-trois mille euros. J'ai repris le dossier. Nous avons obtenu près de cent vingt mille euros.

Ces exemples, les avocats en ont plein leur cabinet. Ils sont éloquents. Voilà la raison pour laquelle nombre d'assureurs tentent de convaincre les victimes de ne pas prendre d'avocat.

« Ne déposez pas plainte, cela ne sert à rien » est un autre poncif.

Sur un plan indemnitaire, la plainte n'est pas nécessaire. Nous pouvons demander les indemnisations auprès des juges civils sans passer par le commissariat. Pour autant, je suis favorable aux plaintes des familles et des victimes. Et personne, ni policiers, ni associations, ni assureurs, ne doit tenter la moindre dissuasion.

Déposer plainte, permet notamment, de mettre la pression sur les assurances. Cela nous donne également l'occasion – et c'est important – d'être partie prenante à l'enquête et de faire des demandes d'acte au procureur ou au juge d'instruction. C'est d'autant plus important lorsqu'une faute de la victime semble pouvoir être débattue. Déposer plainte, c'est pouvoir contester les éléments qui lui seront opposés, le plus tôt possible. C'est donc accélérer l'indemnisation et rappeler qu'il n'existe qu'une seule victime, qui ne doit pas être victime une seconde fois.

« Il ne sert à rien d'aller à l'expertise avec un médecin. » Vrai ou faux ?

À votre avis...

Dans le cadre d'une procédure d'indemnisation amiable ou par voie de justice, la victime voit un médecin expert qui est chargé notamment de décrire ses séquelles et les conséquences sur sa vie personnelle et professionnelle, en application de la nomenclature Dintilhac. Il quantifiera, selon des normes, les besoins de la personne blessée.

L'expertise médicale est, à mon avis, le moment le plus important de toute la procédure. Même si les juges ont la possibilité d'aller au-delà des constatations, il est rare qu'un poste de préjudice non relevé par le médecin soit retenu par le tribunal. L'indemnisation finale dépend énormément de ces rendez-vous. Oui, les victimes ont la possibilité d'y aller seules. Cependant, c'est prendre un risque important. Il peut arriver, avec certains médecins, que des postes de préjudice soient oubliés ou minorés. La victime, qui n'a aucune notion de droit ou de médecine, ne voit rien venir. Elle est victime une seconde fois.

Je suis donc un fervent défenseur de la présence d'un médecin-conseil de victime à l'expertise. Son rôle est aussi nécessaire, voire plus important, que l'avocat. Un médecin discute avec un médecin de médecine. Le rôle de ces professionnels est essentiel sur le plan indemnitaire. Il l'est également sur le plan humain. C'est un accompagnement très important. Les médecins qui font carrière dans ce domaine ont une empathie particulière pour les victimes. Ils aiment en prendre soin. Ils aiment porter leurs souffrances. Ils sont leurs meilleurs porte-parole. Ces professionnels préparent l'expertise avec les victimes. Ils les aident à faire le tri dans les pièces. Ils les assistent devant l'expert. Enfin, ils discutent des postes de préjudice et de la rédaction des rapports – une phrase mal écrite peut changer un dossier et coûter des centaines de milliers d'euros à la fin.

J'ai la chance de travailler avec un médecin exceptionnel. D'humanité d'abord. De compétence ensuite. Je sais que, si je ne peux aller à une expertise pour telle raison, il connaît son rôle et le mien sur le bout des doigts. Il n'y a pas un client qui ne m'ait pas dit combien il était exceptionnel. Il l'est. Assurément. Je lui dois beaucoup. Mes clients lui doivent encore plus. C'est aussi vrai des ergothérapeutes et des prothésistes avec lesquels je vais en expertise. C'est un travail d'équipe absolument nécessaire.

Je profite de ce développement pour dire combien il est nécessaire et indispensable d'être assisté par des prothésistes et des ergothérapeutes dans les dossiers de handicap lourd. Ces professionnels sont chargés de prévoir tous les aménagements dont les victimes ont besoin dans leur nouvelle vie afin que cette dernière soit la plus fluide possible. Maison aménagée, salle de bains, cuisine, chambre, meubles, voitures, prothèses, fauteuils, etc. Tout y passe. Sans eux, il est impossible d'obtenir les meilleurs matériels, les meilleurs fauteuils, les meilleures prothèses. Ces professionnels souffrent d'un manque de reconnaissance de la société et des pouvoirs publics. Pour les victimes lourdes, elles sont des anges gardiens.

Alors, qui paie tout ce petit monde ? C'est l'assureur régleur. En effet, dès lors qu'elles sont nécessaires au dossier et qu'elles ne sont pas disproportionnées, toutes les factures de médecin, d'ergothérapeutes, de prothésistes, etc., rentrent dans le poste de préjudice appelé « *frais divers* ». Ils doivent être remboursés à l'euro près. S'il faut parfois avancer les fonds, nous obtenons alors une provision. Dans les cas plus compliqués, et peut-être parce que le Nord est peuplé de gens si particuliers, ces intervenants attendent que l'assurance ait payé une provision pour être payés, bien que le travail ait déjà été effectué.

Se faire assister de médecins et de professionnels de santé, c'est donc tout bénéfice. Plusieurs de mes dossiers ont décollé grâce à eux. Pour une dépense nulle. Ou quasi nulle.

« Nous ne pouvons pas aller au-delà de notre proposition. » Vrai ou faux ?

Les exemples que nous avons rappelés démontrent l'inexactitude du propos. Parfois, quand nous négocions avec les assureurs, nous savons qu'ils ne peuvent pas aller au-delà de certains montants. Théoriquement, les gestionnaires et inspecteurs le veulent, mais la hiérarchie impose de ne pas le faire. Ce cas de figure se voit quand la négociation a déjà bien avancé. Lorsque c'est une première proposition, *a fortiori* sans avocat, il est possible, très souvent, de faire grimper l'offre.

Il m'arrive souvent de dire aux personnes qui me soumettent une offre de l'assurance, alors qu'elles n'ont pris aucun avocat, qu'elle est acceptable. Cela arrive essentiellement dans des dossiers peu graves, sans handicap et conséquences professionnelles lourdes. Dans les dossiers lourds, il y a une différence incroyable entre ce qui est proposé et ce que nous obtenons. Et puis, cela dépend beaucoup de la compagnie d'assurances. Certaines sont correctes dès le début. D'autres, beaucoup moins.

Enfin, quand bien même l'assurance dit ne pas pouvoir ou vouloir augmenter son offre, rien n'empêche d'aller devant le tribunal pour la faire condamner à nous donner ce que nous demandons. Cependant, les délais d'audiencement sont trop longs.

« Nous pourrons augmenter notre offre plus tard. » Vrai ou faux ?

C'est faux. Sauf quelques cas procéduraux bien précis.

Dès lors que la victime signe une offre, celle-ci est acceptée définitivement. (Il existe un délai de rétractation de quinze jours.) Il est alors impossible d'obtenir le moindre euro supplémentaire. Si une victime n'est pas d'accord avec l'offre, elle doit la contester, sans la signer.

Il existe, cependant, une nuance. Si les séquelles s'aggravent, il est possible de demander à l'assurance d'ouvrir un dossier en aggravation. Une nouvelle expertise sera alors faite. Une nouvelle offre sera présentée. Cependant, elle ne permettra pas de revenir sur les sommes déjà acceptées. Simplement d'en obtenir d'autres, directement en lien avec les nouvelles séquelles.

Quelles propositions concrètes pouvez-vous formuler pour une meilleure protection des victimes face à ces fausses nouvelles ou à certaines méthodes dénoncées par les victimes ?

Tout d'abord, ce que font les associations ou ce que nous sommes en train de faire participe à une meilleure information des victimes. Chacun a bien compris que le rôle de l'avocat est essentiel. Aujourd'hui, la loi n'impose à l'assurance qu'une seule mention relative à ma profession. L'article 13 de la loi Badinter oblige l'assureur à faire référence à l'avocat dans le premier courrier qu'elle envoie à la victime. Dans ce dernier, il est dit à la personne blessée qu'elle peut demander la copie du dossier au procureur. Il est ajouté qu'elle peut disposer d'un avocat. L'on comprend alors que la victime peut se faire assister d'un conseil pour avoir accès au dossier. Rien de plus. À titre de comparaison, les forces de l'ordre et les juridictions ont obligation de dire à l'auteur qu'il peut avoir un avocat. Dans la procédure de CRPC, les auteurs ont même l'obligation d'en avoir un. Parce que c'est une mesure de protection. La loi protège donc mieux les auteurs que les victimes. CQFD.

Le degré de protection de la victime profane, face à l'assureur professionnel, n'est pas suffisant. Aussi je propose que l'assureur ait obligation de rappeler, dans toutes ses correspondances, convocation à expertises médicales ou offres, que la victime dispose du droit de consulter un avocat qui pourra l'accompagner à l'expertise, demander des provisions complémentaires et transiger. L'assureur devra rappeler que les frais de l'avocat choisi peuvent être pris en charge par sa propre assurance, dans le cadre d'un contrat de protection juridique, ou discutés dans le cadre de la transaction, tel que prévu par la nomenclature Dintilhac. Il devra également mentionner la possibilité, pour la victime, de bénéficier de conseils gratuits, par un avocat ou dans une structure de droit. Il faudra enfin que l'offre définitive comporte une mention claire et lisible indiquant que la victime accepte les sommes proposées après avoir renoncé expressément à l'assistance ou la consultation d'un avocat (dans le cas d'une acceptation sans avocat).

Pensez-vous que cela soit vraiment utile ?

Je pars d'un constat que chaque victime m'a décrit. Beaucoup d'assureurs tentent de les dissuader de prendre un avocat. Et chacun sait désormais pourquoi.

Puisque certains assureurs adoptent les mêmes méthodes que certains policiers/gendarmes, la réponse doit donc être identique : la seule garantie qui vaille, c'est l'avocat. À toutes fins utiles, rappelons que ce dernier est une garantie de procédure pour l'assureur comme il l'est pour les forces de l'ordre. Quand a été votée la présence de l'avocat en garde à vue, les premiers heureux étaient les policiers. Les prévenus ne pouvaient plus dire qu'ils subissaient des pressions puisque leur avocat était présent. Pour l'assurance, c'est la même chose. Une offre acceptée après intervention d'un conseil ou renonciation expresse – et en toute connaissance de cause – dispose d'une force juridique décuplée. C'est l'assurance, pour l'assureur, d'avoir une transaction incontestable.

Enfin, pour être transparent, certaines assurances préfèrent qu'il y ait un avocat en face. C'est un interlocuteur privilégié qui peut décoincer une situation.

Venons-en au quatrième axe de critique : la lenteur.

La lenteur est un ennemi important des victimes. Elle est une arme puissante pour les assureurs, et une source de souffrances. Après un accident de la route, plusieurs types de lenteurs sont à déplorer.

Pouvez-vous détailler ?

Il y a d'abord la lenteur pénale. « *Dans combien de temps l'auteur sera-t-il jugé ?* » est une question qui revient tout le temps. Pour une victime et ses proches, la réponse pénale est très importante. On le voit dans le dossier *Palmade*. Avant même que l'enquête ne soit terminée, alors que l'instruction venait à peine de commencer, la famille des victimes réclamait la détention provisoire du mis en examen. Cette volonté de jugement de celui qui vous a enlevé un proche, vos jambes, vos bras, etc., est oppressante. Les victimes ont ce besoin de réponse pénale forte pour croire à nouveau à une certaine forme de justice. Voir son bourreau être libre ou sous contrôle judiciaire est une souffrance quotidienne. Celui qui nous enlève notre bonheur, notre joie de vivre, notre liberté, fait sa vie comme s'il ne s'était rien passé. C'est insupportable pour les victimes.

Par ailleurs, en matière correctionnelle, la détention provisoire ne peut pas dépasser un an, sauf exception. Quand le prévenu, détenu provisoire, sort dans l'attente du procès, c'est une nouvelle violence infligée aux victimes. Je pense ici à la famille du jeune chef Antoine Alléno, de Laurine, et tant d'autres. Lorsque le prévenu sort de détention provisoire en quelques mois, et même si c'est l'application de la loi, les victimes ressentent une nouvelle injustice. Elles ont le sentiment que la justice est du côté des auteurs. Il faut donc aller plus vite. En protégeant évidemment les droits de chaque partie.

Cette volonté de réponse rapide, c'est une envie de vengeance ?

Je ne dirais pas cela. J'ai rencontré nombre de victimes qui ne pensent pas en termes de vengeance. Prenons l'exemple de Patrick. Il avait besoin de réponse pour comprendre l'accident. Pour être reconnu victime. Pour avoir des excuses. D'autres, au contraire, ont cette volonté. Je pense à Laurine.

Cette soif de vengeance, on la rencontre surtout lorsque l'accident est causé par l'alcool ou les stupéfiants. Ou quand il y a un délit de fuite. Je pense aussi à Murielle. Quand le conducteur qui a tué son fils a tenté, pendant plusieurs jours, de faire croire à tout le monde que la victime était en fait au volant, là, il y a de quoi ressentir de la haine. Et c'est normal.

Comment l'avocat gère-t-il ces volontés très diverses ?

Chaque avocat a sa manière de faire. Je ne veux pas être de ceux qui alimentent la colère ou la haine. Et je ne veux pas avoir la prétention de penser que je fais mieux que d'autres. J'ai la conviction que, en nourrissant leur sentiment d'injustice, je ne les aide pas à aller mieux. Je reçois leur souffrance. Je les écoute autant qu'elles veulent. Je compatis, j'accompagne. Je suis leur porte-parole et leur protecteur si elles le souhaitent. Mais je n'alimente pas les passions. Comment voulez-vous que les victimes se reconstruisent si vous alimentez le sentiment d'injustice qu'elles ressentent ? Comment voulez-vous les aider à faire le deuil si vous passez votre temps à dire que « *c'est vraiment trop injuste* » ? Évidemment que ça l'est. Je sais à quel point ce sentiment d'injustice profonde peut nous faire perdre tout espoir. Je me refuse de nourrir le désespoir. Je veux le combattre. Je veux être la main qui réconforte, qui accompagne et qui relève. Pour se relever, il faut du courage. J'essaie de leur donner le mien. Je préfère tendre les mains que caresser continuellement dans le dos.

Revenons sur la lenteur de la réponse pénale.

Il est intolérable de devoir attendre des mois, voire des années, pour avoir un procès. Chaque jour sans réponse est un grain de sel en plus sur une plaie béante.

Les victimes ont besoin de réponses. Que s'est-il passé ? Comment ? Pourquoi ? Ces questionnements sont souvent d'une très grande violence. Ils font vivre ou revivre l'accident. Ils alimentent même parfois les fantasmes. Je pense à Patrick qui, pendant deux ans, a nourri une culpabilité sur la faute qu'il aurait pu commettre. Écoutez Laurine aussi, lorsqu'elle dit qu'elle culpabilise d'un accident dans lequel elle n'est responsable de rien. Ce sentiment de culpabilité prend de plus en plus de place lorsque vous n'avez pas de réponse. Connaître la vérité fait partie du processus de deuil. Et cette vérité, ce sont les faits. C'est l'enquête. C'est le jugement.

Le problème de l'enquête, c'est qu'elle est secrète. Le Code de procédure pénale interdit aux parties (prévenu ou victime) d'avoir accès aux procès-verbaux tant que le dossier n'est pas audiencé. Si un juge d'instruction n'est pas désigné, le silence peut durer des mois. Si une instruction est ouverte, les parties ont alors accès au dossier (sous quelques réserves).

Mieux vaut alors que le dossier fasse l'objet d'une instruction ?

Nous touchons là à une limite très importante du raisonnement. Si nous pensons « accès au dossier », oui. Mais si nous réfléchissons à travers le prisme de la lenteur, alors non. Un dossier à l'instruction, ce sont des délais augmentés de manière significative pour plusieurs raisons.

Dans un premier temps, parce que les parties ont la possibilité de contester les décisions prises par le juge. Par exemple, si une expertise automobile ne satisfait pas une partie, elle peut demander qu'une contre-expertise soit réalisée. Le juge peut refuser, mais il doit expliquer pourquoi. Et la partie lésée peut interjeter appel. Cela prend des semaines. Si le juge y accède, cela prend également du temps. Dans l'un de mes dossiers, cela fait dix-neuf mois que l'expertise n'est pas « rentrée ». J'ai alerté plusieurs fois le juge d'instruction. Silence radio. Au bout d'un an et demi, le juge a désigné un autre expert. Ne pouvait-on pas le faire avant ?

Dans un deuxième temps, les délais sont plus longs parce que, bien souvent, les juges d'instruction occupent d'autres fonctions au sein de la juridiction. Il n'est pas rare que certains siègent à des audiences correctionnelles, par exemple. Le temps passé en audience ou à motiver les jugements ne permet pas l'avancée du dossier.

Dans un troisième temps, les délais sont plus longs parce que les dossiers correctionnels (ceux qui traitent des délits en oppositions aux affaires criminelles) sont moins prioritaires. Nous touchons ici à une contradiction. En théorie, un dossier correctionnel doit être instruit en douze mois quand les instructions criminelles bénéficient de six mois de plus. Mais, en pratique, les dossiers criminels sont prioritaires parce qu'ils concernent, en très grande majorité, les détenus provisoires. Or, lorsqu'un prévenu est incarcéré, l'enquête doit avancer plus rapidement. Il y a des délais de détention à respecter. Quand le prévenu est libre, ces derniers n'existent pas. Le manque d'effectifs rend impossible tout traitement rapide des dossiers « non détenus ». Chaque nouveau détenu provisoire devient une affaire prioritaire. Et comme cela ne s'arrête jamais... C'est ainsi que des dossiers correctionnels sans détenu peuvent mettre trois ou quatre ans à sortir du cabinet d'instruction. J'ai le souvenir d'un dossier béthunois de blessures involontaires qui est resté cinq années dans un cabinet d'instruction. Il a connu cinq ou six juges. Il a fallu que j'aille voir la nouvelle juge pour que le dossier soit sorti du placard. C'est presque si nous n'étions pas entreposés aux archives.

Dans un quatrième temps, il ne faut pas éluder la question des moyens. Il n'y a pas assez de juges et de greffiers. Plus on en aura, plus la charge de travail sera dispersée. Plus il y aura de juges, plus il y aura de cabinets, moins il y aura de dossiers par cabinet. Il est impératif que le recrutement de magistrats et de greffiers soit une priorité absolue. Le concours de la magistrature est difficile. Vraiment. Il ne convient pas de le brader. Ouvrir quelques places de plus au concours ne nous donnera pas des juges moins bons.

Si le dossier ne part pas à l'instruction, qui le traite ?

Il reste en enquête préliminaire. Ce sont les policiers ou les gendarmes qui font l'enquête sous la direction du procureur. Nous constatons ici une nouvelle contradiction. Quand le dossier part à l'instruction, le juge ne mène pas toute l'enquête lui-même. Certes, il entend les parties et/ou les confronte, ce que peuvent aussi faire les policiers, sous la direction du procureur, en préliminaire. Certes, le juge d'instruction désigne tel ou tel expert. Mais, le procureur peut également le faire. Sur le terrain, ce sont toujours les forces de l'ordre qui font la majorité des actes. C'est cela la commission rogatoire. Le juge d'instruction demande aux policiers et gendarmes de procéder à des actes d'enquête qui auraient pu être effectués sous la direction du procureur. Il n'y a donc pas vraiment de grande différence de méthode de travail selon que l'on enquête ou que l'on instruise.

S'il y a finalement si peu de différences entre l'enquête préliminaire et l'instruction, et si cette dernière est plus longue que la première, pourquoi décider d'une information judiciaire ?

J'y vois trois raisons principales. Les magistrats pourraient certainement en trouver d'autres.

La première tend à la complexité de certaines affaires. Quand on sait que la vérité va être compliquée à trouver, on peut légitimement penser qu'il vaut mieux l'expérience d'un juge d'instruction et le « confort procédural » d'un tel cadre.

La deuxième tend à permettre aux parties d'avoir connaissance du dossier. Certes, le mis en cause et la victime peuvent demander que des actes soient réalisés dans le cadre de l'enquête. Mais les solliciter sans avoir accès à la procédure, c'est partir à l'aventure. En connaissant le contenu du dossier, les demandes sont plus précises et permettent de participer plus utilement à la manifestation de la vérité.

La troisième tend à faire peser des mesures de contraintes sur le mis en cause. La preuve, c'est le dossier *Palmade*. Que se serait-il passé si le dossier avait continué en enquête ? Le mis en cause n'aurait pas pu être placé sous contrôle judiciaire, assigné à résidence ou placé en détention provisoire. Il aurait pu subir un contrôle judiciaire entre la fin de l'enquête et l'audience. Mais, tout le temps de l'enquête, il aurait été libre. L'instruction permet ici la mise en examen – sous réserve qu'il existe des indices graves ou concordants contre le mis en cause – et donc, de ces mesures contraignantes.

Nous touchons, encore ici, à une contradiction en défaveur des victimes de la route. Il est impossible d'obtenir une condamnation en quelques semaines si le dossier part à l'instruction. Mais cette dernière mesure permet de contraindre l'auteur présumé des faits avant tout procès. La volonté de voir le mis en cause en prison rapidement s'oppose donc ici au désir d'un procès rapide.

Comment pourrait-on concilier ces deux volontés ?

En septembre 2022, j'ai publié une lettre ouverte à MM. Darmanin et Dupont-Moretti dans laquelle je critique la lenteur de la justice pour les victimes de la route. À cette occasion, j'ai formulé quelques propositions. Lorsque j'ai été invité de quelques plateaux de télévision après le dossier *Palmade*, j'ai reformulé ces observations. À ce jour (février 2024), aucune réponse n'a été apportée.

Quelles sont ces propositions ?

Je propose quelques idées qui méritent d'être complétées par tous ceux qui voudront œuvrer dans le sens des victimes.

Dans un premier temps, il faut réduire les délais d'enquête prévus par le Code de procédure pénale. À ce jour, une enquête préliminaire peut durer deux ans. Je propose de réduire le délai à une année maximum. C'est tout à fait réalisable. Pour cela, il faut qu'il existe plus de services spécialisés « droit routier » dans les commissariats ou à la gendarmerie. Cela existe déjà. À Lille, par exemple, la quasi-totalité du contentieux routier est centralisée au commissariat de La Madeleine. Les policiers sont spécialisés. Ils savent les actes nécessaires à la manifestation de la vérité. Ils sont déchargés d'autres travaux. Ils sont donc plus concentrés et plus efficaces.

Dans un deuxième temps, je souhaiterais que les instructions soient vraiment réservées aux cas les plus techniques, ou lorsqu'une détention provisoire apparaît urgente et absolument nécessaire. Il faudrait peut-être aussi sanctionner les experts qui ne respectent pas les délais imposés par les juges pour rendre leur rapport. Le cabinet d'instruction pourrait décider de ne plus nommer le professionnel qui accumulerait les retards.

Dans un troisième temps, et pour compléter cette dernière proposition, je plaide pour la création de cabinets d'instruction spécialisés. Il n'est plus possible d'avoir des cabinets d'instruction « généraux » dans lesquels les dossiers de préjudice corporel passent au-dessous d'une pile qui se remplit chaque jour. Aussi convient-il de réorganiser les services pour qu'un ou plusieurs juges ne soient en charge que de ces dossiers. Cela ne demande pas de création de postes. Cela permettrait au juge d'être déchargé de tous les autres contentieux lourds et chronophages. Il aurait une expertise inégalable. Chacun gagnerait en efficacité sans que la vérité n'en pâtisse. Il existe déjà des pôles spécialisés avec des juges surqualifiés (terrorisme, financier, santé, etc.). Cela demande une évolution. Pas une révolution.

Dans un quatrième temps, il faut que le ministère public priorise l'audiencement des dossiers avec victimes de la route. Quand une enquête ou une instruction est terminée, c'est le procureur qui décide de la date d'audience. À l'instar des dossiers de violences conjugales qui sont audiencées très rapidement, je souhaite que les affaires avec victimes de la route le soient tout autant. Cela doit également être le cas pour les dossiers appelés à la cour d'appel. Trop souvent, les victimes acceptent une proposition faite entre le premier jugement et l'appel interjeté par l'assurance, tant les délais d'appel sont longs.

Enfin, il faut absolument créer plus d'audiences de liquidation de dommages et intérêts. Lorsqu'une personne est jugée au pénal, et qu'elle est condamnée, le juge correctionnel a la possibilité de trancher la question des dommages et intérêts dus à la victime. Trop souvent, la juridiction renvoie cette discussion à un autre juge, à l'audience de liquidation de dommages et intérêts. Le souci, c'est que ces dernières sont très souvent lointaines. Cela nécessite encore le recrutement de magistrats et greffiers.

Sans parler de révolution, y aurait-il des petites choses à changer pour faciliter l'indemnisation ?

Oui. Sans parler de grandes réformes ou de projets trop ambitieux, il est possible de faciliter l'indemnisation et d'agir plus vite.

Quand vous déposez plainte suite à un accident de la route, les forces de l'ordre vous remettent une copie que vous envoyez à votre assurance. Il suffirait de quelques informations supplémentaires pour pouvoir saisir directement l'assureur du responsable et mettre en place une procédure d'expertise, des provisions, etc. Trop souvent, nous perdons des semaines à savoir qui est l'assurance adverse. Cela n'empêche pas la victime de commencer la procédure avec la sienne, mais cela peut présenter, par la suite, des difficultés. Imaginez que votre assurance mette en place une expertise médicale avec l'un de ses médecins. Vous allez en expertise. Puis, connaissant enfin le nom de l'assureur adverse, vous entamez les démarches avec lui. Certains assureurs accepteront de reprendre ou désigner le même expert. D'autres non. Il faudra alors tout recommencer.

De plus, je plaide pour que le PV de plainte contienne l'identité du mis en cause, la plaque d'immatriculation des véhicules impliqués, le nom de l'assurance adverse et le numéro de contrat. Ces éléments obtenus rapidement feront gagner un temps précieux pour l'obtention de provisions à l'amiable ou en référé. Trop souvent, la méconnaissance de ces informations fait perdre un temps trop précieux.

Par ailleurs, comme déjà évoqué, la question des responsabilités dans l'accident est un vecteur de grande lenteur. Dès lors, je propose une modification de l'article 15-3 du Code de procédure pénale. En plus de la copie de la plainte, je souhaite que les forces de l'ordre donnent à la victime le procès-verbal de constatation des faits ou tout document permettant de démontrer que les responsabilités sont figées. Si tel n'est pas le cas, tant pis. Mais si cette information est acquise, pourquoi attendre la fin de l'enquête pour y avoir accès ?

Dans la même veine, et s'il était trop tôt pour donner ce document, je propose d'imposer la transmission, dans un délai de deux mois après l'accident, d'un procès-verbal établissant de manière définitive les responsabilités. Il faut que cette question devienne la priorité des forces de l'ordre. Des réponses obtenues découlent les procédures indemnitaires. Plus vite la réponse est donnée avec certitude, plus rapide est l'indemnisation. Plus compliquées sont la contestation de responsabilité et l'opposabilité d'une faute à la victime.

Enfin, je suis favorable à l'envoi de la procédure à la victime ou à son conseil dès la fin de l'enquête. À ce jour, elle est envoyée au procureur pour appréciation, et à l'assurance. Pas à la victime. Ce n'est pas normal. Trop souvent, nous devons attendre le bon vouloir de l'assureur ou les poursuites devant le tribunal pour obtenir cette copie, essentielle.

Vous parlez de la justice pénale. La justice civile ne va-t-elle pas plus vite ?

Dans les cas des personnes protégées par la loi Badinter, à qui il est impossible d'opposer une faute dans le cadre de la procédure indemnitaire, elle est plus rapide. Nous pouvons agir par voie de référé sans attendre les procès-verbaux sur les responsabilités. Rappelons que la procédure de référé impose une urgence et l'absence de contestation sérieuse quant à la question du droit à indemnisation. Mais, dans les dossiers plus compliqués, l'évidence n'existe pas nécessairement. En tout état de cause, cela nécessite de connaître les conditions de l'accident de manière plus détaillée. C'est là où les lenteurs de la justice pénale (celle de l'enquête et/ou de l'instruction) vont avoir des effets sur la procédure civile.

Début 2023, Monsieur le ministre de la Justice a évoqué une réforme de procédure qui créé des audiences de procédure rapides, notamment pour trancher les questions de responsabilité. C'est intéressant. Encore faut-il que les services d'enquête suivent la cadence.

Et puis, toute rapide soit-elle, la justice civile ne remplace pas les « bienfaits » de la justice pénale, c'est-à-dire la réponse répressive.

À part la manifestation de la vérité et la volonté de voir l'auteur être sanctionné rapidement, existe-t-il d'autres raisons qui plaident en faveur d'une plus grande rapidité procédurale ?

Absolument.

D'abord, la reconnaissance du statut de victime est un moment très important dans le travail de deuil et de reconstruction.

Ensuite, la lenteur impacte directement toute l'indemnisation.

Cette absence de célérité joue en faveur des assureurs et, par voie de conséquence, en défaveur des victimes. Tant que l'assurance ne connaît pas les conditions de l'accident, elle ne peut pas déterminer les responsabilités ni l'éventuelle faute de la victime. La question du droit à indemnisation n'est pas tranchée. Le pourcentage opposable à la victime est inestimable. Dès lors, plus l'enquête tarde à livrer ses conclusions, plus la victime attend pour bénéficier de provisions. Rappelons que ces dernières sont très importantes. Elles permettent, notamment, de faire face à des pertes de salaire, de financer des matériels médicaux nécessaires ou encore de déménager. Je sais le très grand professionnalisme des forces de l'ordre. Je connais aussi leur attachement à être au service des victimes, et tout faire pour qu'elles ne subissent pas un sort qu'elles n'ont pas souhaité. Je suis certain qu'elles aimeraient pouvoir travailler encore plus vite. La priorisation de ces dossiers, voire une spécialisation des services, les motiveraient encore plus.

Je pense au dossier de Patrick. Tant que les conclusions de l'enquête n'étaient pas données, personne ne connaissait le droit à indemnisation. Cela a bloqué toute négociation pour obtenir une nouvelle maison adaptée à son handicap. Pendant un an et demi, et parce que l'enquête est secrète, personne ne disposait d'informations me permettant de discuter avec l'assureur pour faire avancer les choses.

Je pense aussi au dossier de Sophie. Six ans pour obtenir une décision favorable. Les causes de ce délai sont multiples. La principale tient à la faute que l'assurance opposait. Si cette question avait pu être tranchée avant, la question de l'indemnisation finale aurait été réglée en un rendez-vous avec l'assurance.

Vous avez parlé des lenteurs de la justice. Cette absence de rapidité se constate-t-elle aussi lorsque vous négociez avec les assurances ?

Oui. Il faut lutter contre la théorie du pourrissement. Dans une négociation, chacun présente ses armes et tente de jouer avec celles de l'autre.

Le temps joue toujours contre la victime. Tant que son état n'est pas consolidé, c'est-à-dire qu'il n'évolue plus dans un sens ou dans l'autre, l'indemnisation totale ne peut pas être envisagée. La personne blessée doit alors se battre pour obtenir régulièrement des provisions. Quand un dossier dure plusieurs années, ce qui est le cas des accidents graves avec amputation, atteintes médullaires ou traumatismes crâniens, les dépenses s'accumulent. Les recettes, elles, diminuent. Il est alors fréquent que les victimes soient heureuses de consolider pour transiger avec l'assureur.

L'arme de l'avocat, c'est la justice. Nous constatons que les indemnités obtenues devant les juridictions sont plus importantes que celles négociées. L'arme de l'assurance, c'est le temps. L'assureur sait que la justice n'est pas rapide. Une stratégie du pourrissement est simple à mettre en place.

Partant de ce constat-là, si la justice est plus rapide à tous les étages (enquêtes, audiencement de première instance, puis en appel), les assurances auront grande difficulté à appliquer leur théorie.

Les assurances ont-elles des délais pour présenter des offres d'indemnisation ?

Oui. Et ils sont trop longs.

La loi Badinter, qui les a créés, a été votée en 1985. Le nombre d'accidents était plus élevé qu'aujourd'hui. Et les compagnies d'assurances avaient moins de salariés. Ces délais ne se justifient plus.

À ce jour, l'assureur a huit mois pour faire une première proposition aux victimes directes après la survenance de l'accident. C'est l'article 12 de la loi Badinter. Il faut réduire ce délai à trois mois, c'est très correct.

Il faut également corriger l'alinéa 2 de cet article qui ne fait pas démarrer le délai tant que les victimes indirectes (les proches notamment) n'ont pas formulé de demandes. Ce n'est pas aux victimes de réclamer ce à quoi elles ont droit !

Par ailleurs, l'offre définitive doit être établie dans les cinq mois de la connaissance, par l'assureur, de la consolidation. Il faut réduire ce délai à deux mois.

Enfin, peut-être faut-il se reposer la question de la sanction du non-respect de ces délais. À ce jour, les assureurs encourent des pénalités qui ne leur font pas assez peur. En tout état de cause, ces dernières ne sont prononcées que par les juridictions. Aussi faudrait-il imposer des pénalités de retard automatiques même en cas de transaction.

Un dernier mot sur ces propositions ?

Je les soumets avec le désir qu'elles permettent une très grande réforme. Évidemment, je dois oublier des pistes que d'autres ouvriront. Évidemment, certains prendront plaisir à émettre des critiques sans jamais proposer quoi que ce soit. C'est ainsi. Sans doute, ceux qui ne m'aiment pas, parce que j'ai le défaut de défendre aussi des auteurs, trouveront-ils plaisir à me vilipender. Ces propositions sont des pistes. Je ne prétends pas détenir la vérité. Je n'ai aucune autre volonté que celle de porter la voix des victimes que j'ai rencontrées, et qui m'ont demandé de faire bouger les choses. Tout ce livre, tout ce travail, c'est pour elles que je le fais. Pour améliorer leur sort. Pour apaiser leurs souffrances. Pour combattre les injustices.

Pour qu'il y ait moins de victimes. Et enfin, pour qu'elles ne soient plus victimes… une seconde fois.

Conclusion

Les drames de la route sont une représentation terrifiante de l'injustice. En une seconde, la vie d'innocents bascule dans l'horreur, la douleur, dans le handicap ou dans l'au-delà. Être victime de la route, c'est être victime deux fois. De l'accident d'abord, du système ensuite.

Le lien entre le citoyen et l'État se distend dangereusement. La République n'est plus vue comme une mère protectrice, le sentiment de justice n'est plus.

Il flotte, dans la vie des gens confrontés à l'institution judiciaire, un sentiment d'injustice. Les victimes se sentent abandonnées, méprisées et oubliées. Parfois même trahies. Les faits divers médiatiques sont une douleur ravivée. Parce que, à chaque fois, renaît l'espoir d'une plus grande considération et d'une vraie réforme de l'accompagnement. Espérance déçue, seules les annonces répressives ou des coquilles vides étant annoncées. La communication prime la considération. La forme éclipse le fond.

Les victimes ont témoigné avec une dignité et une confiance qui m'honore. Avec, aussi, le désir que les lignes bougeront. Avec, enfin, le rêve que, nous citoyens, nous emparions de leurs souffrances.

Révolutionner l'accompagnement de ces oubliés passe par une évolution législative importante. Beaucoup de projets ont été proposés. Tous ont échoué. Vous en connaissez désormais les raisons.

La loi Badinter est un monument de notre histoire juridique. Cette œuvre ne peut pas être bousculée. Elle doit être touchée avec intelligence et avec doigté. Cependant, l'immobilisme conduit à sa perte. Ce texte devait protéger les victimes de la route. Son interprétation et sa manipulation ont conduit à la retourner contre elles, au bénéfice des payeurs.

C'est aussi à la justice de se regarder en face. La politique du désengorgement et du nombre de dossiers traités ne peut plus déboucher sur la fabrique de conducteurs n'ayant plus peur de rien, pas même de la répression. Quand les pouvoirs exécutif et législatif ne sont pas à la hauteur, le pouvoir judiciaire est notre dernier espoir.

La France, pays de révolte, peuplé de citoyens rebelles, doit retrouver la lumière. Pour le moment, des forces obscures empêchent une réforme humaine et humaniste. C'est à nous, femmes et hommes indépendants, de pousser le pouvoir normatif à rendre aux victimes ce que la République n'a pas su sauvegarder.

C'est à nous, citoyens, préoccupés par le sort des victimes de la route d'hier et de demain, de demander expressément que se tienne un Grenelle de la sécurité routière et de l'accompagnement des victimes. Les langues se sont déliées. Les propositions ont été effectuées. Les oreilles doivent se déboucher. Les regards ne peuvent plus se détourner.

Il est temps que les invisibles soient vus.
Il est temps que les inaudibles soient écoutés.
Le temps de l'évolution de la loi est venu.
Le temps de la révolution a sonné.